伝承と往来

地域文化を掘る

阪井芳貴【編】

あるむ

本書を手に取られたみなさまへ

本書を上梓するにあたり、ひとことご挨拶を申し上げます。

去る二〇二一年の五月の連休中に、私が指導教員をつとめ博士号を取得された浅川充弘さんから連絡をいただいたところから、本書の出版企画が始まりました。それは、その時点で二年後に予定されていた私の定年退職を見据えたお話でした。当初は、出版企画以外にもいくつかのプランを、かつての私の指導院生数名の間で検討されていたようです。そのいくつかをめぐって私の意見を聴き、最終案を策定したい、というお話でした。

正直、本当に驚きました。

想像もしていなかったお話で、ありがたいと思う前に、私ごときにもったいない、分不相応な、という思いが頭を巡りました。ただ、彼らの考えはしっかりしたもので、単なる思い付きで案を持ってこられたわけではないことはすぐにわかりましたので、私からは、せっかく作るなら後世に形として残り、存在感のある意義深いものを作るべきだと申し、私の退職をきっかけとした論文集を作ることに決しました。

いっぽうで、私は、私が学部生・院生のころには、『〇〇教授退官記念論文集』のたぐいの書籍が多く出版されていましたが、そうしたものは作りたくない、という考えも申し述べました。大変僭越なものいいになりますが、そうした論文集は関係者以外はほとんど読まない、ましてや一般の方々の眼に触れることすらほとんどないというのが私の認識でした。学問・研究の成果は、一部の人々にのみ提供されるものではなく、普遍的に世の中に示され評価されるべきと常々考えておりましたので、閉鎖的な枠の中のみのものにはしたくない、というのが第一の理由です。

そして、もっと本質的な問題がありました。それは、『〇〇教授退官記念論文集』のたぐいは、自他ともに学者・研究者として名声を確立したと認められる方々のために作られるもので、前述したように私ごときには、そもそもそんな資格はない、ということです。私は研究者として独自の世界を作り上げたわけではなく、後述するように一つの事柄を深く掘り下げた研究成果を上げたわけでもありません。ですから、退職記念論文集など、おこがましいにもほどがある、と思った（ている）のです。

それでも出版企画を進めるならば、私のためではなく、私のもとで勉強し研究を重ねてきた人たちの次の段階への跳躍台となるものにしたい、と考えました。私が主たる指導教員をつとめ主査として博士あるいは修士の学位を取得された方々は、かなりの人数に上ります。しかし、せっかく学位を取得したにもかかわらず、専任教員として大学に籍を得て研究を継続できる環境を得た方はごく少数です。また博士論文などを基に単著を上梓した方もごく少数です。日本の研究者を取り巻く状況はきわめて厳しく、私も彼らのために何ひとつ支援の手を差し伸べることができておりませんでした。ですから、小さな一歩ではありますが、本書が彼らの将来につながるようにとの思いをもって編集しました。

ここに収められた論考のひとつひとつが、私の至らぬ指導を補う各人の努力の賜物であることと、どれもが先行研究の乏しい領域にフロンティアとして切り拓いてきたその成果の一端であることは、ご一読いただければすぐに伝わると信じております。全体として見れば、脈絡がなく不揃いの論考の寄せ集めのように見えるかもしれません。それは、私自身が何かに集中し執念をもって追究するという研究をおこなってこなかったことと、したがって体系的な研究の世界を構築したわけではなかったことを映しています。また指導した学部生・院生たちにも、それぞれが関心のあることを研究テーマに据えればよい、という方針で向き合ってきたため、統一性のない、よろず屋的な学部ゼミ・大学院ゼミを運営してきたことが反映しています。が、そうしたスタンスにより、文化の多様性から一つ一つの枠を超えて日本の文化を考究する入り口を成し、ここで示されたアプローチがやがて総合的に日本文化論を形成できるように発展していくことを、私は期待しています。ただ、そうは申しても、先ほど触れたように、狭い世界にとどまっては意味がないと考えますので、一般の読者にも受け入れられるような内容・表現にすることを各執筆者には求めました。

その成果が、本書の企画書にうたわれていた、「これまでの学術成果を社会還元することによって、東海地方の文化、あるいは地域社会への理解の一助となり、今後の発展へ活かす契機となることを企図し出版するもの」として結実したと考えています。

それと、もうひとつ、私の教員としての「成果」の一端を盛り込みたいというわがままを実現できるように、出版社泣かせの企画としてまとめました。目次をご一瞥いただければすぐに気づかれると思いますが、論文集とうたいながら、異質なものが混じっています。おもに私のゼミに所属した学部卒業生を中心に、在職中に比較的深くかかわることができた卒業生に寄稿してもらった文章です。論文を寄稿してくれた博士・修士学位取得者たちの学びの原点にある人文社会学部で私が果たした役割の一端を、学部卒業生たちが紡いでくれています。教育と研究とが一体となっていたことを少しでもお伝えすることができればと考えました。

さらに、その学部卒業生たちに混じって、沖縄在住の天久斉さんからも、大変ありがたいエッセイを頂戴することができました。私の沖縄研究を支えてくださっている天久さんの味わい深い文章にも、心からのお礼を申し上げたいと思います。

私のような小さな存在の教員の、退職を機に身に余るご提案をいただいた結果成った本書が、私を超えて各執筆者の今後に意味のあるものとなっていることを願いつつ、ご挨拶の筆を置こうと思います。

二〇二四年十一月末日識す

阪井芳貴

伝承と往来＝目次

沖縄学

名古屋・東海——歴史・芸能・工芸

学びの周辺

沖縄学

折口信夫と沖縄学と　小括

阪井芳貴

はじめに

日本民俗学や日本文学研究において、琉球・沖縄を視ながら日本を捉えるという視座は、今やすでに確立していると思われる。しかし、その視座を柳田國男・折口信夫が切り開いた当時、それは容易に受け入れられたわけではないと想像される。それは、当の沖縄においても同様であったと想像する。そのことは、かつて拙稿「沖縄学と郷土研究—戦前の沖縄学・郷土研究が内包した矛盾と葛藤—」(1)で指摘したように、琉球処分・沖縄県設置以降、急速かつ強力に日本化が推進されていく中で、柳田・折口の言説や、それに支えられて形成されてゆく伊波普猷の「沖縄学」から発する琉球文化・沖縄文化の再認識・再評価が、大きな矛盾や葛藤を伴いながら拡がっていくことからもうかがえる。

その矛盾や葛藤を内包しながらも、沖縄学の土台を創り、学としての意義を確立した伊波普猷および伊波に触発された沖縄在住の研究者たち（教員やジャーナリストなど）と親密な交流を重ねて沖縄県外から沖縄学をリードした研究者の筆頭にあげられるのが折口信夫である。従前は、折口の学問における沖縄の位置づけばかりが注目されてきたが、筆者は折口と沖縄の研究者たちとの関わりに注目し、相互に大きな成果をもたらしたことについて考察してきた。また、そのことが、特に沖縄の研究者にとって、見失いかけていた自らのアイデンティティ、すなわち沖縄アイデンティティを再認識することにつながっていくことをも明らかにしたいと考えてきた。
本稿は、その考究の一区切りをもくろむものである。あくまでも一区切りであり、むしろここから本格的に考察を深めていかなければならないが、その端緒としたいと思う。

一　「沖縄学」とは

すでに「沖縄学」は、琉球・沖縄に関するあらゆる角度・領域からの学問的アプローチを総称する語として定着している。そもそもは、この語は伊波普猷が切り開いた学問世界として理解され、伊波自身が称したと考えられてきた。そして、その初出が昭和十七年（一九四二）発行の『古琉球』第三版であろう、とされてきた。これに対し、前掲拙稿において指摘しておいたように、「沖縄学」は、折口信夫が昭和十年十二月二十日に那覇に着いた折に新聞記者の取材に答えた次の発言が初出ではないかと思われる。

東京の伊波さんとはしばしば会つてゐますが益々熱心に研究して居られる様です。もう今では沖縄学では世界的な学者といつてもいいでせう。

（紙名不詳　昭和十年十二月二十一日付の沖縄発行の新聞　清川安彦新聞スクラップより）

この記事について筆者に紹介してくださった新城栄徳氏が筆者への私信で、この折口の謂いがこの後世間に拡がっていったのではないか、と指摘されており、筆者も現時点では、これがこの語の初出ではないかと考えている。ただ、折口も伊波も、この語の示す概念・内容について具体的に示しているわけではない。本節冒頭に述べた説明は私見によるもので、一般の最大公約数的なものだと考えているが、一方で、「琉球学」という言辞も後には一部で使われるように、厳密に捉えて使うべき時期に入っているのかもしれない。

戦前の新聞記事の貴重なスクラップブックを遺した天野鉄夫は、そのスクラップブックを「琉球学集説」と名付けていた。そして、「琉球学」について、外間守善・金城朝永・小島瓔禮らの言説を踏まえながら次のように述べている。

「沖縄学」を沖縄出身の研究者による、沖縄県域の言語・歴史・文化等を研究する学問であると閉鎖的に考える必要はないと思う。

今後「沖縄学」の地理的領域を、奄美大島以南の琉球諸島の全地域に拡大すると共に、「沖縄学」という名称も、「琉球学」という名称に改めるべく再検討すべき時期に来ていると考えるのである。

（「新沖縄文学」三三号 昭和五十一年）

ちなみに、『沖縄大百科事典』の解説（高良倉吉氏執筆）での定義づけは次の通りである。

沖縄（琉球とも南島ともいう）に関する人文・社会・自然科学による研究の総称。沖縄研究・琉球研究・琉球学・南島研究ともよばれる。各ジャンルの個別的研究を主体に、奄美研究や先島（宮古・八重山）研究などの地域研究をも包括し、そのうえで沖縄の総合的・体系的な全体像の構築を志向する学術的性格をもつと同時に、沖縄の人々のアイデンティティを追求する思想的性格をも内包している。（本項目の解説は、このあと、歴史や現状および今後について詳細に述べている。）

この「沖縄学」が折口信夫が「創作」した言辞であるとすれば、これは折口学でいうところの「折口名彙」にくわえるべきであろう。周知のように、折口はことばに独特の感性をもって使い、また独自の世界を新しいことばにのせて表現するのが得意であった。そうしたことばの群れを「折口名彙」と名付け、その群れの解明こそが難解な折口の学問世界への誘いとなるのである。そうした見地から「沖縄学」を解する場合、前述の、伊波をその世界トップクラスの学者と賞賛する発言は、言い換えれば、沖縄学そのものが世界的な、今のことばで言えばグローバルな学問であることを示している。日本の一地域、それも日本列島の南西の端に位置する辺境とも扱われる沖縄に関わる学問は、きわめてローカルな、狭い学問世界と認識されてもおかしくない。ところが、折口はそれを、かつて独立国としてまがりなりにも四五〇年間も国家を維持してきたウチナーンチュのもつ精神、その表出としての琉球・沖縄文化を明らかにすることは、狭隘な世界にとどまるものではないことを透視していたのであろう。そして、その第一人者たる伊波を、世界的な学者と評したのである。さらに折口は、その学が、単に琉球・沖縄にとどまらず、日本を知るために必要な学であることを認識し、自らもヤマト側の沖縄学に携わる者として、伊波とともにこの学を牽引する自覚を持っていたのではあるまいか。つまり、折口名彙としての沖縄学は、折口がめざす日本学でもあり、人間学でもあった。そのように理解すれば、伊波は沖縄のアイデンティティを把握する研究を、折口は伊波によって開かれた新たな日本理解を自らの国文学研究・民俗学研究に盛り込むことを実行したと言える。

戦前期に確立した沖縄学は、戦争によりいったん停滞を余儀なくされた。が、戦後、東京在住の沖縄出身者たちが復活、その精神的支柱に伊波が据えられた。しかし、残念ながら伊波は昭和二十二年に病没してしまう。その追悼に折口がしたためたのが、「世界的な風格」である。そこには、この二人の学問上のそれを超えた人間的友情が回想されているが、まさにそこにこそ二人の目指した沖縄学の骨格が示されている。

沖縄を対象とする民族学的研究が、今よりももつと、世界的な興味を持たれるやうになつたら、伊波さんの学問は、もつと認められたであらう。もつと広い学界にとりあげられてよいはずで、そう行かなかつたのは沖縄民族学であつた。（中略）伊波さんの言語民俗を土台にした研究が出ると、私は待つてゐたやうに、その影響を受けた。さうして其を私の古代的智識の上に配置して考へて、その印象を、故人に語つたり、又書いたりもした。さう云ふ私の考へに、故人は又故人で深く立ち入つてきて、自分自身の経験を検討したやうであつた。だから二人の研究はこだまが互に応じるやうに相響いて効果をあげた。其間にも意見の相違は互に堅く執つて相譲らなかつた。（中略）科学の先進国において、稀にみることの出来るやうな博大な学者の風格を伊波普猷さんに見たことは、唯にこの時ばかりではなかつた。だが故人以外にはかうした、ゆほひかな学のゆたかさに触れたことは稀だつたのにと思ふ。あゝ、沖縄の学、殊にその民族学は、この先進を失つてどうなつて行くことであらう。

（「自由沖縄」昭和二十二年十一月五日）

折口は、深い悲しみとともに、伊波亡き後の沖縄学の行く末を案じて追悼文を締めている。また、同年暮れに発表された「伊波学の後継者を待つ」では、

田島利三郎の伝説を、更に大きく著しくした伊波さんの言語をとほして見た沖縄文化史学は、まう一歩後継の学徒の努力で、世界的な学として、光輝を発しようとするいきまで到達してゐるのである。

（「青年沖縄」第三号　昭和二十二年十二月）

と、後継者への期待を述べていた。

折口の懸念は伊波の後を担った研究者たちによって払拭され、彼の期待を実現し現在に至っている。沖縄の日本復帰四十年の平成二十四年（二〇一二）三月には、早稲田大学で大規模な沖縄学国際シンポジウムが開催されるなど、まさに「世界的な学」として認められたのである。

ただ、学問が多角化細分化され深化するに従い、沖縄学は折口・伊波が目指した当初の目的を見失ったかのごとくである。復帰四十年記念の国際シンポジウムでは、マクロな視点での研究報告が多数おこなわれたと同時に、沖縄学そのものの意義を問う場にもなっていた。しかし、復帰五十年の令和四年（二〇二二）には、そもそも沖縄学シンポジウムが開かれることはなく、復帰五十年を問い直す企画はあっても、それを沖縄学への新たな関心に結びつける試みは寡聞にして聞かない。そこには、日本復帰によっても何も変わらなかったという閉塞感が五十年という節目だからこそ顕在化してしまったとも言えよう。だがそうした状況だからこそ、沖縄学の本来の目的、つまり沖縄アイデンティティの確認に進められなければならないのではないか。

二　折口信夫の沖縄観

折口信夫は、亡くなる前年の昭和二十七年の正月に、沖縄の新聞社二紙に相次いで寄稿している。まず、元旦の「沖縄タイムス」に「おきなわをおもう　沖縄のわがはらからよ」と題する詩を、そして一月四日の「琉球新報」に「干瀬の白波」と題するエッセイを寄稿したのである。この二つの作品から発せられたメッセージは何であったか？　それを探ることは、折口の沖縄観を把握することに繋がるのではないか。

まず、「おきなわをおもう　沖縄のわがはらからよ」を見てみる。この詩は、『古代感愛集』所収の「古びとの島」を改作した作品である。細かい異同はあるものの、ほぼ元の詩と変わらない内容である。ただし、「反歌」は大きな違いがある。「古びとの島」では、

赤花の照り　しづかなる朝なれば、とはずや行かむ。巫女司の家に

であったが、「おきなわをおもう　沖縄のわがはらからよ」では、三首に増え、赤花の歌も改作されている。

なげきすることを忘れし　わたつみの島の翁は、さびしかるべし

大海原年あけ来たる青波に　向きて思へば　時移りゆく

赤花の照れる朝明の家いでゝ　また見ざりけり。島の若巫

この作品は、沖縄タイムス社からの依頼によって寄稿されたと紙面に明記されている。その依頼を受け、戦前詠の詩を改作し、反歌を追加したと思われる。そこには、昭和十年から十一年にかけての第三回沖縄採訪の際の、すなわち戦前の静かな沖縄を回想しつつ、戦後の沖縄を想像しながら噛みしめる深い省察が読み取れる。また、元の「古びとの島」ではなく「おきなわをおもう　沖縄のわがはらからよ」という題に替えた背景にも、沖縄戦とその後のヤマトと沖縄の関係を踏まえ、あらためて「はらから」たるウチナーンチュに、沖縄を忘れないとい

うメッセージ、あるいは沖縄学の重要性の不変を伝えたいという想いがあったと想像される。それは、前年に締結され発効が数ヶ月後に迫るサンフランシスコ講和条約、その締結の結果生じた沖縄の日本国からの「切り捨て」を受けてのものであることは明白である。表面的には、そのことにはひと言も触れていないがゆえに、いっそうその想いが伝わるように感じられる。

次に、「干瀬の白波」を見てみる。こちらは、「おきなわをおもう　沖縄のわがはらからよ」の三日後に「琉球新報」に発表されたエッセイである。折口没後に公刊された歌集『倭をぐな』に収められた歌二首を冒頭に据えたエッセイは、そのスタイルも内容も、沖縄への想いがよりいっそう伝わってくる。その冒頭部分を示しておく。

　伊是名島、島つ田つくる静かなる春なりければ、君を思ひぬ

わが知れる那覇のをとめの幾たりも、行く方知らず。たゝかひのゝち

昔のどかであつた日の思ひ出に、この短い通信を、わが沖縄の兄弟に送る。

こんな文章のひきあはせで、互にあきらめて居た我々どうしが思ひがけなく無事であつたことを知ることもあらう。そんなかすかな頼みをかけて書くのである。

ここにも「わが沖縄の兄弟」ということばが出てくる。先の「沖縄のわがはらから」とこの「わが沖縄の兄弟」はともに、終戦後一年に発表された「沖縄を憶う」の次の一節を踏襲したことばである。

沖縄の人々は、学問上我々と、最近い血族であつた。我々の祖先の主要なる者は、曾ては、沖縄の島々を経由して、移動して来たものであつた。其故、沖縄本島を中心とした沖縄県の島々及び、其北に散在する若干の他府県の島々は、日本民族の曾て持つてゐた、最古い生活様式を、最古い姿において伝へる血の濃い兄弟の現に居る土地である。此だけは、永遠に我々の記憶に印象しておかねばならぬ事実である。

この言説は、柳田國男の「沖縄を古い分家と心づいた」（『郷土生活の研究法』昭和十年）という表現よりはるかに距離感の近さを感じさせる。それだけ、折口は学問的に沖縄と日本の近さを重視していたし、おそらくそれ以

上に折口自身が三度の沖縄の旅で掴んだ沖縄の人々との人間的な繋がりを大切にしたいという想いがあったと想像される。このエッセイには、何度も「沖縄の兄弟」が繰り返し使われ、やはり第三回の沖縄の旅を振り返りながら、ともに戦の前の沖縄を取り戻したいという強いメッセージが込められている。このエッセイの締めくくりに、それは明確である。

初春ののどけさも、そちらの兄弟―あなた方にとつては、相応にいそがしい日々であらう。こんなことを書いてゐては際限がない。次いで来るよき春長の日を期して、短い琉球研究の文章でもつゞつて、お目にかけよう。では、又逢ふ時まで……。

ここで予告された「短い琉球研究の文章」は、結局実現しなかったと思われるが、伊波普猷亡き後、後進に期待しつつ自らも沖縄学をつなげていく意思を示したと考えて良いであろう。その研究の構想については、想像の域を超えないが、このエッセイで触れられた祭祀や神女のおこなう儀礼の継承や、琉球古典芸能の保存・発展につながる考察、ならびに、とりわけ第三回の沖縄の旅で集中して調査した尚王家の資料をもとにした首里那覇の文化の研究が念頭にあったのではないか。それらは、まさに伊波の沖縄学の根幹にあった内容である。この三回目の旅の前に、折口は伊波に沖縄への同行を誘っている。しかし、伊波はまだ時期尚早として断った由である。その後、戦争があり、また戦後の状況の中で、遂に伊波の里帰りも折口と伊波の共同調査も実現しなかった。加えるに、折口の旧知の知人真栄田勝朗によれば、折口は伊波の供養のための沖縄行きを熱望し、それも「旅館・ホテルではなく、できるならば個人の住宅で閑静な一室を借り度いが貸して下さる方がいるでしょうか」(「沖縄タイムス」昭和二十八年九月七日)と具体的な希望を語っていたというから、その想いは相当強かったのであろう。いずれも、かなわぬ夢と終わってしまったが、これらを総合してみると、戦後の沖縄への並々ならぬ、いわば責任感とも言える姿勢に、折口の沖縄観が凝縮されているのであった。

おわりに

平成二年に始まる沖縄国際大学への三度の国内留学で、従来知られていなかった折口信夫の戦前三回の沖縄採訪旅行に関する資料を多数収集することができた。それらをもとに、これまで折口における沖縄学、沖縄学における折口、そしてそこから派生した近代沖縄の思想や教育について考察を重ねてきた。(2) それは、主に、折口の足取りの確認、折口が撮影した写真約二百枚の検証、折口が出会った沖縄の人々についての検証、それらの人々の業績の確認、などであった。また、その副産物的に、近代沖縄における沖縄学の一端を掘り起こすこともできた。もちろん、まだまだ明らかにしたいことは山積しているし、近代沖縄における沖縄学の形成の実態解明という大きな課題においては、道のりの遠さを感じざるを得ない。しかし、折口と沖縄学に関する課題については、まとめなければならない段階に近づいていると考えている。本稿は、そのための小括であり、その先触れである。なお、これまでの資料調査の成果を盛り込んだ「折口信夫の沖縄関係年譜」を添付する。今後の折口学および沖縄学に役立てていただければ幸いである。

注

(1) 『人間文化研究』№二六（平成二十八年六月）

(2) 「折口信夫の沖縄芸能研究―戦前の沖縄の郷土研究との関わりを中心に―」（『藝能』第三五巻第五号、平成五年五月）
「折口信夫と沖縄学と」（一）（二）（『名古屋市立保育短期大学紀要』第三三・三四号、平成六年～七年）
「折口信夫と沖縄学と―折口が出会った人々―」（『折口信夫記念古代研究所紀要』第九号、平成十八年）など

折口信夫の沖縄関係年譜

1906（M39）20歳　國學院大學予科二年
國學院大學在学中に沖縄出身の久高唯昌・金城順起・真栄田勝郎らと交友関係を持つ。真栄田は、後に伊波普猷の夫人となる真栄田冬子の兄

1911（M44）25歳
東京人類学会入会

1915（T04）29歳
12月　伊波普猷著『古琉球』出版

1919（T08）33歳
柳田國男・ネフスキーに会う
7月　島袋源一郎『沖縄県国頭郡志』出版

1920（T09）34歳　國學院大學講師
5月　「妣が国へ　常世へ」発表
10月24日　宮良当壮から八重山の話を聴く
11月7日　國學院大學郷土研究会主催八重山土俗展覧会
宮良当壮の報告講演
12月13日　柳田國男、沖縄採訪に旅立（『海南小起』の旅）

1921（T10）35歳
3月6日　自宅で柳田國男から沖縄の話を聴く
7月16日　第一回沖縄採訪の旅、那覇着　8月14日まで沖縄に滞在
那覇・首里・普天間・塩屋・喜如嘉・辺土名・奥間・辺野喜・辺戸・奥・安田・安波・糸満・喜屋武・真壁・米須・知念・久高島・津堅島などで民俗採集調査、国頭地方は宮城聰・島袋源七が案内
この旅中に伊波普猷に初めて会う　この旅の記録は『沖縄採訪手帖』
8月15日～20日　奄美大島、21日　鹿児島、23日　壱岐

1922（T11）36歳　國學院大學教授
4月21日　柳田國男主宰の南島談話会で「琉球視察談」を話す
5月　佐喜真興英著『南島説話』出版

1923（T12）37歳
5月　「琉球の宗教」発表
7月18日　第二回沖縄採訪の旅に出立、三上永人同行。この旅の記録は『沖縄採訪記』
那覇・浦添・小禄・瀬長島・普天間・宜野湾・南風原・知念・首里・宮古島・石垣島・小浜島などで民俗採集調査
石垣島の旧盆行事アンガマァを見学、まれびと論の導きとなる
8月21日　宮良当壮の実家を訪問
8月27日　石垣島の公会堂で講演会
石垣島から台湾に渡り、台湾から門司に向かう
9月1日　門司着　その後、関東大震災直後の横浜に上陸

1924（T13）38歳
4月 「国文学の発生（第一稿）」・「信田妻の話」発表
喜舎場永珣著『八重山島民謡誌』出版
9月 「最古日本の女性生活の根柢」発表
9月18日 伊波普猷歓迎会を兼ねる南島談話会
12月25日 末吉安恭（麦門冬）、那覇港で水死
この年 「沖縄に存する我が古代信仰の残孽」草稿執筆

1925（T14）39歳
2月 金田一京助著『アイヌの研究』出版
3月6日 伊波普猷激励会　伊波普猷著『校訂おもろさうし』出版
4月 柳田國男著『海南小記』出版
「古代生活の研究」発表
5月 『海やまのあひだ』出版
8月5日 北方文明研究会創立会
10月24日 柳田國男主宰「おもろさうし」研究会
東京啓明会主催琉球舞踊公演

1926（T15・S1）40歳
5月 万葉集の解題講演
6月 「古代生活に見えた恋愛」・「鬼の話」発表
10月 伊波普猷著『琉球古今記』出版

1927（S2）41歳
2月 「国文学の発生（第四稿）」発表、「ほうとする話」・「若水の話」草稿
9月 「水の女」発表

1928（S3）42歳　慶應義塾大学教授
1月 「翁の発生」発表
4月13日 日本青年会での第三回郷土舞踊大会で八重山舞踊公演
この年 ネフスキー「月と不死」発表

1929（S4）43歳
1月 「国文学の発生（第三稿）」発表
2月 島袋源七『山原の土俗』出版。序文は折口の「続琉球神道記」
4月 『古代研究』出版
7月 「「琉球の宗教」の中の一つの正誤」発表
8月 沖縄採訪旅行を計画するが直前に病気のために中止
10月 「組踊り以前」発表
伊波普猷著『校註琉球戯曲集』出版、「組踊り以前」を所収

1930（S5）44歳
三越で琉球舞踊公演

1931（S6）45歳　文学博士
1月 「春来る鬼」発表
沖縄採訪旅行を計画するが直前に中止
8月6日 日本青年館で琉球舞踊と組踊「花売りの縁」公演

1932（S7）46歳
7月26日 初代儀保松男死去
11月 「宮廷儀礼の民族学的考察」発表

1933（S8）47歳
　1月　「大倭宮廷の刱業期」発表
　　沖縄採訪旅行を計画するが実現せず
12月28日　真境名安興死去、弔電を打つ
1934（S9）48歳
11月10日　日本民族学会発起人会
12月11日　日本民俗協会発会式　幹事に就任
1935（S10）49歳
　7月　「たなばた供養」発表
12月　「地方に居て試みた民俗研究の方法」発表
12月15日　第三回沖縄採訪旅行（那覇市学務課の招聘）に出立、藤井春洋同行
12月20日　那覇着　梯梧の花短歌会の歌会に出席、沖縄県立師範学校訪問
12月21日　折口の来県を伝える新聞記事「三度目に見る琉球に折口博士の感新し　伊波氏を賞揚し民俗学を語る」中に「沖縄学」記載
冬至　福地唯義の実家訪問
12月25日～26日　名護で国文学史講習会
12月27日～28日　本部半島採訪、渡久地泊
　暮れから年明けに、伊是名島・伊平屋島採訪か
1936（S11）50歳
　正月に仲宗根政善・島袋全幸が名護・今帰仁を案内、仲宗根の娘に「おりえ」と命名
1月3日～4日　崎本部採訪

1月11日　那覇、師範学校で「昔の教育」講演、梯梧の花短歌会に出席、末吉安恭の墓参、比嘉俊成の結婚式出席し歌を贈る
以後、那覇で万葉集講義をおこない、また一週間尚家で調査を実施
1月9日～10日　宮城真治・仲宗根・島袋の案内で辺戸・宇嘉・津波採訪
「学界における沖縄」・「過去及び将来における沖縄の宗教と芸能」・「折口博士別れの言葉」などの記事が沖縄朝日新聞に掲載される
1月16日　珊瑚座で組踊「女物狂」鑑賞
1月17日　泉崎の福地家で嵩原安詩の女踊を鑑賞
同日　天理教で松陰会の組踊「執心鐘入」鑑賞
この間に、琉球古典芸能の東京公演の打ち合わせをおこなう
1月21日　沖縄郷土協会で琉球舞踊座談会を開き、東京公演について決定
1月23日　飛行機で那覇を発ち福岡へ
1月29日　慶應義塾大学国文学研究会で「沖縄の宗教」講演
2月8日　郷土研究会で「琉球国王の出自」講演
5月28日　ラジオ放送「琉球芸能の意義及び価値」
5月30日～31日　日本青年館での琉球古典芸能大会（日本民俗協会主催）をプロデュース、組踊「銘苅子」「二童敵討」公演
玉城盛重の演技をトーキー撮影、金武良仁らに

よる琉球古典音楽のＳＰ録音
5月　「沖縄舞踊に見る三要素」発表
沖縄国語研究会『折口信夫先生講述　万葉集選講』発行
東京の琉球古典芸能大会関連の記事が沖縄発行の新聞にも多数掲載
6月　「組踊りの話」発表
9月　「琉球の古典芸能を語る座談会」掲載

１９３７（Ｓ12）51歳
3月　「沖縄固有の信仰問題」発表
7月9日　日本民俗協会主催琉球の舞踊と講演の夕
9月1日　金武良仁病没

１９３８（Ｓ13）52歳
5月7日　郷土研究会で「日本民俗に於ける南方要素」講演
6月　伊波普猷著『琉球戯曲辞典』出版
7月　「月しろの旗」発表
8月　伊波普猷著『をなり神の島』出版
この年から１９４０年までの「琉球新報」紙が國學院大學図書館に所蔵されている

１９４０（Ｓ15）54歳
3月21日　玉城盛重古稀記念祝賀会に祝電を打つ

１９４２（Ｓ17）56歳
3月27日　島袋源一郎病没
5月15日　日本諸学振興会国文学特別学会で「古代日本文学に於ける南方要素」講演

１９４３（Ｓ18）57歳
2月　「古代日本文学に於ける南方要素」発表

１９４５（Ｓ20）59歳
3月〜9月　沖縄戦　玉城盛重戦死
7月　「島の青草―沖縄を偲びて」発表

１９４６（Ｓ21）60歳
8月15日　敗戦
「言語伝承論」講義

１９４７（Ｓ22）61歳
3月　『古代感愛集』出版
8月　「沖縄を憶う」発表
「執心鐘入縁起」発表
8月13日　伊波普猷死去
10月　沖縄文化協会発足に関わる
10月25日　郷土研究会伊波普猷追悼会で「沖縄の学問の過去・将来」講演
同日　國學院大學で沖縄芸能保存会が故伊波普猷先生追悼演奏
11月　「世界的な風格」（伊波追悼文）発表
11月23日　沖縄人慰安の会
12月　「伊波学の後継者を待つ」発表
柳田國男編『沖縄文化叢説』出版、「女の香炉」を収載
この年　伊波普猷の追善のための沖縄旅行を切望するが

実現せず
1948（S23）61歳
3月　『遠やまひこ』出版
沖縄芸能保存会創立、顧問に就任
1949（S24）63歳
2月　「伊波冬子刀自の詩」発表
4月　日本民俗学会創立
5月2日　池田彌三郎宅で渡嘉敷守良と坂東三津五郎を招待し、伊波冬子の沖縄料理の宴を開く
6月　『国語学』出版
1950（S25）64歳
6月3日　「国語雑感―言語における日琉同祖の事実」講演
6月　「同胞沖縄の芸能のために」発表
7月まで　真栄田勝朗著『琉球芝居物語』に序文を寄稿するも失われる
11月　「日琉語族論」発表
1951（S26）65歳
3月31日と4月19日　川崎公民館での「沖縄を偲ぶ夕」に出席
4月29日　早稲田大学大隈講堂での沖縄諸島の芸能の集まりで特別講演
1952（S27）66歳
1月1日　「沖縄タイムス」に「おきなわをおもう　沖縄のわがはらからよ」掲載
1月5日　「琉球新報」に「干瀬の白波」掲載
5月　『近代悲傷集』出版
12月17日　南島研究会で沖縄の研究調査について話す
1953（S28）67歳
1月15日　島袋源七死去、哀傷歌を詠む
2月　自歌自註の口述を始める
6月18日　文部省で36年撮影のトーキー映写会開催
9月3日　死去　葬儀で棺に芭蕉布の着物が収められた
1955（S30）
10月4日　渡嘉敷守良死去
6月　『倭をぐな』出版
1961（S36）
7月　柳田國男著『海上の道』出版
1962（S37）
8月8日　柳田國男死去
1964（S39）
3月1日　宮良当壮死去
1967（S42）
7月22日　池宮城喜輝死去
1975（S50）
11月22日　伊波冬子死去
1977（S52）
11月1日　比嘉春潮死去
1983（S58）
9月3日　那覇の波之上宮境内に「なはの江に」の歌碑建立

参考文献（主に年表関係）

『折口信夫全集』（中央公論社　平成七年〜）
『折口信夫手帖』（折口博士記念古代研究所　昭和六十二年）
『折口信夫事典　増補版』（西村亨編　大修館書店　平成十年）
『沖縄大百科事典』（沖縄タイムス社　昭和五十八年）
新垣孫一『琉球発祥史』（私家版　昭和三十年）
比嘉俊成『夏のことぶれ』（現代沖縄歌人叢書２　沖縄歌人クラブ　昭和四十七年）
真栄城玄裕編『回想の田端一村』（真栄田義見発行　昭和五十二年）
真栄田勝朗『琉球芝居物語』（青磁社　昭和五十六年）
仲宗根政善『石に刻む』（沖縄タイムス社　昭和五十八年）
伊波冬子遺稿集刊行会『白菊の花　伊波冬子遺稿集』（若夏社　昭和五十九年）
新城栄徳『琉文手帖　文人・末吉麦門冬』（琉文　昭和五十九年）
眞境名由康生誕百年記念事業会編『真境名由康　人と作品（上・下）』（眞境名由康生誕百年記念事業会　昭和六十二年）
名護市史編さん室編『宮城真治ノート（増補改訂版）』（名護市教育委員会　平成七年）
西村亨『折口信夫とその古代学』（中央公論新社　平成十一年）
保坂達雄『神と巫女の古代伝承論』（岩田書院　平成十五年）

近代名古屋と琉球舞踊——御洒落会との関わりを追う

水野楓子

はじめに

沖縄の伝統芸能である琉球舞踊や組踊は、琉球王国時代、中国からの使者をもてなす歓迎行事を中心に発展した。明治十二年（一八七九）、沖縄県設置による王国の消滅とともにそれらの芸能は庶民へと解放され、人々の娯楽として上演されるようになった。

明治二十六年、琉球演劇の一座が初めて沖縄県外で興行を打った。場所は大阪、京都、名古屋である。名古屋と琉球との関わりについて阪井芳貴は「この地域では、琉球使節の行列の様子を描いた刷りものなどが何種類も遺されている。そういう例は、他所の出版物からはあまり見いだせない。興味深いのは、そうした資料から、いかに尾張の人々が物見高かったかをうかがい知ることができることである。今のはやりのことばで言えば、名古屋人は異文化体験を好む人々だった、ということになろうか(1)」と述べており、名古屋の人々が異文化を好み、琉球の文化に対しても興味を示していたと指摘している。

その指摘の通り、明治二十六年の興行をきっかけに琉球舞踊と名古屋は関わりの深い土地になった。その興行に魅せられた御洒落会《おしゃらくかい》と呼ばれる倶楽部が名古屋に存在したからである。

一　御洒落会

明治二十年、西洋の倶楽部が流行りだした際、名古屋においても大口六兵衛、伊勢門水らを中心に「愛知洒落部」が作られた。(2)しかし、馬鹿げた遊びや奇行に徹底的に取り組む姿勢に退会者、休会者が続出したため、本部を一時閉鎖して、翌年、会名を「御洒落会」と改め再出発した。(3)それからは二十名ほどのメンバーで「雪見会」や「お祭り仮装会」、「三角亭茶会」など数々の突飛な会を催した。

相変わらずの奇行ぶりに会員は徐々に減り、明治三十七年には、大口六兵衛、伊勢門水、井上重兵衛、湯浅嘉三、勝野国三郎、日比伊代太郎、岡本仁左衛門、立浪忠七、織田杏斎、山本権次郎の十名のみとなったが、客員として川出真清、荒川ふくを加えて、「最早や選り選りしものにて、実に一体全体の文字に適す。此後の改正は、増員あるとも、減員は此内のもの死なずば名を脱すものある可からざるものと確信す。実に名古屋に有名なる御洒落会の保存員は此十人に客員二名を以って益々世の中を茶にして果すものなり。穴賢々々」(4)と自賛している。明治三十九年に六兵衛が死去し、徐々に会員が死去していく中、昭和七年（一九三二）には門水が死去。会員の中で一番若いながら、六兵衛や門水と行動を共にしていた山本権次郎が昭和三十二年に七十八歳で亡くなったことで、御洒落会は終止符をうった。(5)

御洒落会の中心人物であった大口六兵衛は、門前町の醴屋で、多芸多才、歌舞音曲に通じ、俳諧、狂歌、情歌、舞踊歌や脚本小説の執筆と幅広く活躍した人物で、(6)明治三十六年頃までに生まれた名古屋の各新聞に必ず筆をとっている。伊勢門水は六兵衛よりひと回り年下で、本名は水野宇右衛門。(7)末広町伊勢屋の七代目で、狂言師、狂言画家でもあり、新作狂言の創作や長唄・常磐津の作詞など、数多くの芸事に興味を示し、末広町の歴史についてまとめた『末広町話』や名古屋の祭礼を調査した『名古屋祭』を出版した人物である。(8)

近代名古屋を代表する風流人二人を筆頭に、会員それぞれが芸能に精通したメンバーで御洒落会は組織されていた。

二　御洒落会と琉球舞踊の出会い——明治二十六年の琉球演劇興行

明治二十六年、琉球演劇が初めて沖縄県外で興行することになった。はじめに大阪、続いて京都である。珍しい興行ということもあり、新聞では琉球演劇の動向を取り上げ、詳しく報じていた。だが、客足はあまり振わず、八月末頃の『歌舞伎新報』では以下のようにある。

大阪角の芝居にて費用倒れとなり其埋合はせとして京都祇園館へ乗込みたる琉球芝居はまたまた同館に於て散々なる失敗を招き殆んど進退谷りたるところへ名古屋より二百五十圓にて買はんとの相談出で持あぐみ居たる折から仕打連も即座に手打ちとなりし

（『歌舞伎新報』一五〇四号、七頁、一八九三年八月「琉球芝居の大困難」）

池宮正治はこの『歌舞伎新報』を引用し、「記念すべき本土上演も、終わってみれば完全な失敗だったのである」と述べており、それが通説となっている。(9)

そのような中、名古屋での興行は九月一日から行われた。

一体全体一体名古屋と云ふ土地は三府に亞ての土地だけに興行物の多い土地なり興行ものも多ければ観客も多し故に一昨日午後六時より大入開場と觸出した南桑名町の千歳座に於て興行の琉球演劇は伎藝の巧拙は第二として何分珍らしい興行物なれば観客は雷鳴雨中も厭はず午後三時頃よりドシドシと押掛け午後八時過ぎには全く木戸を締切し勢ひ

（『扶桑新聞』一八九三年九月三日「千歳座大入の上景況」）

みなみ桑名町の千歳座に興行の琉球演劇は（中略）毎夜滿塲の観客なるより昨日限りの處ろ本日より尚ほ五

日間日延の興行と云ふ事になり狂言や踊も一切新しいのと取替て観せると云へば是又面白い面白い

（『扶桑新聞』一八九三年九月六日「琉球演劇の日延」）

新聞には盛況な様子が書かれており、これまでとは一転して五日間、日延べするほどである。

また、この興行を実際に観に行った伊勢門水が『御洒落傳』の中で触れているので、それを参考に名古屋の人々との交流を見ていく。

明治二十六年の九月であつた。千歳座へ琉球演劇団が来た。一向に不人気であつたが、三日目に六兵衛氏と自分と見物に往つた。場内の淋しいこと、気の毒な程であつた。

然るに琉球人の演ずる舞踊及び演劇は非常に面白く、見馴れぬ風俗に雅味もあつて、中にも「姉妹敵討」「手水の縁」「木合国頭麿」など、言語は解らぬながら、その人情の溢れて感動を与ふる動作の巧妙にして、頗る高尚なる芸術と見破し、翌日、六兵衛氏は筆を揮つて金城新報に、見た儘を書いた。するにその翌日、舞踏界御大西川鯉三郎が、どんな代呂物であるかと、窃に見物して、成程これは捨難い芸術であると非常に賞賛した。ところでまた、鯉三郎が見て頗る感服したと新報に吹聴した。さア大変、その翌日からドツと押掛け、十日間も打続ゐて大入満員で、すばらしい上景気となつた。

御洒落会員は改めて惣見を催、いよいよ俳優および音楽師の人格のよさと、気韻の高尚な態度に惚れ込み、芸術に報ゆると、遥々の波濤を渡来せし労を慰めん為、一座三十名を大須泉竹楼に招待し、結髪に簪さした珍客を並らべて大宴会を開いた。琉球人は故郷への土産と非常に悦んで、席上、数番の舞踏を演じ、主客とも歓を尽して遊んだ事があつた。

後ちに聞けば、この一行は旧藩主より俸禄を受けてゐた士族の連中で、いはゆる能役者の如しであると。因みに芸術そのものも能楽に近き態度充分あり、いつの世にか彼の地にうつせしものか。

（伊勢門水翁遺稿、松村静雄編『御洒落傳』御洒落伝刊行会、一九六〇年、七二〜七三頁）

門水が観劇した際、場内は気の毒なほどすいていたようである。しかし、琉球演劇が非常に面白く高尚な芸術であったため、大口六兵衛は『金城新報』に記事を書いた。また、西川鯉三郎が観劇に来て、非常に賞賛したことも『金城新報』に吹聴したところ、翌日から大入りで、それが十日間続いたというのである。

この時期の『金城新報』は現在残されておらず、内容を確認することはできなかった。しかし、六兵衛は複数の新聞に記事を書いており、[10]『扶桑新聞』の九月三日の記事の書き出しを見てみると、「一体全体全体一体」という変わった書き出しで書かれていて、この「一体全体」という言葉は御洒落会の会印として使用されている特別な言葉なので、この記事は六兵衛による可能性が高い。[11]

さらに、御洒落会のメンバーは改めて琉球演劇を観劇し、一座をもてなすために大宴会を開いた。琉球の俳優らは故郷への土産だと非常に喜んだという。この宴会でも踊りを数番披露して、十分楽しんだ様子がうかがえる。大阪、京都で芳しくない結果となってしまった彼らにとって、名古屋でのこのような交流は何よりもうれしかったに違いない。

名古屋が琉球演劇俳優等にとって印象に残る土地になったことについては他にも資料があった。一座のメンバーの一人だったとされる渡嘉敷守儀の弟である渡嘉敷守良が兄から聞いた話として「芸談」の中で明治二十六年の興行について触れている。

「市川団十郎琉球劇の立廻りに感心」

明治廿六年私が十五歳の時兄守儀等が初めて県外の旅興行に出て、名古屋の某劇場で珍らしくも琉球演劇を上演したことがある。

その時明治劇壇の泰斗九代目団十郎が組踊の立廻りを見て、（中略）殺される役者は必ず下手幕際で倒され、黒ん坊の手を借りずに幕を掲げて手際よく幕内に隠すのを見て大変関心したそうである。

「観客席に薙刀の穂先飛ばす」

同じく名古屋の興行で兄守儀が沖縄独自の薙刀踊りを演じた時、（中略）刃先がビューと観客席に飛んで行った。アッと思った瞬間、平土間の後方にいた観客が扇子の柄でものの見事にこれを受止めことなきを得た。

「猿芝居で標準語で口上」

また兄が名古屋から帰ってから琉球演劇の改良に志し、従来の琉球狂言などとは全然飛び離れ、全部標準語で語る思い切った一幕物を上演したのである。

（渡嘉敷守良記念誌編集委員会『沖縄演劇界の巨匠渡嘉敷守良の世界』渡嘉敷流守藝の会、二〇〇五年、一六八、一六九頁）

以上の「芸談」は、昭和四十四年に出版されており、しかも兄から聞いた話になるので、正確さに欠ける部分はあるが、琉球俳優側から見た県外初興行の記録として貴重である。この「芸談」の中で明治二十六年の興行に関して書かれているのはこの内容だけだが、大阪、京都でも興行したにもかかわらず、名古屋のみが三度も挙げられている。しかし、名古屋で市川団十郎が琉球演劇を見たという記事はなく、この記録と関連する記事は『大阪朝日新聞』に出ていた。

殊に普通の演劇の如く一太刀浴せられてから血みどろになつて立ち廻る等のことなく殺しはすべて揚幕際にて仕留めると直に幕の内に消えるは残酷ならずして大いによし

（『大阪朝日新聞』一八九三年七月二十五日「角座の琉球演劇」）

また、薙刀の穂先が客席に飛んだ一件については、明治二十六年八月六日の『大阪毎日新聞』に出ていた。

「田地奉行」と云ふを演じ居る最中二人が長刀を使ふ時一人の長刀の目釘が折れし爲め土間の中へ本身の長刀が飛び去りしも幸ひ看客の間に落て負傷人もなかりしとの事

（『大阪毎日新聞』一八九三年八月五日「芝居だより」）

この「田地奉行」という演目は現在では残っておらず、どのような演目なのかは不明であるが、『琉球演劇役名録』[12]を見てみると、確かに渡嘉敷牛という俳優が入っている。渡嘉敷守儀の童名が牛だとすると、守良の記録とも合致する。しかし、長刀が飛んだ事件も名古屋ではなく、大阪での出来事だったようである。

守儀が守良に語ったという県外興行の記憶は、新聞の記録から考えると、主に大阪での出来事のようなのだが、守儀はすべて名古屋での出来事として語っている。名古屋での興行に人気が出たことや、伊勢門水らとの交流によって、名古屋での印象が強く残ることになったからではないだろうか。

また、名古屋から帰ってからは標準語で芝居に挑戦しており、県外での興行が沖縄の芸能にも影響を与えることになったようである。比嘉実は、「各演劇集団もこの時期になると、その代表者を次々、大阪、名古屋あたりに派遣し、積極的に本土の各種演劇の手法を取り入れるようになった」と記述している[13]。比嘉が本土への派遣先として挙げているのは大阪、名古屋であり、日清戦争後、沖縄の演劇界が本土との関わりを強めていく中で、明治二十六年の興行はその足掛かりとして大きな意義を持っていたものと推察される。

三　御洒落会と琉球舞踊――明治二十七年・三十年の興行

明治二十七年の興行

琉球演劇と本土とのつながりが生まれたことから、次に続く興行がないか調査したところ、明治二十七年に琉球踊りの興行があったという記述を発見した[14]。しかし、この興行は大規模な劇場での興行ではないため資料が少なく、今回の調査で発見できたのは以下の三つの記事のみである。

目下、新京極花村席にて興行し居る琉球踊りは同國人比加仁王、比加古加、比加千世其外三四名の太夫にて演じ居るが珍らしき爲めか暑中にも拘はらず毎夜大入を占め居れり

琉球古代の舞臺に狂言を當市七ツ寺境内に於て比嘉賀功仝仁王の一座が今廿六日正午より大入り開場

（『日出新聞』一八九四年七月四日「琉球踊り」）

（『扶桑新聞』一八九四年八月二十六日）

大須七ツ寺境内に於て興行をなし居たる琉球人數名には一昨夜笹島發にて大坂表へ歸りたり

（『扶桑新聞』一八九四年十月四日「琉球踊り」）

七月には京都、八月には名古屋で琉球踊りの興行が行われていた。『近代歌舞伎年表 京都篇』で七月周辺の興行を調べてみたが、琉球踊りについての記載は見当たらなかった。新京極花村席という劇場についても記載はなく、どのくらいの規模の劇場であるかは不明だが、小さな劇場だったと推察される。

俳優は比加仁王、比加古加、比加千世、他三、四名とあるので、少人数での興行である。比加仁王は、前年の興行に参加した俳優の比嘉仁王と同一人物だと考えられる[15]。比加古加や比加千世については、同じ比加の名字であるため、兄弟か親子かもしれない。『扶桑新聞』にも比嘉賀功仝仁王と書かれているので、七月の京都の興行と同じ一座だと考えられる。

また十月四日の『扶桑新聞』に、大須の七ツ寺境内で興行していた琉球人が大阪へ帰ったことが記載されている。八月二十六日から興行をしているので、一か月以上名古屋に滞在していたことになる。大須の七ツ寺境内[16]とあるので、名古屋での興行も規模の小さい興行であったことがわかる。「大坂表へ帰りたり」という記述があるので、大阪でも興行していたのかもしれないが、関連の記事を見つけることはできなかった。

この明治二十七年の興行については資料が少ないが、新聞には京都、名古屋そして、大阪という地名と比嘉仁王という俳優名が出てきており、明治二十六年の興行によってできたつながりから生まれた興行であったことがわかる。御洒落会とのつながりは明らかになっていないが、当時、六兵衛が大須の七ツ寺の門前に住んでいたことを考えると少なからず関わりがあったであろうと推察される[17]。

明治三十年琉球演劇名古屋興行

明治三十年、名古屋で三度目となる琉球演劇興行が打たれた。この興行を最初に発見した大野道雄は、伊勢門水のお孫さんである医学博士の三輪太郎氏が「沖縄の役に立てば」と沖縄県事務所まで『御洒落傳』を届けてくださったことで興行について知ったと述べている[18]。大阪や京都の新聞を調査したところ、関連の記事は出ていなかったので、今回は名古屋のみの興行だと考えられる。

音羽座の琉球芝居は愈よ今十三日が初日にて毎日午后一時より開塲する由（中略）因みに此一座は演能會と稱する者にて先年南桑名町の千歳座に來りし節に比すれば爾後餘程改良を加へ言語も専ら内地語に據り例のムニヤムニヤをば廢したる由にて専ら彼の昔時琉球國王及び貴紳の前にて祝事に演ぜん一種古雅風流なる趣味を内地人に示すにありと云へば先年よりは一層面白く見らるゝなるべし

（『扶桑新聞』一八九七年六月十三日「音羽座」）

一座は演能会と名乗っているが、俳優等に関する情報は報じられていない。四年前、千歳座に来たことも取り上げられているので、明治二十六年の興行に関係した俳優等か、もしくはその一部が今度は演能会として再び名古屋にやってきたものと考えられる。また、今回の興行では言語を内地語にして演じるとあり、県外で興行をするための工夫が見られる。

ところが、六月十三日から始まったばかりの興行は十五日までで一度打上げ、十七日から末広座で興行していた播磨座との合併興行になっている。興行が三日で一度打ち上げになったことを考えると、今回の興行は不人気であったと推察される。音羽座での興行をやめ、末広座に移って播磨座の元祖筒井勘七一座と交互に演目を見せていくという。

六月十八日の『扶桑新聞』に合併興行の様子が出ている。

末廣座は昨日正午より初日開塲せしに珍物盡しの播磨座球芝居合併のていれこ而かも大安々といふので意外

の大入大當りに見受けたり

（『扶桑新聞』一八九七年六月十八日「末広座」）

合併興行は意外にも大入り大当たりだと報じられている。しかし、この後、演能会についての記事は出なくなり、六月二十二日には、末広座で播磨座のみの興行が始まっているため、演能会の興行はそれ以前までだと考えられる。全体では七日間か、長くても八日間の興行であったことがわかる。

今回の興行と御洒落会との関わりについては、『御洒落傳』の中に「琉球演劇団の来演は、六兵衛の手記「残夢誌」によると、「三十年六月九日（大入）に南伏見町の音羽座にかかり、六兵衛はその日に見物している」(19)とあった。『残夢誌』は大口家に保管されており、手書きのため読めない部分もかなりあったが、明治三十年六月の関連する箇所を抜き出して紹介する。(20)

大口六兵衛『残夢誌』（大口六兵衛子孫蔵　四十二枚目）

「六月九日　疼痛にて甚苦しむ

熱はたかく□は腰さえ□□苦むして平常の我ならず（中略）我を慰めの為に音羽座の琉球踊りの大入を見物せんと一団は引□れ我の心を励まし南伏見町音羽座に見物に往きしが熱は□（中略）ヒタと枕に就き全くの大患と定まりしは六月の十四日よりなり」（□は判読不明、傍線は筆者による）

判読不能な部分が多いのだが、六兵衛は六月九日頃から体調がすぐれず、六月十三日、琉球舞踊の大入（初日）(21)を観に行ったものの、十四日には大患で寝込んでしまったというものであった。今回の興行は六月十三日からなので、具合の悪い中、初日を観に行ったことになる。そして次の日にはもう大患というほど具合が悪くなってしまっている。このことは『御洒落傳』にも出ていた。

六兵衛は（中略）新春以来、とかく健康がすぐれず、ついに大患と診断され、寝たままとなったのは六月十四日からであった。

御洒落会の親玉が御不例では、会員の意気もそれほどあがらず、ただ六兵衛の平癒を願うばかりである。

（伊勢門水翁遺稿、松村静雄編『御洒落傳』御洒落伝刊行会、一九六〇年、九五、九六頁）

明治二十六年の興行の際には、六兵衛が新聞で宣伝したおかげで琉球演劇に人気がでたのだが、明治三十年の興行では、そのような余裕はなかったはずである。また、御洒落会のメンバーにとっても六兵衛の大患は重大な出来事であっただろう。

明治三十年の興行があまり振るわず、合併興行になってしまったのは大口六兵衛の大患によって御洒落会の協力を得られなかったということが要因の一つになったと考えられる。それ以後、琉球演劇の興行は見つかっていないため、明治三十年の興行ではその後に続く手ごたえは得られなかったようである。

四　御洒落会、琉球舞踊を習う

明治三十六年、大阪で第五回内国勧業博覧会が開催され、場外余興の一つとして琉球舞踊が披露された。伊勢門水らは大阪でまた琉球舞踊が見られることを知り、わざわざ大阪まで出向いたのだった。当時の様子について、新聞と『御洒落傳』を頼りに見ていく。

三十六年春、会員は大阪で開かれた博覧会へ見物に出かけたが、これは御洒落会の大旅行で、会員は愛用の赤毛布をひっかけていった。門水は、この旅行を利用して、博覧会の余興に出演している琉球人の演劇団をもう一度たっぷり見物することとした。

（伊勢門水翁遺稿、松村静雄編『御洒落傳』御洒落伝刊行会、一九六〇年、一〇七〜一〇九頁）

○琉球舞踊は最も新しい物で、明治三十六年に第五回博覧会が大阪に開かれた時琉球人数名来阪して舞踊を開演して居た、其の手振りの至極優美な所に惚れ込んで之を船内の舞踊に組入れたら女々しい新踊りに増て高尚であろふと山本權十郎と水野宇右衛門は態々大阪に下り、圓滿盛輔、翁長武顕といふ二人の琉球人を連れ来り同人を師として武富節（チヂミオトヒ）「鼓舞と云ふ事」登り口説、四季と此三番の傳習を受けることにした。

（伊勢門水翁遺稿、松村静雄編『御洒落傳』御洒落伝刊行会、一九六〇年、五一、五二頁）

右記によると、大阪の博覧会で琉球舞踊を見物した門水は、再度山本権十郎と共に大阪まで行き、琉球人を二人名古屋に連れてきたようである。山本権十郎は御洒落会のメンバーの一人である山本権次郎の父で末広町の森岡屋という木綿問屋を営んでいた地元の名士である。(22) 祭りの中に琉球舞踊を取り入れるため、末広町の目付役として山本権十郎と共に大阪へ向かったものと推察される。「船内の舞踊に組み入れたら高尚であろう」とあるのは、門水らが取り仕切っている若宮祭りの山車のことで、この若宮八幡社の例祭では、町ごとに七輌の祭車を持っており、その先頭を切って曳かれた末広町の黒船車のことである。(23) 七輌の祭車のうち、末広町の黒船車だけは船型で、後の六輌は名古屋型の山車であった。黒船車は大名が乗る御座船を模したもので、若宮祭りの名物祭車になっていた。(24) 六輌の祭車ではからくり人形が披露されたが、黒船車だけは子どもたちによる稚児舞が披露されており、門水はこの黒船車の上で踊られる稚児舞に琉球舞踊を取り入れようと考えたのである。

また、大阪から連れてこられた琉球人として、圓満盛輔、翁長武顕という二人の名前が挙がっている。このうち翁長武顕については、『大阪朝報』の記事に名前が出ていた。

渡来の俳優には男子音曲師に大嶺朝源（三十五才）玉寄次郎（三十九才）板良敷朝郁（四十九才）宮里三郎（不詳）上里仁王（五十七才）翁長武影（不詳）阿波根遊徳（二十六才）の七名あり

（『大阪朝報』一八九七年四月十日「琉球美人手躍會」）

右記の音曲師のメンバーの中に翁長武影という人物があげられており、門水の記録では翁長武顕だが、同一人物だと考えられる。圓満盛輔については明治三十六年三月三十日の『大阪朝日新聞』の「琉球踊」という記事に関連する名前が出ていた。

豫て噂ありたる琉球踊は當地砂糖商某等の計畫にて沖縄より絲満盛輔、西銘幸芳といふもの催主として踊子

八人囃子方七人樂人六人を連れ来り博覧會場前にて開演する都合

（『大阪朝日新聞』一九〇三年三月三十日「琉球踊」）

催主として名前が上がっているのが、糸満盛輔、西銘幸芳の二人で、この糸満盛輔というのが、圓満盛輔だと推察される。名古屋に教えに来たことを考えると歌も踊りもできる人物なのだろう。

〇二人の琉球人は山本權次郎宅に宿泊し、門水宅の鳳友舞臺に一週間出張して相傳を終わった、歌は井上重兵衛、蛇味線は大口六兵衛、琴は川出眞清、舞の手は門水に弘太郎で結髪にかんざしを差し腮のみに髭を貯へたる言語不通の琉球人を師としたのは近年の珍景であった、序でに唄を紹介致さう

（伊勢門水翁遺稿、松村静雄編『御洒落傳』御洒落伝刊行会、一九六〇年、五二頁）

二人の琉球人は名古屋の末広町にあった山本権次郎宅に宿泊し、舞踊の稽古は門水宅にあった鳳友舞台[25]で行った。琉球人については、結髪にかんざしを差した姿であることが記載されている。日本の断髪令に習い、沖縄でも明治二十一年ごろから断髪をすすめていたのだが、士族層の反発は強く日清戦争のころまでは断髪を拒絶する者が多かったとされている[26]。来名したこの琉球人は断髪しておらず、あごには髭をたくわえ、王国時代の士族を彷彿させる風貌であり、二人とも年配者のように推察される。言語不通とあるので、どのようにコミュニケーションを取っていたのかは不明だが、一週間で相伝を終えた。歌は井上重兵衛（名古屋の狂言師で初代井上菊次郎）、琴は川出真清（国風音楽会の重鎮）、蛇味線は六兵衛、舞は門水と山本権次郎（山本権十郎の息子）の五名である[27]。伝習を受けた踊りとして「武富節（チヂミ踊り）」「登り口説」「四季」の三曲が記されている。

黒船車の稚児舞に琉球舞踊を取り入れたことを裏付ける資料として昭和五年五月十七日の新聞に関連する記事を発見した。記事は写真のみでタイトルに「神輿供奉の「黒船」車で珍しい琉球踊り」とだけあった。詳しい文章などは書かれていなかったが、この記事によって、琉球舞踊が昭和五年に踊られていたことがわかった。ということは、毎年ではないにしろ明治三十六年から昭和五年までの二十七年間、琉球舞踊は伝承され、踊られてい

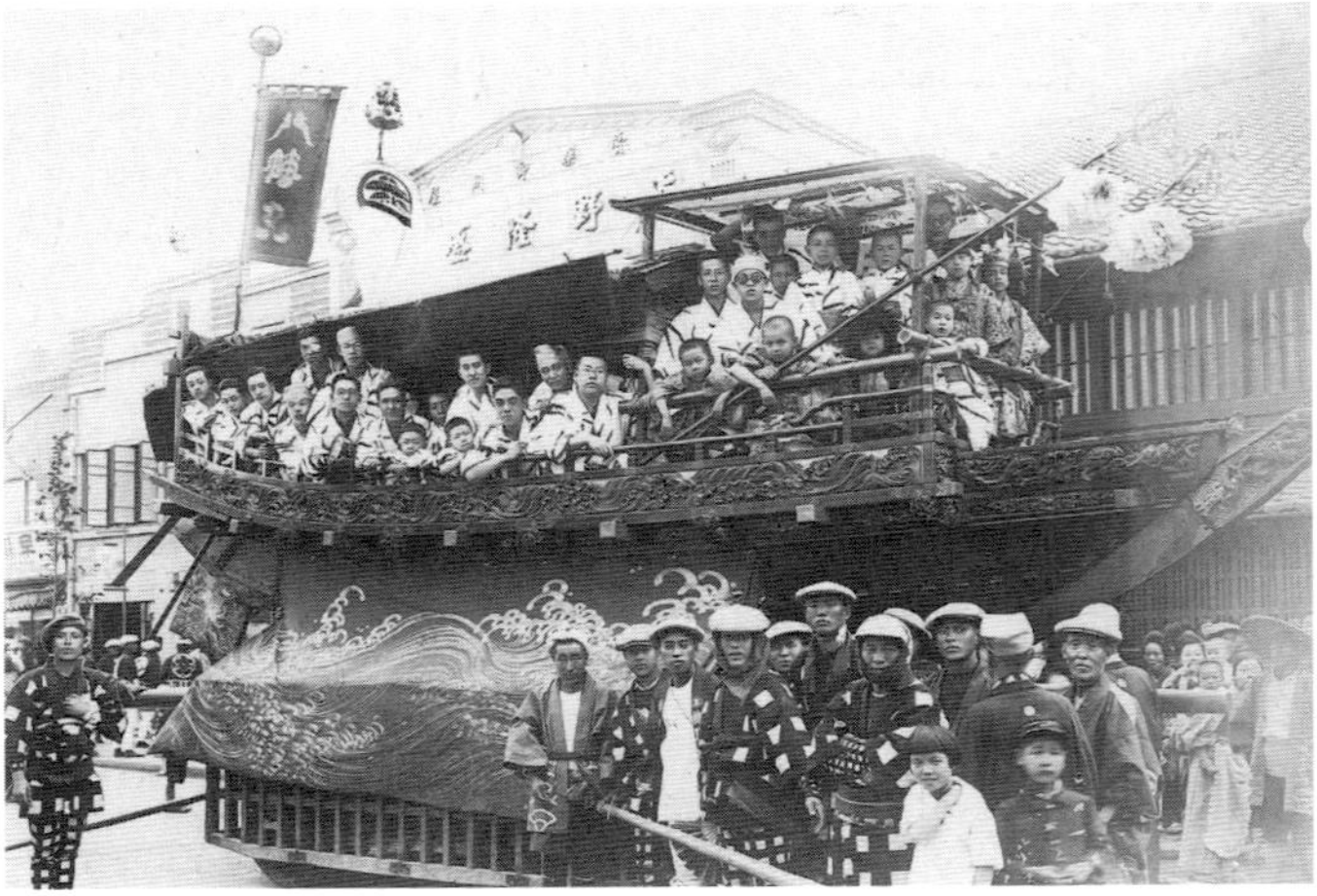

昭和５年 若宮祭り黒船車

たことになる。

伊勢門水らが習ったとされる琉球舞踊は、「武富節（チヂミ踊り）」「登り口説」「四季」の三曲とあった。そのうち、「登り口説」と「武富節」は歌詞が『御洒落傳』に記載されていた。(28)「登り口説」に関しては、現在知られている古典二才踊りの「上り口説」と歌詞もほぼ同じで、扇子を二本使った踊りであると考えられる。「武富節」は鼓踊りとあるので、太鼓を使う踊りが連想されるが、歌詞を見てみると、前半は「若衆コテイ節」、後半は「女コテイ節」の歌詞であった。(29)「若衆コテイ節」は若衆の踊りであり、祝儀曲としても代表的なものである。

現在、「武富節」という踊りは残されていないので、各地の村踊りの中に同様の踊りが残されていないかを調査したところ名護地区の東江の村踊りに「武富節」があった。東江の村踊りは王国時代の一八六〇年頃に始まったとされ、御冠船踊りともいわれるという。(30)東江の「武富節」は二曲構成で「武富節」と「高離節」で前半は杖を持ち、後半は扇子を使って踊る若衆踊りである。(31)

山本家に保存されていた写真で琉球舞踊が踊られたとされる昭和五年のものを見せていただいたところ、黒船車の写真に、稚児舞の子どもたちが写っていた。その様子は、陣羽織を羽織って頭に冠のようなものを被っている。琉球舞踊の若衆踊りでは、衣装は振袖に陣羽織で頭には冠立（コーダテ）と呼ばれる冠のようなものをまくのだが、写真の衣装は若衆踊りの特徴にぴったり当てはまる。また、名古屋市博物館が所蔵していた昭和五年の若宮祭りの写真の中に扇子を二本持っている稚児舞の子どもがおり、「登り口説」は扇子を二本使う踊りなので、衣装と小道具の特徴も合致する。伊勢門水の著書や末広町の方の話によると戦前は猩々、春日龍神、船弁慶の三曲が稚児舞として踊られており、衣裳はいずれも長い髪をつけて踊るものだった。昭和五年の写真の子どもの特徴とは明らかに異なっている。以上のことから、これらの写真に写っている子どもたちは琉球舞踊を踊った子どもたちである可能性が高い。

また、名古屋市博物館に昭和六年に若宮祭りを収録した映像が残っており、そこには黒船で踊る子どもの映像が少しだけ映っていた。一つは笠を被り、杖を持って踊る様子、もう一つは扇子を二本使って踊っている様子である。昭和六年に、琉球舞踊が踊られていたと断定はできないのだが、先に述べた三つの演目とは明らかに違う衣装や小道具である。また、扇子二本は「登り口説」に使用する小道具であるし、東江の「武富節」は若衆踊りであり、小道具は杖なのでこの映像と「武富節」の小道具は一致する。笠に関しては一致しないが、笠と杖は共に道行を表す[32]ので同時に用いられることが多く、笠を被っていても不自然ではない。また、明治二十六年の興行の際、『都新聞』（七月二十五日）に掲載された芸題目録に「若衆枝笠」という演目名があり、若衆の踊りで枝（杖）と笠を使用する演目があったことが確認できる。この博物館の映像は昭和六年のものなので、クリアに見ることはできないが、当時名古屋で踊られた琉球舞踊を映した貴重な映像である可能性が高い。

五　御洒落会と琉球舞踊――その後のつながり

門水、琉球舞踊を描く

伊勢門水について調査する中で、偶然にも門水が描いた琉球舞踊の掛け軸を発見した。名古屋市在住の木村哲央氏は、名古屋市千種区で古美術店「御洒洛」を営んでおり、門水の絵をたくさん所持されている。お話を伺ったところ、門水が描いた琉球舞踊の掛け軸が存在することがわかり、見せていただくことができた。この絵については『御洒落傳』の中に記載があり、明治三十五年に門水が描いたことがわかった。

明治35年　木合の圖　伊勢門水

二十六年九月の名古屋公演の際のダシモノの一つ「木合国頭際麾」は、門水が三十五年寅年の試筆にその筋を次のように書いている。

「むかしむかし鎮西八郎為朝、琉球において蒙雲といへる奸臣を平らげん為め、兵士をして虎に仮装せしを戦場に出しけるに、真の虎とおもひ皆其猛威におそれ、ことごとく敵を亡ぼし、かちどきをあげて舞い踊りたる其式、今に残りて「木合」と云。かかる芽出たき虎をどりを琉球舞踏に見し事を思ひ出して、虎としの歳旦に之を写す」　（伊勢門水翁遺稿、松村静雄編『御洒落傳』御洒落伝刊行会、一九六〇年、七四頁）

この絵は明治三十五年の寅年に明治二十六年の興行の際に見た「木合」という演目を思い出して描いたものだという。明治二十六年の興行から十年近く経っても門水は琉球舞踊を思い出しており、それほど琉球舞踊に魅せられていたことがわかる。そしてその翌年、琉球舞踊が大阪に来ていることを知り、大阪まで出向いて琉球舞踊を見物し、習うことになったのである。

掛け軸には、大将一名と虎に扮した兵士が五名、円い盾のような笠のようなものを持って踊っている様子が描かれている。「木合」は現在の琉球舞踊や組踊の演目にも残っていないものであり、当時の琉球舞踊を描いた絵として貴重なものだといえる。

門水、「上り口説」の変調を作詞

明治三十六年八月、大口六兵衛、伊勢門水、山本権次郎の三名は長野県の木曽路へ旅行に出かけた。この旅行の様子は『御洒落傳』の中に「木曽道中　避暑栗毛」として収録されている。この旅行記の中に、琉球舞踊の「登り口説」の変調として「道途口説」と「帰国口説」という歌が出てくるので取り上げたい。

まず、六兵衛、門水、権次郎の三名が旅行へ出発する様子が記された部分で、旅の歌が記載されていた。

道途口説（琉球登口説の変調）

〽旅の出立白浴衣、合ふた木曽路や三人の、容りも荷物が八貫目、おもひ立つ日が吉日と、跡を水野の裏門を、かけり出したる鳳友台、洒落ておかしき守綱寺の、前を弓手に矢場の町、呉服町から広小路、電気鉄道の車をば、待つて山田の庇より、ヒヨイと乗り込む千種行、暑い久屋に西新町、愛知県庁記念碑を、脇に見なしてゴロ〳〵と、進む轍は東田を、越えて布池車道、エイそこに見ゆるが停車場、着いた千種に虫の息

（伊勢門水翁遺稿、松村静雄編『御洒落傳』御洒落伝刊行会、一九六〇年、二〇一頁）

「琉球登口説の変調」とあるが、「上り口説」の替え歌になっている。「上り口説」は、王国時代に公務で薩摩へ出張するその旅の様子を歌ったもので、本土の影響をうけた七五調の歌詞にのせて、首里城を出発して那覇港までの風景や海上での様子など、薩摩までの長い旅程を表している。[33] その「上り口説」を自分たちの旅の出発の

様子に置き換えて、自宅から名古屋の千種駅までの様子を歌っているのである。「上り口説」は琉球人から習った踊りの一曲なのだが、ただ習うだけでは終わらず、自分たちなりにアレンジして取り入れてしまっている。

また、「上り口説」と対になる踊りとして薩摩からの帰りの旅程を表した「下り口説」もあるのだが、この旅行記の中でもきちんと「帰国口説」が記載されていた。

帰国口説

〽避暑のかへり路御殿場へ、寄つて裾野へ近づけど、富士の姿は雲隠れ、見えぬ仕舞ひに舞ひ舞つて、玆に思ひを切幕の、所作も無く〳〵汽車に乗り、午後の一時や四十分、五十分には今一度、見たい富士をば夢に見て、登山駿河を駈ぬけて、直に寝かへリ宇都の谷の、音はトンネル大崩れ、まだも名古屋へ遠江、金谷、島田に大井川、通る日坂、天龍川、浜の松風さつさつと、吹いて荒井の今切りを、あとに三河や愛知県、うれし豊橋、岡崎に、心矢作の橋くらく、暮に近づく国の空、妻やうからが待かねて、嘸や安城、刈谷駅、早く大府や大高の、暗を飛行く白鳥に、恵み熱田の森拝で、無事に帰宅の禮詣り、けふぞ十日の旅衣、きつつなれにし故郷や、エ、時に午後九時二十分、恙なく名古屋へ御安着。

（伊勢門水翁遺稿、松村静雄編『御洒落傳』御洒落伝刊行会、一九六〇年、二七七、二七八頁）

門水らが「下り口説」を琉球人から習ったという記録はないのだが、明治二十六年の興行の際、『扶桑新聞』の八月三十一日の記事には「琉球節」として「登り口説」と「下り口説」の両方の歌詞が紹介されていた。明治期に沖縄の歌がこのように意味も理解したうえで、自分たちの楽しみの一つとして取り入れられているとは驚きである。この『木曽道中、避暑栗毛』の原本は、三部のみ作成され、六兵衛、門水、権次郎の三人がそれぞれ一部ずつ所有していたが、現存するのは大口家が保管していた一部のみである。「表紙は木曽のヒノキ板を用い、挿画は着色。折本仕立て」と『御洒落傳』には記されていた。(34)

御洒落会の子孫たちへの取材

御洒落会と琉球舞踊との関わりを調査する中で、当時の様子を伝え聞いていないか子孫の方に連絡をとったところ、大口六兵衛、伊勢門水、山本権次郎、井上菊次郎の子孫の方とお会いしてお話を伺うことができた。六兵衛、門水、菊次郎の情報は得られなかったが、権次郎の子孫である山本宗平氏に権次郎娘・山本純子氏（二〇一五年当時九十三歳）に何か覚えていることがないかを尋ねていただいたところ、昭和三十年に松坂屋ホールで琉球舞踊の公演があり、その時父親（山本権次郎）と一緒に公演を見に行ったことを記憶していた。また、父親が沖縄の舞踊家たちと親しげに話をしていたことも覚えていた。この記憶を手掛かりに、昭和三十年の新聞を調査したところ、確かに昭和三十年二月二十六日、二十七日に松坂屋ホールで琉球舞踊の公演が開かれていたことがわかった。

奄美大島復帰一周年記念と銘うって琉球舞踊の会が二十六日午前一時から松坂屋ホールで開かれ、文化琉球芸能協会大阪本部の沖縄娘たちが会長永山盛保氏の司会で（中略）二十曲を三部に分けて上演、名古屋ではじめての南国情緒豊かな衣装と手ぶり足ぶりに満場の拍手を呼んだ。

（『名古屋朝日新聞』一九五五年二月二十七日「豊かな南国情緒　奄美大島復帰記念の琉球舞踊」）

この公演が催された昭和三十年、山本権次郎は七十六歳であった。琉球舞踊を習ってから五十年以上経っていたのだが、権次郎は琉球舞踊の公演があることを知り、娘を連れて見に行った。そこで、出演者と親しげに話していたということから、御洒落会の最後の一人となった山本権次郎は最後まで琉球舞踊とのつながりを大切にしていたことがうかがえる。この公演の二年後の昭和三十二年に山本権次郎は亡くなった。

また、『御洒落傳』に伊勢門水の息子である伊勢関水の記した「門水一代」が収録されており、明治三十六年のところに伊勢門水が琉球舞踊に関心を示していたことが記されている。

○明治三十六年（四十五歳）

大阪博覧会に琉球舞踊団が来演したと聞き、円満、翁長の二人をつれ帰り、一週間の滞在で相伝を受け、のち若宮祭りの黒舟車の踊りに応用した。琉球舞踊団の来演は再三あったが、あまり芳しい成績ではなかったなかで、同団に異状の関心を示し、しかも自ら教えを受けたがごときは、琉球舞踊の再認識せられている今日、その先見の明を指摘しなくてはなるまい。こうして同団との縁ができて、その後も同団関係者がしばしば門水を訪ねてきたものである。

（伊勢門水翁遺稿、松村静雄編『御洒落傳』御洒落伝刊行会、一九六〇年、一七三頁）

琉球舞踊団の来演があまり芳しい成績ではない中、その後も門水と琉球演劇団との交流は続き、しばしば門水を訪ねて来ていたことがわかる。明治二十六年の興行から始まる琉球演劇団と伊勢門水らの交流がこのように、長い期間にわたり続いていたことは、他の土地では例がなく、琉球演劇団にとって名古屋が特別な場所であったといえる。

末広町神楽団

末広町神楽団は、末広町の祭囃子を存続保存するために大正十年（一九二一）に伊勢門水が発起したもので、太平洋戦争で黒船車が焼失した後も存続し、稚児舞は屋台を造って演じられ、お囃子も奉納されていた。[35] しかし、平成元年（一九八九）を最後に中止となり、現在に至る。今回、黒船車での琉球舞踊を取材していく中で、先ほども取り上げた木村氏や、御洒落会や末広町の歴史を調査されている寺西功一氏、山本権次郎の子孫にあたる山本氏など、末広町のお囃子を復活させたいと願う人たちの縁がつながり、「末広町神楽団」として、旧譜面を整理してお囃子を復活させることになった。そして、平成二十八年十月二十九日から開催された「やっとかめ文化祭二〇一六」の事業の一つとして、十月三十日に大須演芸場で開かれた「古典の日記念公演」の中で、「若宮祭　黒船車　祭囃子」として演奏を行った。演目は以下の通りである。

1. 下がり羽　黒船車の道行曲
2. 稚児舞　三番叟
3. 稚児舞　春日龍神
4. 三番叟　黒船車の帰り囃子

囃子：山本宗平、寺西功一、菊田雅巳、太田裕隆、今枝政紀、木村哲央
稚児舞：山本奨、木村旦

また、平成二十九年五月の若宮八幡社の例大祭の際には、二十八年ぶりに若宮八幡社でお囃子と稚児舞の奉納を行った。木村氏は、いつか琉球舞踊の稚児舞も復活させたいとおっしゃってくださった。本研究が縁でこのように、地域の芸能が復活する運びとなり、明治の興行を発端とする名古屋と琉球舞踊との関わりが今後も続いていく可能性がでてきたことをここに報告しておく(36)。

おわりに

御洒落会と琉球演劇一座との出会いによって明治二十六年の興行は、失敗から成功へと大きく変わった。そして、明治二十七年、三十年の興行へとつながり、それだけにとどまらず、琉球舞踊を習ったり、描いたり、歌を取り入れたりと他では見られない特別な関わりを持つことになった。

御洒落会はなぜこのように琉球舞踊に興味をもったのだろうか。その一因として考えられるのは、はじめに取り上げた阪井の「名古屋の人々が異文化体験を好んでいた」という主張がぴったり当てはまる。また阪井は、名古屋が「芸どころ」として、独自の芸能の世界を形成し、観客は芝居を観る眼が肥えており、芸能を支援する人々や観客を含んだレベルにおいて、全国にその存在感を誇っていたと述べている(37)。名古屋の風流人である御洒落会

のメンバーは、「芸どころ」の名の通り、芸能に精通し、見馴れない琉球演劇の興行であっても自分たちが良いと思えば惜しみない支援をした。御洒落会の存在があったからこそ、明治期の琉球演劇の県外興行が成功につながり、その後に続く興行や交流が生まれていったのである。

また、明治二十年から三十年代という沖縄に新聞等の資料が少ない時期に、三度もの県外興行があったことは、県外に琉球演劇の資料を残したという点から見ても価値のあるものになった。これまで、資料不足からあまり調査が進んでこなかったこの時期の琉球演劇や琉球舞踊について、今後は調査、分析が進んでいくことが期待できる。御洒落会はまさに沖縄伝統芸能の恩人ともいえるのではないだろうか。

注

（1）阪井芳貴「名古屋は芸どころか?!」（山田明・吉田一彦編『名古屋の観光力』風媒社、二〇一三年）四四〜四五頁
（2）伊勢門水翁遺稿、松村静雄編『御洒落傳』（御洒落伝刊行会、一九六〇年）七頁
（3）伊勢門水翁遺稿、松村静雄編『御洒落傳』（御洒落伝刊行会、一九六〇年）二五頁
（4）伊勢門水翁遺稿、松村静雄編『御洒落傳』（御洒落伝刊行会、一九六〇年）一〇九頁
（5）伊勢門水翁遺稿、松村静雄編『御洒落傳』（御洒落伝刊行会、一九六〇年）一三四頁
（6）名古屋市編『名古屋市史 人物篇第二』（川瀬書店、一九三四年）四三五頁
（7）伊勢門水翁遺稿、松村静雄編『御洒落傳』（御洒落伝刊行会、一九六〇年）一七〇頁
（8）伊勢門水翁遺稿、松村静雄編『御洒落傳』（御洒落伝刊行会、一九六〇年）一七四頁
（9）池宮正治「沖縄芝居参上――明治二十六年京阪・名古屋公演」『新琉球史四近現代編』（琉球新報社、一九九二年）一六三頁
（10）木下信三「大口六兵衛伝小考」（名古屋近代文学史研究会『文化財叢書第六六号 名古屋明治文学史』名古屋市教育委員会、一九七五年）三五〜三六頁
（11）伊勢門水翁遺稿、松村静雄編『御洒落傳』（御洒落伝刊行会、一九六〇年）巻頭、二七頁
（12）俳優、音曲師名については、『大阪毎日新聞』七月十二日と『扶桑新聞』八月三十一日の記事に名前が出ている。また、角

座が配布した『琉球演劇役名録』にも演目名と出演者が記載されている。

(13) 比嘉実「明治沖縄劇小史(琉球演劇史)」『古琉球の世界』(三一書房、一九八二年/初出『沖縄文化』第十巻第二号(沖縄文化協会、一九七四年)二八二頁

(14) http://blog.livedoor.jp/misemono/marchives/cat_50047958.html (二〇一七年十一月六日検索)

(15) 注(12)参照

(16) 「七ツ寺仮小屋の興行　本日より当市門前町七ツ寺境内の仮小屋に於て大坂の中村慶寿一座の常磐津身振り軽る口浪花家やん茶かつ□り踊りの興行」(□:印刷不鮮明のため判読不能)(『新愛知』四頁、一八九四年九月二十二日)とあり、明治二十七年十月当時、七ツ寺境内に仮小屋はあったようである。また、「夫(か)の鉄割彌吉と同久吉の一座が明日より七ツ寺境内に於て足芸軽業等を興行すべしと」(『新愛知』四頁、一八九四年六月十九日)ともあり、七ツ寺境内では踊りや見世物としての興行が行われていた。

(17) 伊勢門水翁遺稿、松村静雄編『御洒落傳』(御洒落伝刊行会、一九六〇年)一四五頁

(18) 大野道雄『沖縄芝居とその周辺』(みずほ出版、二〇〇三年)二九六、二九七頁

(19) 伊勢門水翁遺稿、松村静雄編『御洒落傳』(御洒落伝刊行会、一九六〇年)七四頁

(20) 『残夢誌』を所持されていた大口家の子孫の方が、これを機会に資料を寄贈したいと希望されて、大口六兵衛に関する多数の資料を平成二十八年三月十二日に名古屋市鶴舞中央図書館に寄贈された。名古屋の近代文学研究にとって貴重な資料になると考えられるのでここに記載しておく。

(21) 「名古屋では初日のことを「大入」といふ」『中区制施八十周年記念　新編名古屋市中区史』(中区制八十周年記念事業実行委員会、一九九一年)一九八頁

(22) 伊勢門水翁遺稿、松村静雄編『御洒落傳』(御洒落伝刊行会、一九六〇年)一六六頁

(23) 新修名古屋市史編集委員会『新修名古屋市史第九巻　民俗編』(名古屋市、二〇〇一年)七三九頁

(24) 新修名古屋市史編集委員会『新修名古屋市史第九巻　民俗編』(名古屋市、二〇〇一年)七三九頁

(25) 「狂言師でもあった門水は明治三十五年に自宅の裏に鳳友舞台を作り、良家の子弟に狂言を伝授していた。」伊勢門水翁遺稿、松村静雄編『御洒落傳』(御洒落伝刊行会、一九六〇年)一七三頁

(26) 沖縄歴史教育研究会　新庄俊昭『高等教科書　琉球・沖縄史(新訂・増補版)』(編集工房東洋企画、二〇〇一年)一六五頁

(27) 伊勢門水翁遺稿、松村静雄編『御洒落傳』(御洒落伝刊行会、一九六〇年)一四七、一六二、一六六頁

(28) 伊勢門水翁遺稿、松村静雄編『御洒落傳』(御洒落伝刊行会、一九六〇年)五二〜五四頁
(29) 当間一郎監修、那覇出版社編集部『琉球芸能辞典』(那覇出版社、一九九二年)一一〇、一一一頁
(30) 名護市史編さん委員会『名護市史本編8 芸能』(名護市役所、二〇一二年)一〇〇頁
(31) 名護市史編さん委員会『名護市史本編8 芸能』(名護市役所、二〇一二年)一〇八頁
(32) 名護市史編さん委員会『名護市史本編8 芸能』(名護市役所、二〇一二年)九六五、九六四頁
(33) 当間一郎監修、那覇出版社編集部『琉球芸能辞典』(那覇出版社、一九九二年)三三四頁
(34) 伊勢門水翁遺稿、松村静雄編『御洒落傳』(御洒落伝刊行会、一九六〇年)二〇〇左頁
(35)『末廣町神楽団の栞』(昭和三十年代に町内で配布されたとされるもの。寺西氏に見せていただいた。)
(36) 平成二十九年以降も末広町神楽団は継続し、令和四年(二〇二二)五月の例祭の際にもお囃子と稚児舞を奉納した。
(37) 阪井芳貴「名古屋は芸どころか?!」(山田明・吉田一彦編『名古屋の観光力』風媒社、二〇一三年)五一頁

名古屋・東海——歴史・芸能・工芸

黎明期の七里の渡し

伊藤信吉

はじめに

熱田神宮（熱田社）の門前町・港町・市場町として形成され、近世には東海道の宿場町としても発展した尾張国熱田の町（現愛知県名古屋市熱田区）は、「多様な機能と景観が混じり合う、複合都市」にして「古代・中世以来の古い歴史と開発の軌跡が景観に深く刻まれた、歴史都市」と評される(1)。

慶長六年（一六〇一）、徳川家康は、東西日本を結ぶ主要街道である東海道を定め、熱田を伝馬中継のための宿駅の一つに指定した。尾張国熱田（宮宿）と伊勢国桑名（桑名宿）を中継する「七里の渡し」は、近世東海道中では限られた航路として著名であるが、その成立期・初期の実態は明らかではない。その理由は当該期の熱田や七里の渡しに関する地域史料が乏しいことにあるだろう。

そこで本稿では、近世東海道を往来した旅行者の記録をもとに、慶長期を中心とした成立期における近世東海道七里の渡しの実態を考察する。一節において先行研究の成果をもとに七里の渡しの成立を再考察し、二〜四節において、史料に立脚した七里の渡しの実態解明を行う。

一　近世東海道における七里の渡しの成立について

一－一　「七里の渡し」成立に関する問題点

先ずは七里の渡しの先行研究について見ておきたい。古くは、七里の渡しの概要を述べた藤田明氏の先駆的研究がある。(2) また、東海道のルート変遷を論じつつ七里の渡しの成立について言及したものに、尾崎久彌氏(3)・榎原雅治氏(4)・本多隆成氏(5)・石神教親氏(6)の論考がある。専論としては、元禄時代の絵図から七里の渡しの航路を解明した野田千平氏(7)、道中日記の分析から七里の渡しを迂回する佐屋廻りルートが主要道化したことを指摘した石田泰弘氏(8)、多角的視点から七里の渡しを論じた大関綾氏(9)等の論考がある。また近世桑名の研究において七里の渡しに言及した西羽晃氏(10)の論考もある。その他、七里の渡しに言及のある論考については必要に応じて引用するが、史料を網羅的に収集・整理して成立期の七里の渡しを論究した先行研究は、管見によれば見当たらない。

近世東海道の宿駅は、慶長六年時点で四十数か所の指定が確認できる。順次追加・整備されて寛永元年（一六二四）の伊勢国庄野宿の設置を以て、所謂東海道五十三次となる。(11)

慶長六年正月発給の桑名年寄中宛伝馬定書に「上口者四日市、下ハ宮へ船路之事」(12)とあるから、徳川政権は、慶長六年正月に桑名の中継先を、伝馬で四日市、「船路」で「宮」（熱田）に指定した。この時点で熱田・桑名・四日市が宿駅に、桑名・熱田間航路（七里の渡し）が東海道に指定されたことは明白で、これは先述の榎原・本多・石神・西羽諸論文の指摘するところである。また地誌である『張州雑志』(14)に筆写・収録された熱田宮宛伝馬朱印状(13)からも、慶長六年時の熱田の宿駅指定が指摘されている。

しかし石神教親氏が疑問視したように、(15)七里の渡しの開設を慶長六年ではなく元和二年（一六一六）とする説もある。石神氏が例示した『新修名古屋市史』(16)には「熱田の町と伊勢の国桑名の間を海上にて結ぶ航路は元和二年（一六一六）に開かれ、四一番目の宿、熱田宿が開かれた」「元和二年に熱田から桑名へ海上七里の海路が開設されて、諸施設や宿なども整備された」とあり、『名古屋４００年のあゆみ』[17]には「江戸時代に整備された東海道は、この熱田（宮）宿と伊勢国桑名宿を、海路で結んでいた。元和二年に開かれたこの航路は、伊勢湾の海上七里の行程ということで「七里の渡し」と呼ばれた」とある。

このような元和二年を画期とする説は、以前から存在する。梶川勇作氏は「東海道の熱田（宮）宿と桑名宿の間は、海路を通称「七里の渡し」で通行することになった。五街道で唯一の渡海である。熱田からの渡船は鎌倉・室町時代からあったらしいが、「七里の渡し」の始まりは元和二年（一六一六）である[18]」と論じ、『名古屋港史 港勢編』[19]は「以前から開かれていた宮宿から桑名宿間の渡しが、東海道の海路として本式に定められてからは、東海道随一の宿駅として繁盛した。（略）熱田〜桑名の渡しが「七里の渡し」として正式に公道となったのは、元和二年」とする。

古くは尾崎久彌氏が「桑名熱田間七里の渡航は、『尾張地名考』に里老曰として、元和二年より専ら盛んとある。なるほど新東海道設定成りてより十数年、此の頃漸く繁盛を見たのは、事実であらう[20]」としながらも、「熱田が、東海の交通路の要衝となつたのは、元和二年頃からであります。元和二年頃から宮と桑名の七里の渡しが始まつたと伝へられてをります[21]」とも論じる。前者は元和二年以前の七里の渡しの航行を前提とし、後者は七里の渡しの航行自体が元和二年に開始されたという趣旨になっている。

元和二年に七里の渡しが開設された、あるいは既存の運航航路が元和二年に正式になった等、これら諸説は、元和二年という時期以外には内容に相違があり、また同時代史料による立証がなされていない。尾崎氏が引用する『尾張国地名考』は江戸時代後期の編纂物であり、その「【里老曰】桑名より此の熱田へ渡海せる事は近世元和二年より専さかんなり[22]」という記述は、寧ろ元和二年以前の七里の渡しの就航を前提とした記述である[23]。

石神教親氏は、七里の渡し成立史の相違について、「宮宿のある名古屋市ではこれまで七里の渡の整備を、元和二年（一六一六）とする説が定説とされていた。桑名宿の伝馬定書には明確に「上口者四日市、下ハ宮、船路之事」と記されており、慶長六年時点ですでに船での渡しが定められていたのは明らか[24]」と整理する。

確かに慶長六年時の七里の渡しの法や制度の「制定」自体は明確である。しかし、慶長六年〜元和二年頃の七里の渡しの航路・運航・港湾等の「整備」状況、即ちその実態が不明瞭なため、成立期の七里の渡しについては曖昧な部分が多いと言える。近年、拙稿において慶長九年時の舟橋秀賢の七里の渡し渡航記事を検討したが[25]、更に同時代史料を収集・整理し、当該期の七里の渡しの実態を明らかにし、その成立について考察を深めたい。

一―二　東海道の変遷と近世東海道七里の渡しの成立

七里の渡しの検討に入る前に、東海道の変遷について触れておきたい。東海道は古代・中世・近世で主要ルートに変遷があり、近江・尾張間に限れば、古代は近江―伊勢―尾張の伊勢経由ルート、中世は近江―美濃―尾張の美濃経由ルート、近世は再び伊勢経由ルートに変化した。中世に美濃経由ルートが主要道化した理由は、大人数の移動や物資の大量輸送に適したためとされる。十六世紀になると近江・美濃・尾張の戦乱の影響で、美濃経由ルートが回避され、近江から鈴鹿山脈を越えて伊勢・尾張に入る伊勢経由ルートの通行が多くなった。関ケ原の合戦の翌年となる慶長六年、徳川家康が情報伝達の確保・迅速化のため、京都・江戸間（伊勢経由ルート）を伝馬中継で結んだ近世東海道が成立した。近現代に至っても国道・高速道路・新幹線が例となるように、伊勢・美濃経由ルートは、東西交通の両輪として機能している[26]。

「中世の東海道が、古代の律令官道としての東海道の荘園制的な変質であり、そのコースにも変移がみられたように、近世の東海道は中世のそれの幕藩制的な改編[27]」と概括されるように、東海道は各時代の政治・社会情勢に応じて長期的変化を遂げた。徳川政権の政策で成立した近世東海道七里の渡しも、こうした歴史的変遷の中に位置する。

一―三　近世東海道成立以前の伊勢・尾張間渡航

近世東海道七里の渡しは十七世紀初頭の制定となるが、十六世紀における旅行者の伊勢・尾張間渡航についても触れておく必要があるだろう。十六世紀に主要道化した中世東海道伊勢経由ルートは、近江国から鈴鹿山脈を越えて伊勢国に入ると、四日市近辺の三重郡楠（現三重県四日市市）や鈴鹿郡長太（現三重県鈴鹿市）から尾張知多半島西岸（大野・常滑）へ渡航するか、桑名から河川交通で尾張西部（津島近辺）に上陸して陸路を東進する事例が確認される一方、「近世東海道の公式ルートである桑名―熱田間を渡海した事例が皆無である点」が注視されている。(28)

中世の桑名は、水上交通による伊勢・美濃・尾張地方の穀物・材木等の集散地で、近江商人を介して京・北陸方面へと通じ、海上交通により伊勢国南部の大湊・山田の商人を介して太平洋沿岸地域の物流に繋がる広い交易圏の中継地として機能した。(29)中世の熱田も「伊勢湾交通路における湊町（港湾都市）として多くの人が行き交い、桑名・大湊をはじめとする伊勢湾岸各地を結ぶ中小廻船の活動も見られ」、戦国期に形成された町場の家数は二千軒程と推定される町であった。(30)永禄八年（一五六五）には、熱田町人の船が伊勢国南部の大湊へ入港していることが確認できる。(31)十六世紀頃の熱田社周辺が描かれた参詣図には、町・市場や漁船、旅客・荷物を載せた小舟等が描写され、そうした港町の機能は実際に近世の熱田の町にも継承されていた。(32)

こうした状況からは、中世においても両港間の海域に交易・往来のための商船・漁船が航行していたことが想定される。旅行記録の分析において「近世東海道の公式ルートである桑名―熱田間を渡海した事例が皆無」(33)であったことは、(34)必ずしも桑名・熱田間の航路や交易の途絶を意味しない。十六世紀頃の日本列島における東西交通の旅行者にとっては、同航路の渡航（利用）が一般的ではなかったものと理解できよう。

東西交通の旅行者における十六・十七世紀の桑名・熱田間航路利用の変革は、近世東海道の制定に起因するだろう。しかし七里の渡しは伊勢・尾張間渡航の唯一無二のルートではない。よって次項において、七里の渡しが近世東海道の公式ルートに選定された理由を考察したい。

一―四　七里の渡し選定の理由

徳川家康は何故、東海道を美濃経由から伊勢経由ルートに改め[35]、十六世紀の旅行者には一般的ではなかった熱田・桑名間航路を東海道に指定したのであろうか。榎原雅治氏はその理由について、①美濃経由ルートにおける関ケ原周辺の冬季積雪の回避、②伊勢経由ルートにおける京都・熱田間の必要移動日数の短縮[36]、③東海道の情報伝達網を松平忠吉の居城尾張清須城に近接させるため、という三点を挙げ、「急峻な鈴鹿越えと浅い熱田沖という二つの難所を含んだ伊勢廻りルートであるが、あえてその難所を冒してでも、江戸―清須―京都の間により迅速な情報伝達路を築くことを家康は求めたのではないか」と論じる[37]。

石神教親氏は、豊臣政権下で家康に与えられた江戸・京都間の領地（清泉寺・島田・中泉・白須賀・四日市・関地蔵・石部）が、家康自身の上洛ルートと近世東海道の伊勢経由ルートに影響したとし、「天正十八年の家康の東海道沿いに所領を得たことが、近世東海道が伊勢廻りとなった端緒」と位置付ける。また伊勢経由ルートが選ばれた理由を京・関東の迅速な往来と「なるべく渡航距離が短い安全性が重視された」ためと指摘する[38]。

尾崎久彌氏は七里の渡しが盛況した理由を「風難なくば、時間と里程とに於いて最も簡便[39]」として、移動距離と時間短縮（航行時間は凡そ四時間内外とする）に求めた。また上野秀治氏は、城下町の桑名・亀山、家康の御殿を中心に町場が形成された関、市場町の四日市、鈴鹿峠越えの休憩・宿泊施設が存在したであろう坂下を具体例として挙げ、慶長六年時指定の伊勢国の宿駅は、すでにある程度の宿泊施設を備え、馬継ができるような家が集まっていた町場が指定されたものと指摘する[40]。このように宿駅（町）自体に着目する必要があるだろう。

先行研究を踏まえると、家康の移動拠点であった伊勢国内に点在する徳川領を繋ぐ伊勢経由ルートは、立宿可能な町場が存在し、且つ移動距離・時間の短縮、環境（積雪回避）の利点があり、七里の渡し単体で見ても、移動距離・時間の短縮、環境（航海上の安全性）の利点があったと考えられる。こうした利点は、七里の渡しが東海道に選定された理由として挙げることができよう。

十六世紀における四日市近辺・尾張知多半島間の渡航ルートと桑名・尾張西部間の河川交通ルートの両ルートが、近世に至り十里の渡し（熱田・四日市間航路）や尾張西部を経由する「佐屋廻り」(41)に変化・定着したものと考えると、この二方面のルートと比較しながら七里の渡しの成立を考察する必要があるだろう。

尾張西部経由ルートとの比較

寛永十一年（一六三四）に成立した佐屋路は、七里の渡しを迂回する脇往還である。佐屋路は熱田（宮）・桑名間に、岩塚・万場・神守・佐屋の宿駅が置かれ、「東海道の往来では一番オーソドックスなコース」とされる一方、「問題点は多くの河川を越えなければならないことと、時間がかかること」、そして出水期の渡航停止であったとされる。(42)こうした自然条件は、慶長期の尾張西部でも同様と考えられる。七里の渡しは、複数の渡河を回避して、一回の渡海で尾張・伊勢間を移動できることが利点である。

また宿駅指定についても留意が必要で、佐屋路は熱田・桑名を含む六宿であるが、七里の渡しは熱田・桑名の二宿の指定で完結する。関ケ原合戦の翌年、速やかに東海道に伝馬制を制定・実施する必要のあった徳川家康は、移動距離・時間の短縮、複数渡河の回避、二宿での中継、これらが可能な七里の渡しルートを、東海道に指定したものと推測する。

十里の渡しとの比較

家康の所領であった四日市は、その付近が中世以来の尾張方面への渡船場であった。沿岸部の新田開発・土砂堆積により七里の渡しの航路が長距離化すると、相対的に十里の渡しの利用が増加した。(43)熱田・桑名間、熱田・四日市間航路は東海道宿駅制定当初から夫々廻船が就航し、桑名宿・四日市宿が競合関係にあったとも言われるが、(44)具体的に検証・論究がなされているわけではない。ただ後述のように、慶長期における両航路の利用は同時代史料で確認できる。

十里の渡しは「東海道としての正規の桑名〜宮（熱田）の「七里の渡し」があるにもかかわらず、家康への貢献実績を背景に別ルートの四日市〜宮が「十里の渡し」として公認され、急ぎの武士や諸商人・飛脚に利用された」と指摘されるように[45]、「平常時は熱田宿（宮）への渡船業を生業として認め[46]」られたと主張する四日市廻船の特権的経済活動の一環であった。

この十里の渡しが、東海道制定時点で伝馬中継の公式ルートから除かれた理由を考えておく必要があるだろう。慶長六年時点では、四日市・亀山間の石薬師・庄野は伝馬宿ではなかったため、四日市宿と隣宿の亀山・桑名間の距離は合計「八里をこえ、継ぎ送りの負担が大きかった[47]」と指摘される。四日市の隣宿を熱田（十里の渡し）ではなく桑名（陸路三里）にすることで、四日市の距離的負担が軽減される結果となった[48]。

また、梶川勇作氏は桑名・津島間の四里の航路ではなく、桑名・佐屋間の「三里の渡し」が公式ルートになった理由の一つに、航路の短距離化を挙げる[49]。「渡航距離が短い安全性[50]」は、十里の渡しより航行距離が短い七里の渡しが東海道に選定された理由の一つとして考えられよう。

桑名と東海道

水陸交通の要衝地である桑名への東海道接続は、交通網の発達と桑名の町の発展が予想される一方、中世以来の港町桑名自体に、宿駅としての遂行能力が期待されたため、宿駅指定に至ったものと考える。藤井譲治氏は、関ケ原合戦後の徳川氏による論功行賞・領地配分において、「東海道諸国に領地を持っていた豊臣系の大名たちは、中国・四国などへ加封され（略）その跡には主に関東にいた一族・譜代大名を加増転封し、江戸と京都をむすぶ東海道をほぼ掌握した[51]」と指摘する。つまり、徳川（松平）一族や本多忠勝達譜代家臣による東海道掌握と、東海道伝馬制制定とは、関連した政策と考えられる。

慶長六年正月の桑名宿指定後、桑名に移封された本多家は、慶長六年五月末に桑名住民に町割りを通達し、翌月には普請を開始、九月には住民の家屋を解体するなどして工事を進めた[52]。西羽晃氏は「急激な町の大改造によって町民たちは困惑させられ、藩主の子息である本多忠政から資金を提供させられる中で「町割り」を推し進められた[53]」とする。七里の渡しの運航もこうした領主権力による一定の強制性を認識しておく必要があるだろう。桑名城の改修工事は、本多家転封後の桑名藩主松平定綱の治世に完成したとされる[54]。

東海道と伝馬制は、平時には社会経済発展の基盤となり、戦時には兵站線として機能する。桑名は慶長六年を画期とし、十万石級の近世大名の城下町、東海道の宿場町、河川・海上交通の港町として再整備が進んだ。街道支配という観点から、慶長六年の宿駅指定（七里の渡しの制定）と徳川重臣本多家の桑名入封を見直すと、交通・物流上の要港であった桑名に東海道を接続した上で、軍事・政治・情報網の拠点として徳川重臣に支配させようとした政治的構想を読み取れる。

小括

七里の渡しが東海道に選定された理由として、ルート（移動距離と時間、複数の渡河の回避、安全性）と宿駅指定の二点が挙げられる。

七里の渡しは、尾張西部経由ルートにおける複数の渡河を回避して短距離・短時間で移動可能で、十里の渡しより航行距離が短い点で比較的安全と考えられること。宿駅の観点からは、既存の港町であった熱田・桑名の二宿で完結可能であり、桑名宿の指定により、四日市の隣宿との距離・負担が軽減されること。東海道を接続して桑名を中継点とした陸・川・海の交通網を整備し、徳川重臣本多家の居城として宿駅を含めて拠点支配を行うこと。これらは直接、史料に明記されないものの、東海道七里の渡し制定の理由として考えられることである。こうした複合的要因によって、七里の渡しは近世東海道のルートに選定されたものと思料する。

二　史料に見る七里の渡しの渡航

成立期・初期における七里の渡しの実態解明には、同時代史料による考察が不可欠である。近世東海道の出発点となる慶長六年から、一説に七里の渡しの成立年ともされる元和二年の間を中心に、公家・武家・僧侶の日記・紀行文に記される伊勢尾張間渡航記事を整理したものが、本論末に掲げた「七里の渡し史料集」である（引用する際は整理番号を［　］に示す）。また史料集から主要な情報を抽出して整理したものが、別掲の一覧表である。

先ずは記主（旅行者）別に、旅行記事を確認しておきたい。公家舟橋秀賢の場合、四回の渡航が確認できる［1・2・9・11］。［1］は史料集における七里の渡し渡航の初見記事となるが、これ以前に七里の渡しが無かったという証明にはならない。尚、この時は熱田が目的地であって東海道往来における通過地点ではなかったが[55]、熱田への渡船場であった四日市を通過して桑名へ進んで渡航したことは、七里の渡しがある程度定着していたことを窺わせる[56]。慶長十二・十六年には、秀賢は十里の渡しを利用しているが［2・9］、十六世紀に見られたような四日市近辺から尾張知多半島への渡航ルートではなく、四日市から伊勢湾奥部の熱田へ渡航したことから、十里の渡しの就航が知られる。

幕政にも関与した儒者林羅山の記録もある。「東行日録」［3］では、伊勢亀山城主の送迎で桑名に至り一泊、翌日に熱田に達し、「廟」（熱田社）を参拝した。「沿レ于レ海」は海岸沿いの陸路ではなく、海路（七里の渡し）を進んだものと考える。「丙辰紀行」［26］では「海路七里」の文言が記されている。

吉田社の神主吉田兼見の弟で、徳川家康とも親交のあった神龍院梵舜は、慶長十三・十五・十八年及び元和二年の渡航記録がある［4・5・6・16・19・21・23］。慶長十三年時は関・熱田間の通行が確認できるが、渡航については不明である［4］。復路は熱田で一泊後、尾張清須・津島を経由し桑名に至る尾張西部経由ルートを進

	地名の記述			注目すべき文言		
津島	桑名	四日市	熱田	船／航海に関する記述	天気に関する記述	その他
	桑名		熱田	乗船		
		四日市場	熱田	乗船	晴	
	桑名		尾州之熱田			
			熱田湊		天晴	
	桑名之町		尾州熱田		天晴	
	勢州之内桑名		尾州熱田	乗船	天晴／順風	熱田ニ着岸
			宮			
一宿	桑名	四日市ノ河原	宮		晴・風	
		四日市浦	熱田湊		晴	町屋
		四日市	熱田／宮	船ニテ	天晴、晩頭時雨	
	桑名	四日市	熱田	乗船	陰	桑名着岸
（宿泊）	桑名	四日市	熱田	乗船	天晴至夜雨	
	桑名		熱田津	乗船	滄海無風波面平	熱田津登岸
	桑名	四日市				
			宮			
	勢州桑名		尾州熱田湊	船一艘	天晴／折節順風	海路七里之渡
		四日市	熱田	乗船	天晴／風強	熱田へ十里
芦原中ニ泊／（朝食）	桑名	四日市	熱田	乗船	天晴風夕ニ猶烈、風波荒	ナコヤ／海上三里
	勢州桑名湊		尾州熱田	乗船		
	桑名		熱田		雨	
	桑名	四日市場	尾州熱田宮	桑名渡海	天晴／順風	
		四日市	熱田	乗船		
	勢州桑名		熱田	熱田ヨリ渡海		
	桑名		熱田	乗船	天晴	
	桑名		熱田			海路七里
			熱田宮云所			
	クワナ	四日市	熱田宮	乗舟	晴	
	桑名		熱田の宮	舟	いとよく晴／追風	
	桑名		熱田／宮	風はかたほにうけ／舟／船		
	桑名	四日市	熱田		微風擺暗霧、麗日泛浪罅	七里の航
	桑名の里／くわな		あつた／あつたのみや（宮）	海路／舟		

七里の渡し史料集における主要事項一覧表

No.	年		旅人	旅程					宿泊・食事・休憩		
				渡航ルート	七里の渡し	十里の渡し	津島経由（三里の渡し）	その他	桑名	四日市	熱田
1	慶長	9	舟橋秀賢	桑名→熱田	○				休息		一宿
2	慶長	12	舟橋秀賢	四日市→熱田		○					
3	慶長	12	林羅山	桑名→熱田	○						
4	慶長	13	梵舜	関→？→熱田							一宿
5	慶長	13	梵舜	熱田→清須→津島→桑名			○		一宿		一宿
6	慶長	15	梵舜	桑名→熱田	○				一宿		
7	慶長	16	勧修寺光豊	大垣→萩原→熱田				○			一宿
8	慶長	16	勧修寺光豊	熱田→津島→今島→桑名			○			中食	
9	慶長	16	舟橋秀賢	四日市→熱田		○					憩休
10	慶長	16	山科言緒	四日市→熱田		○					
11	慶長	16	舟橋秀賢	熱田→桑名	○				暫休息		借宿
12	慶長	16	山科言緒	熱田→桑名	○				午息		
13	慶長	18	昕叔顕晫	桑名→熱田	○				寄宿	午憩	
14	慶長	18	昕叔顕晫	藤川→桑名					宿		
15	慶長	18	木下延俊	熱田→名古屋→清須方面→美濃				○			御やどへ参
16	慶長	18	梵舜	桑名→熱田	○				桑名中宿		宿
17	慶長	18	西洞院時慶	四日市→富田→熱田				○		(宿泊)	
18	慶長	18	西洞院時慶	熱田→名古屋→津島→桑名			○			(宿泊)	泊
19	慶長	18	梵舜	熱田→桑名	○				宿		
20	元和	2	山科言緒	桑名→熱田	○				(宿泊)		(宿泊)
21	元和	2	梵舜	桑名→熱田	○				一宿	中食	
22	元和	2	山科言緒	熱田→四日市		○			(宿泊)		
23	元和	2	梵舜	熱田→桑名	○				一宿		
24	元和	2	山科言緒	桑名→熱田	○						(宿泊)
25	元和	2	山科言緒	知立→名古屋→墨俣				○			
26	元和	2	林羅山	熱田→桑名	○						
27	元和	3	土御門泰重	土山→熱田							一宿
28	元和	3	土御門泰重	熱田→桑名	○					一宿	一宿
29	元和	3	如法寺殿	桑名→熱田	○				とゝまる		
30	元和	4	烏丸光広	桑名→熱田	○				(船着場待機)		とまり
31	元和	6	中院通勝	桑名→熱田	○				(宿泊)		餉
32	元和	7	小堀政一	熱田→桑名	○				(宿泊)		一宿

※「宿泊・食事・休憩」については史料原文の文言を示した。
直接的表記がない場合で史料の内容から宿泊等が想定される場合は（ ）に示した。

んだが、「清洲城」訪問の目的があった［5］。尚、史料［4］は関・熱田間で一日、［5］は清須城滞在時間に留意が必要ながら、熱田・関間で二日を要している。慶長十五・十八年、元和二年も七里の渡しを利用した［6・16・19・21・23］。「海路七里之渡」［16］の文言や「路次川水出」［21］という桑名の水害状況が注目される。公家勧修寺光豊の場合、往路は美濃方面より熱田へ進み［7］、帰路は熱田・津島・桑名へと進んだ［8］。

公家山科言緒の渡航記事は［10・12・20・22・24・25］である。慶長十六年時は、往路に十里の渡し［10］、帰路に七里の渡しを利用した［12］。元和二年時は七里の渡し［20・24］、十里の渡し［22］を用い、名古屋経由で美濃へ進む事例［25］も確認される。相国寺の僧侶昕叔顕晫は「桑名旅店」に一泊後、七里の渡しを利用した。詠詩からは、朝凪で穏やかな海上を渡航したことが知られる［13］。帰路の「自二藤川一渡海而宿二桑名一」は、「有松賦レ松」を尾張国有松と考えると、三河国藤川・尾張国有松・伊勢国桑名を通行したものと考えられる［14］。

豊臣一門の大名木下延俊は、知立から熱田へ進み「五郎太夫」の宿に一泊した。その後名古屋を経由して各地を巡り清須城に立ち寄った後に鷹狩を行い、美濃へ進んでいる［15］。

公家西洞院時慶の『時慶記』には東海道往来の詳細な記録がある。往路は「四日市馬次」（伝馬）を利用して四日市・桑名間の富田に進み、強風の中、富田から熱田へ「十里」を渡航した［17］。帰路は、熱田から名古屋を経て船で津島に向かい芦原の中で一泊した。翌日、津島商人の饗応を受け、津島社を参詣した。「風波荒」い中、津島から桑名の「海上三里」を渡航した［18］。

公家で陰陽家の土御門泰重は、近江国土山・熱田間を一日で進み、熱田で一宿した［27］。帰路は七里の渡しを渡航したが「伝馬指合」のため、桑名から四日市へ渡航した［28］。

紀行文は、文芸的要素が留意されるものの、当時の状況を窺う史料として貴重である。女性と推測される如法寺殿は、[57]「桑名をまた明仄の程に舟にのりこきいつ。これやうき世をうみわたると見えて、舟とも多く有。追風さへそひて、舟は行ともおほえぬに、熱田の宮へつく」として、早朝、追風を受けた船に乗り熱田へ渡航したと記す[29]。公家烏丸光広は元和四年に七里の渡しを渡航し、航路から見える景色について詳細に記す[30]。中院通勝の場合、桑名到着時は雨天であったが、翌日は天候に恵まれて「七里の航」で渡海した[31]。小堀政一は熱田に一宿後、翌日一日に尾張藩主に面会するため熱田社参詣を止め、面会後に尾張藩手配の船で桑名へ渡海した[32]。

史料集・一覧表を見ると、十里の渡し、尾張西部経由ルート、美濃経由ルートも用いられたが、慶長・元和期においては七里の渡しの利用が圧倒的に多く、伊勢・尾張間の渡航は十六世紀とは異なる様相を呈していた。この顕著な変化からは、当該期に近世東海道七里の渡しがある程度整備され、定着していたことが窺える。

三　七里の渡しとその周辺

三―一　史料に見る熱田社と町々

本節では、収集した史料の文言に注目し、町・航路・船等について具体的考察を行う。第一項では町について、第二項では「七里の渡し」の名称について、第三項では航行について検討する。先ずは町に関する記述の考察を行いたい。

熱田（宮）

熱田の名称を史料集・一覧表で確認すると、「熱田」の記録が最も多く、「宮」[7・8・10・15・30]、「熱田宮」[21・27・28]、「熱田の宮」[29]、「あつたのみや」「あつたの宮」[32]とも記され、慶長・元和期の地名・宿場名としての「熱田宮」は「あつたのみや」と読まれ、単に「宮」とも記された。

港としては「熱田湊」[4・9・16]、「熱田津」[13]と記され、「着岸」「登岸」とあるように[6・13]、船舶乗降用の「岸」が整備されていた。大名・公家一行が宿泊可能な宿屋が整備され、宿主には「五郎太夫」[15]、

「太郎衛門」［17］、「岡本三右衛門尉」［18］の名が確認できる。また宿泊客への小刀等の訪問販売が確認でき［11・18］、こうした小売商の存在は、宿駅化による熱田の経済発展の一端と読み取れる。

桑名町人太田吉清の日記「慶長自記」には「高津、太田の石小くして三河篠島辺にて石を取候舟共、又美濃口よりの舟共熱田の宮へ乗込候事数千艘と言、数不レ知二月より八月迄諸大名在ニ名古屋一也(58)」と記される。慶長十五年時の名古屋城普請用石材を積載した船は熱田へ入港したが、その数は当該期に「数千艘」に及んだという。人の移動と物資の流通において、熱田は諸港と名古屋を中継する港でもあったと理解できる。「熱田の宮へつく。道いとわろし」［29］や三河藤川・尾張熱田間を雨中に通行した土御門泰重が道を「泥之路」［28］と記したことも当時の道路の状況を知る上で、貴重な史料である。

熱田社

次に旅人達の熱田社参拝記事を見ておきたい。僧昕叔は「詣ニ熱田明神宮一。々立広大巍々可レ見。誠一大社也。宮壇前有レ椿開レ花。宮之回廊外。有ニ梅花一有ニ櫻花一」と記し、熱田社を「誠一大社」と感想した［13］。社殿の前に咲く椿の花や、回廊の外側に梅や桜のある広大な境内・社叢の様子を記して貴重である。

西洞院時慶は強風が吹く中に熱田へ渡航し、到着後に熱田社へ参詣した［17］。「船中機遣候処無事也、祝中也」とあるように、船中では強風に気を揉んだが、無事の到着に感謝して熱田社に参拝したものと理解できる。「玄大夫」社（源太夫社）、八劔宮を巡拝し、熱田社本宮は「遥ニ奥」と記す［17］。時慶は帰路も熱田社へ参拝し初穂料十疋を奉納している［18］。中院通勝は熱田に到着後食事を済ませ、「明神に賽す」とあるように、熱田社を参拝している［31］。

如法寺殿は熱田社に詣で、「神司のものともこゝかしこはふきしたるかほにて、此神彼神なとなのりいふもいとゆかしく」と、境内各所で「此神彼神」の御由緒を語る「神司」（社人）の姿を記している［29］。旅を急ぐ如法寺殿は、鳥居の側の松に、

いか計神も心やすますらん松ふく風に濤のよる〳〵

と詠歌を書き付けた。文献史料からは、浪寄せる海の近く、幾代を経た松や季節に従い花を咲かせる椿・梅・桜の木々の育つ、熱田の広大な境内地の様子が知られる。

東海道往来では限られた航海となる七里の渡しの渡航と、それに前後する熱田社参詣は、旅人達にとって独特の体験になったと推測される。熱田社を参拝した旅行者が、熱田社の信仰や伝説・言説、境内の様子を各地の人々に話すことで、熱田信仰は更なる広がりを見せたものと考える。

桑名

史料集・一覧表を見ると、町名は「桑名」という記述が多く、「桑名之町」［5］、「桑名湊」［19］とも記され、読みは「クワナ」「くわな」［28・32］が記される。町の様子を窺うと、熱田の僧侶宣阿弥が公家衆の休憩所に用いた「宣阿弥宿」や「桑名旅店」といった休憩・宿泊施設の記録がある［1・13］。如法寺殿の宿泊した「宿のあるし」は知人の縁故であったため、「いとねん比にいたつきけり」と特別丁寧に接遇したという［29］。夜間渡航を拒絶された烏丸光広は、「こよひは舟つきにうちとまります」と、船着場で夜を明かしたが［30］、こうした船主側の夜間対応も知られる。

一覧表を見ても、桑名・熱田で宿泊する事例が多く、両所が宿場町として発展していった様子が窺える。また、梵舜は桑名で料足百疋を金子に換金したが、「銀十六文目ノ算用之由也」とあるのは、商人らしき桑名町人の説明内容であろう［21］。

伝馬利用については、［11］に「借二欵段一」と記録され、［28］には「又傳馬指合、乗レ舟到二四日市一」とある。白須賀で「傳馬之穿鑿」、藤川で「又如二昨日一傳馬出入故逗留也」とあるので、「指合」・「穿鑿」は「出入」と同じく伝馬利用の混雑を意味する。土御門泰重は伝馬の代替として桑名・四日市間航路を利用したのである。

桑名城については「北側と東側は揖斐川に面して防備されているので、揖斐川から水が入る内堀を西側から南側へ巡るように掘り、その外側に家臣団の屋敷を構築し、それを取り囲む外堀を作った。そして外堀の西側を通る東海道を内包する形で惣堀を築いた」[59]とされる。［30］によると、惣構の門が西に向かい、堀は十二・三間の広さで、二の門までは五町の距離があったという。城内へ船が航行可能で、門・橋（堀）・楼閣（櫓）があり、南北が川・海と記されている。詳細は検討を要するが、堅固な水城であったことを窺知させる。

また、［28］の泰重の例からは桑名の往来繁多な様子が知られ、［30］には「東呉萬里の船」が繋がれたとあるように、東国（熱田）方面から桑名に渡航した船が多数停泊していたことが想像される。そして「五歩一楼、十歩一閣」というような桑名城の姿は、光広のみならず、東西往来の旅人達に仰視され、堅城の姿を印象付けたものと察せられる[60]。

四日市

史料集・一覧表で地名を見ると、「四日市」以外は、市の開催日と「市場」を合わせた「四日市場」［2・21］とも記される。港の表現としては、「四日市浦」［9］と記され、「津」「湊」と記された熱田・桑名と異なる。尚、中院通勝は「四日市は、名におはゝ明日こそ立へきを、旅次の路も程近けれは、今日そ過ける」と、四日の市を想像しながら三日のうちに桑名へ移動している［31］。「四日市馬次」［17］は「馬を次ぐ（継ぐ）」ことを意味するから、伝馬についても史料で確認できる。

西洞院時慶は桑名・四日市・亀山間の陸路について詳述する［18］。増水した桑名の町屋川では川渡を雇い、朝明川他各地の川で橋が落ち、増水時の川越の困難な様子と「殊水深難レ甚」という感想を記録する。ただ大水は災害だけでなく「浦ノ魚種ゝ受用、殊更多レ之」という大漁をもたらし、「肴多レ之用也」とあるように、四日市近辺では沢山の魚（肴）が流通したことが知られる。

津島

次に津島について見ておこう。神龍院梵舜は慶長十三年に「清洲城」に立ち寄り[61]、津島経由で桑名に至っており［5］、河川交通を利用した。勧修寺光豊は津島から桑名の北に位置する揖斐川右岸の今島に「三里」を渡航し、今島で馬を借りて桑名に至った［8］。西洞院時慶は「芦原中」に一泊後、下船して堤防を乗り越えて津島見物に向かった。旅籠・酒屋兼業の津島商人加藤某の接遇を受けた後、津島社を参詣した。天正年間に洪水・地震等の被災があった津島周辺は、「災害後による一時的な衰微からの復興も早かった」(62)とされるが、慶長十八年時点で津島が「在所之躰衰也」と記されたことが注目される(63)［18］。帰京した時慶は、「禁裏へ参、修善寺三束・富士灰・絵嶋弁天・津嶋祇園ノ御札等進上候(64)」として、「津嶋祇園ノ御札」を禁裏へ進上しており、近世初期の宮廷社会における津島信仰の一端が窺知される。

三―二　「七里の渡し」の名称

「七里の渡し」の名称は熱田・桑名間の距離に由来する。史料集に「海路七里之渡」［16］、「七里の航」［31］、「海路七里渡りて」［26］とあるように、慶長・元和期には渡航距離の名称化が、ある程度進んでいたものと思われる。野田千平氏によると、元禄時代の七里の渡し航路は、陸地沿いの七里航路と沖廻りの九里・十里航路があり、潮の干満により航路が選択された(65)。名称については、「九里の渡し」より短距離の渡航を示す「七里の渡し」の名称が定着したとも考えられるが、慶長・元和期の諸史料に「七里」とあることからも、実際に七里航路が先行して利用された結果、早い段階で「七里の渡し」が航路の名称となり、定着したと考えることもできる。

津島・桑名（今島）間航路は「三里」［8・18］、伊勢国富田から熱田間の航路は「十里」と記された［17］。厳密な距離や発着地点の差（今島は桑名の北方、富田は四日市の北方に位置する）があるものの、熱田・四日市間を「十里の渡し」、津島近辺の佐屋・桑名間を「三里の渡し」とした航路名の原形と見られる。三里・七里・十里という距離が明示される航路名は、旅行者にとって航路を選択するための実用的な情報であったと考えられる。

三―三　船と航行時間の記述について

尾崎久彌氏は史料的考察から、江戸時代の七里の渡しの航行時間が「約今の四時間内外」（気象条件により三〜六時間程度）であることを明らかにした(66)。そこで慶長期の航行時間についても諸史料から確認してみたい。昕叔は「朝暁」に宿を出て桑名を出航し、巳刻（午前九時〜十一時）に熱田に着岸した［13］。旧暦二月の明け方に乗船すれば、午前十一時頃迄には熱田に到着したことが判る。梵舜も桑名に一泊した翌日に乗船し、巳刻に熱田に到着している［21］。到着時刻から逆算して、昕叔と同じく早朝に出航したものと推測される。

如法寺殿も「桑名をまた明仄の程に舟にのりこきいつ」とあるように、早朝に出船しており［29］、中院通勝の場合も、詩中に「明初る空」の気色として、微風が朝霧を払って朝日が波上に浮かんだとあるから［31］、黎明の出航であった。烏丸光広は辰刻（午前七時〜九時）に乗船し、「ひつしさかる」（午後三時頃）に着いたとあるから、六〜八時間程の航行である［30］。風が悪いため前夜の出航は諦め、当日は「風はかたほにうけて」とあるから、船は横風を受けて片帆に開いて航行した様子が知られる。

熱田から桑名への渡航例を見ると、舟橋秀賢は早朝に熱田社を参拝し、朝食後に乗船して未刻（午後一時〜三時）に桑名に到着している［11］。同日の山科言緒の日記には「従二熱田一乗船至二桑名一午息」とあり、「午息」は昼休憩と理解できる［12］。秀賢・言緒が船に同乗したかは不明ながら、朝に乗船して午後に下船したことは共通する。朝に出船して昼頃に対岸地に到着するパターンは、熱田側・桑名側に共通する。黎明、日の出と共に出船し、なるべく日の高いうちに対岸に到着する方針と察せられる。

夜間航行については、由井正雪の乱の影響により、承応元年（一六五二）から七里の渡しは夕方四時頃以降の出船が停止された(67)。乗船時刻は不明ながら夕方に下船した舟橋秀賢の例［9］、伊勢富田から乗船し亥刻（午後九時〜十一時）に熱田に到着した西洞院時慶の例［17］や、「くれかゝる程にあつたを出」て桑名へ渡航した小堀政一の例［32］等、慶長・元和期には夕・夜の航行が確認できる。烏丸光広が夜間渡航を希望した際は、風待ちにより船主側の判断で出航しなかったが［30］、反面、状況次第では夜間渡航が可能であったことが窺われる。木下長嘯子が夕方に乗船し、闇夜の中を風雨の難に遭いながら熱田へ渡航したことは後述する。

船の記述に注目すると、「風はかたほにうけてひらきなり」［30］として「片帆」の語から帆船であることが記され、「こきいつ」（漕ぎ出づ）［29］や「短櫓」［31］等、櫓の使用が確認できる。一覧表を見ると「舟」より船体の大きい「船」の漢字使用例が多い。西洞院時慶は津島近辺を航行した船体の長さを「八間」と記し、その大きさに安心している［18］。「これやうき世をうみわたると見えて、舟とも多く有」［29］、「東呉萬里の船をつなく」「沖中にちいさき舟の見ゆるは、海人の釣するならんかし」［30］の文言は、七里の渡しの海域に大小様々の漁船・商船・旅客船等が多数航行していたことを想像させる。

四　七里の渡しの光景

江戸—京間は比較的平地が多いものの、交通路が未完成な近世初期段階においては尚更、箱根・薩埵・宇津谷・鈴鹿の各峠、六郷・相模・富士・安倍・大井・天龍等の大河川、浜名湖（今切）・伊勢湾（桑名七里の渡し）等の湖海は、交通上の難所であった(68)。大関彩氏は、渡航時の天候急変を不安視する旅行者の心境を史料で確認し、例えば太田南畝が「無事に渡れた喜びを狂歌として記すことからも、七里の渡しは危険と隣り合わせの旅」であったと指摘する(69)。

慶長・元和期においても七里の渡しは難所であり、その船旅は、危険と隣り合わせのものであった。そのため、「依二風雨一今日舟不レ出」［8］、「風あしゝとてゆかす」［30］のように、船主側の判断で出航を停止する場合もあった。しかし木下長嘯子のように、天候急変により風雨の難に遭った例もある。次に史料を掲げる(70)。

くはなといふ所よりさるの時はかり舟にのりぬ。これよりあつたのかたといふ所へこきわたるに、七里のとなりければ、夜いたく更ぬへしといふ。やゝくれ行そらは、くもりふたかるこゝちして、行さきも見えわかす。いまゝてありつるうら山も、ひとつにきえうせぬ。雨風さへにはかにふきいつれは、うちはめつへし。とまひきひろけちりのなかにふしたれと、うちもまとろまれぬなるへし。

夜間の熱田到着を企てた木下長嘯子は、申刻（午後四時頃）に乗船した。夕暮には曇天となり、眺望できた山々も闇夜に消えた頃、俄かに雨風が吹いた。苫を覆い広げて身を伏したが、眠ることができなかったという[71]。

強風時に出航した西洞院時慶は、「船中機遣候」と船上で気を揉んだ様子が記され［17］、三里の渡しでも強風に曝され「風波荒」と記している［18］。慶長十六年に徳川家康が熱田で乗船したところ知多郡野間まで流されたという記録もあり[72]、航海は危険を伴い、予定どおりに渡航できない場合もあった。

一覧表を見ると、晴の日の出航例が殆どだが、雨の日の渡航例もあり［20］、晴雨のみが渡航中止の判断基準ではなかった。また船旅は風の影響を受けるためか、史料には風の記述が多い。「順風」［6・16・21］、「追風」［29］、横風（「風はかたほにうけて」［30］）、強風（「風強」［17］、「風夕ニ猶烈（略）風波荒」［18］）、「微風」［31］、凪（「滄海無風波面平」［13］）等、多様に表現されている。風は人智の及ばない自然現象のためか、航行時に風に恵まれた梵舜は喜び、「折節順風ニテ別テ仕合也」と日記に記した［16］。

こうした七里の渡しも、一日の時の経過の中で、旅人の目に映る風景に変化があった。中院通勝は「明初る空の気色、微風擺二暗霧一、麗日泛二浪艣一」と、明け方の空の下、朝風が暗霧を払い、麗しい朝日が波上に浮かぶ姿を詠じた［31］。昕叔顕晫は「滄海無風波面平。泛レ宅暁来将レ続レ夢。夢魂呼覚軋烏聲」とし、伊勢湾の滄海は波も立たぬ平らな姿であり、朝烏の声が夢魂を呼び覚ますと詠じた［13］。「滄海」と詠まれた伊勢湾には「これやうき世をうみわたると見えて、舟とも多く有」［29］、「沖中にちいさき舟の見ゆるは、海人の釣するならんかし」［30］と、七里の渡しの航路から沖合まで大小多数の船が航行する風景が見られた。また「北に当りて信濃の駒かたけなれと、雲かゝりて見えすと云。よく天気の晴ぬれは、富士もみゆるとなん」［30］とあり、好天に恵まれれば、海上から遠近の山々が見渡せた(73)。

夕暮には、多度山や鈴鹿山脈といった西方の山々に夕日が沈み、「いまゝでありつるうら山も、ひとつにきえうせ(74)」て夜を迎えた。尾張津島辺りの「芦原中」に一泊した西洞院時慶は、「月明也、風少静」と記録している［18］。明月に照らされた芦原や水面は、河口部に位置する桑名周辺でも見られた夜景と想像される。こうした日記・紀行文に記された風景は、日常の七里の渡しの実景として、ありふれた景色であったと考えられる。

桑名には「東呉萬里の船をつなく」とあるように、東国からの数多の船が停泊し、「五歩一楼、十歩一閣」というような桑名城の姿があった［30］。対岸の熱田では、「誠にかみさひ」［29］て「広大巍々」な熱田社の杜が広がり、梅・桜・椿等の木々に折々の花が咲き［13］、社人達が境内各所で御由緒を語り聞かせていた［29］。「船中機遣候処無事也、祝申也」［17］、「明神に賽す」・「かけまくも一心に懇祈をいたして、来方行末のたのみをかけ奉る」［31］とあるように、熱田社に詣でた旅人達は、七里の渡しの渡海と旅の無事、そして様々なことを願い、また神恩に感謝して祈りを捧げたものと察せられる。

「日本人は風景の中に水と山を求めるようだが、東海道には川・海・山がバランスよく配され、この風景を背景として史跡や名所・名物が成立した(75)」とも言われる。七里の渡しは難所でもあったが、天候や風に恵まれれば風光明媚な旅路であり、熱田社や桑名城、熱田・桑名の町も含め、東海道の名所でもあったと言えるだろう。

おわりに

本稿において、公家・武家・僧侶等の日記や紀行文により、慶長・元和期の七里の渡しとその周辺（航海・航路・町・宿駅）の実態を考察してきた。七里の渡しの概要については、紀行文と日記・引用史料において、大きな齟齬は見られない。そこで一節で検討した近世東海道七里の渡しの成立について、考えをまとめておきたい。

先に見たように、慶長期において、七里の渡しは他のルートに比して最も利用された航路であり、多数の航行事例が確認されることからも、近世東海道七里の渡しが元和二年以前に就航していたことは確実である。

また、仮に七里の渡しの運航（渡航）を、元和二年を境として公式・非公式（正式・不正式）に分類する場合、その理由と同時代史料等における典拠を明示する必要がある。近世東海道は、慶長六年の徳川家康による伝馬宿駅指定を出発点とし、順次・適宜に必要な法や制度が定められ、宿駅街道の整備が進められたことを考慮すれば、元和二年を境に一概に公式・非公式（正式・不正式）と分類すること自体の妥当性が問われるだろう。

管見の限り、七里の渡し渡航の初見記事は慶長九年の記事［1］である。しかし、これ以前に七里の渡しの廻船が就航していなかったことを意味しない。東海道伝馬制は徳川政権が政治・軍事上の必要により、各宿に命令したものであり、慶長六年正月の宿駅指定時点で、熱田（宮）宿・桑名宿は七里の渡しの中継について相応の責任を負った。

天正十二年（一五七四）七月、織田信長による伊勢長島一向一揆攻めでは「蟹江・あらこ・熱田・大高・木田・寺本・大野・とこなべ・野間・内海」の尾張国諸港と「桑名・白子・平尾・高松・あのゝ津・楠・ほそくミ」[76]の伊勢国諸港等の船が動員されている。参戦のため熱田・桑名の船が利用され、両港間航路の中間にある長島周辺を航行していたのである。

慶長五年、会津攻めに向かった徳川家康の軍勢は四日市から三河佐久島へ渡海したとされるが[77]、「慶長自記」には「同廿日に伊勢国四日市場に付玉ふ。大船小船数百艘揃て、四日市浦より三河の国吉田へ渡り玉ふ」[78]として数百艘の船が動員されて三河へ渡航したことが記される。慶長六年時点で四日市・熱田間航路が東海道の公式ルートから除外されたことは、熱田・桑名両宿による、七里の渡しの航路運営が可能と判断されたからだろう。

慶長六年に指定された伊勢国の宿駅が「すでに町場がある程度形成されていた場所、あるいは馬継ぎのできるような家が集まっていた集落が指定され」[79]たものだとすれば、七里の渡し航路もまた、元々存在した航路を近世東海道に指定したものと類推される。つまり既存の航路を、慶長六年に東海道に指定し、同時に熱田・桑名を宿駅にして、東海道伝馬制に組み込んだものと理解できる。

慶長七年には近江大津・駿河岡部が東海道宿駅に追加指定され、同年六月には、徳川政権により積荷の重量制限や駄賃規定が公的に定められた[80]。中継を前提とする伝馬制において、実情に応じた追加措置を講じながら、七里の渡し区間で伝馬中継が断絶していたとは考えにくい。既存の航路利用であれば尚更、徳川政権にとって必要として設定された近世東海道七里の渡しは、熱田・桑名が宿駅指定を受けた慶長六年頃には、取り急ぎ機能したものと推測される。

諸史料に立脚して慶長・元和期の七里の渡しの利用傾向が把握できたことで、改めて東海道の旅行者における七里の渡しの利用について、その変遷を素描してみたい。

十六世紀の中世東海道伊勢経由ルートは、主に四日市辺りの楠や長太から伊勢湾を横断して渡航するか、桑名から河川交通を用いて津島周辺に渡航する例が知られ、熱田・桑名間航路は旅行者にとって一般的なコースではなかった。しかし、七里の渡しが近世東海道に指定されて以降、慶長・元和期には他のルートと比較してもその利用は多く、東西交通の旅行者、とりわけ伝馬利用者にとって、七里の渡しは江戸時代初期において主要道（航路）であったことが確認できる。その後の推移による沿岸部の土砂堆積・新田開発が、七里の渡し航路の長距離化・機能減退を進め、相対的に十里の渡しの利用増加を招いた。併せて庶民層を含めた名古屋観光・津島社参詣目的の尾張西部経由ルートの利用増により、七里の渡しが迂回される割合が高くなったと理解できる。

ただ「近世の交通制度は、幕藩領主や朝廷関係を中心とする特権的な御用交通を最優先し、一般民衆のそれが埒外におかれていた点が特徴[81]」とされる。近世東海道制定当初は、大衆の巡礼・観光のためではなく、徳川家の情報網確保・街道支配という軍事・政治的利用を主眼として整備が進められたものと考える。平時における東海道利用の活発化、即ち庶民層も含めた参詣・観光旅行者の全体数の増加は、七里の渡しと佐屋廻りルートの利用割合に影響を与えたものと考えられる。

今後の七里の渡し（三里の渡し・十里の渡し）の研究課題としては、史料に立脚した航路や宿駅の実態解明と(82)、史料の統計による利用航路・宿駅街道等の時代的変遷の把握が挙げられる(83)。そのためには、道中日記等の旅行者の史料の精査に加え、道中日記を記さなかった旅行者及び渡航者の存在も想定し、宿駅を中心とした地域史料（資料）からのアプローチも必要となるだろう。

注

（1）山村亜希「地図で読み解く中近世の港町熱田」（愛知県立大学歴史文化の会編『大学的愛知ガイド―こだわりの歩き方―』昭和堂、二〇一四年）

（2）藤田明「桑名七里渡」（日本歴史地理学会編『日本交通史論』所収、日本学術普及会、一九二五年、初出一九〇二年）

（3）尾崎久彌『熱田神宮史料考』（大雅堂、一九四四年）

（4）榎原雅治『中世の東海道をゆく―京から鎌倉へ、旅路の風景―』（中央公論新社、二〇〇八年）

（5）本多隆成『近世の東海道』（清文堂、二〇一四年）

（6）石神教親「中世東海道から近世東海道へ―天正十八年の位置づけをめぐって―」（『十六世紀史論叢』八号、二〇一七年三月）

（7）野田千平『「七里の渡し」考』（名古屋市教育委員会、一九七三年）

（8）石田泰弘「道中記からみた宮・桑名間の交通について」（岸野俊彦編『尾張藩社会の総合研究』七巻、清文堂、二〇二〇年）

（9）大関綾「七里の渡し、どんな船旅だったのか？」（鈴木健一編『東海道五十三次をよむ』三弥井書店、二〇二〇年）

（10）西羽晃「第二章　都市・桑名の発展と石取祭」（桑名市教育委員会編・発行『桑名石取祭総合調査報告書』二〇〇六年）

（11）丸山雍成「近世東海道の成立とその意義」（豊橋市美術博物館編・発行『東海道宿駅設置四〇〇年記念　歴史の道〜東海道〜』二〇〇一年）。尚、東海道は大坂まで延伸し、五十七次となった。

（12）三重県編・発行『三重県史　資料編　近世４（上）』（一九九八年）所収「桑名宿伝馬定書」（第一章一節）。

（13）「慶長六年正月日」付で「熱田宮」へ発給された文書の写しには「定　此御朱印なくして。伝馬不レ可レ出者也、仍如レ件」とある（熱田神宮宮庁編・発行『熱田神宮史料　張州雑志抄』一九六九年）。詳しくは本稿三節で検証するが、宛所の「熱田宮」は、神社名ではなく地名・宿駅名の「あつたのみや」と理解できる。

(14) 前掲注(4)榎原氏著書、前掲注(5)本多氏著書。また中村孝也『新訂 徳川家康文書の研究』下巻之一(日本学術振興会、一九八〇年)は、「張州雑志抄」を典拠とし「尾張熱田宮に下せる伝馬掟朱印状」として収載する。状況的に慶長六年の熱田の宿駅指定は確実と考えるが、熱田の伝馬関係史料については検討の余地がある。

(15) 前掲注(6)石神氏論文

(16) 新修名古屋市史編集委員会『新修名古屋市史』第三巻(名古屋市、一九九九年)第六章三節

(17) 名古屋市博物館編『開府400年記念特別展 名古屋400年のあゆみ』(「名古屋400年のあゆみ」実行委員会発行、二〇一〇年)

(18) 梶川勇作『近世尾張の歴史地理』「第二章 近世の東海道佐屋路と佐屋宿」(企画集団NAF、一九九七年、初出一九八四年)

(19) 名古屋港史編集委員会編『名古屋港史 港勢編』(名古屋港管理組合、一九九〇年)

(20) 前掲注(3)尾崎氏著書の「熱田宿駅発達史」は、昭和十年(一九三五)九月二十六日脱稿で熱田神宮刊『美以都』昭和十年十一月号より五回連載したもの。

(21) 前掲注(3)尾崎氏著書の「元禄時代の尾張・三河の地名」は、昭和五・六年(一九三〇・一九三一)の放送用原稿を加筆訂正し、更に昭和十九年(一九四四)に補訂したもの。

(22) 『尾州史料 尾張国地名考 改訂編』(津田正生著、海部郡教育会底本刊、東海地方史学協会改訂編発行、一九八六年)。津田正生は尾張国海部郡佐織村の人。同書の題言には文化十三年(一八一六)の年紀が記される。

(23) 但し、慶長二十年(元和元年)に豊臣家が滅亡しており、「里老」の言う元和二年頃は、社会的画期に当たると言える。

(24) 前掲注(6)石神氏論文

(25) 拙稿「慶長期における東海道七里の渡しとその周辺―『慶長日件録』を素材として―」(『地方史研究』四一八号、二〇二二年八月)

(26) 前掲注(6)石神氏論文が東海道の変遷についての諸研究を整理している。尚、戦前の研究としては、尾崎久彌氏が「平安時代末よりは、行路は比較的に明確であり、当時以後の紀行・物語の類に拠ると、多くは美濃路、稀なるが伊勢路である」と指摘している(前掲注(3)尾崎氏著書)。

(27) 前掲注(11)丸山氏論文

(28) 前掲注(4)榎原氏著書。尚、松島周一氏は戦国期の東西交通における知多半島経由ルートの利用を、尾張国の斯波・織田

勢力と駿河今川氏勢力の抗争の影響を避けるため、一定の独立性を保った水野氏勢力圏の知多半島を通行したものと論じる（松島周一「戦国期東西交通における智多と尾張」『日本文化論叢』一七号、二〇〇九年三月）。
（29） 伊藤裕偉『中世伊勢湾岸の湊津と地域構造』（岩田書院、二〇〇七年）「補論四 中世後期の桑名」
（30） 愛知県史編さん委員会『愛知県史 通史編3 中世2・織豊』（愛知県、二〇一八年）第三章一節
（31） 新修名古屋市史編集委員会『新修名古屋市史』第二巻（名古屋市、一九九八年）第五章
（32） 前掲注（1）山村氏論文
（33） 前掲注（4）榎原氏著書
（34） 前掲注（30）『愛知県史』（第三章一節）も榎原雅治氏の研究を引用して東海道伊勢経由ルートによる尾張入国について論じるが、桑名・熱田間渡航の事例は確認されていない。
（35） 前掲注（4）榎原氏著書によると、織豊政権期を経て美濃経由ルートの東海道の利用も活発化しつつある状況下において、伊勢経由ルートが近世東海道に制定されたという。
（36） 具体的には美濃経由は少なくとも五日は必要で、伊勢経由では三日で到着することが可能であり、二日の差が生じるという（前掲注（4）榎原氏著書）。尚、史料［27］によれば、土御門泰重は土山・熱田間を一日で進んでいる。
（37） 前掲注（4）榎原氏著書
（38） 前掲注（6）石神氏論文。播磨良紀氏も、家康が豊臣政権下で獲得した四日市・関・石部等の領地が、家康の上洛ルートや近世東海道の宿駅に発展したと指摘する（四日市市編・発行『四日市市史 十七巻 通史編近世』一九九九年、第一章一節の2）。
（39） 前掲注（3）尾崎氏著書
（40） 『三重県史 通史編 近世2』（三重県、二〇二〇年）第十一章一節
（41） 石田泰弘氏によると、「佐屋廻り」は、参詣・観光のため、佐屋路よりも津島街道経由の利用が多かったという（前掲注（8）石田氏論文）。
（42） 坂部哲之「伊勢参宮と東海道」静岡県地域史研究会編『東海道交通史の研究』（清文堂、一九九六年）。尚、前掲注（2）藤田氏論文では、七里の渡しの利便性として、木曽川下流域のデルタ地帯の航行回避を挙げる。
（43） 前掲注（40）『三重県史』第十章二節
（44） 前掲注（38）『四日市市史』第二章二節
（45） 前掲注（38）『四日市市史』第一章三節

(46) 前掲注(38)『四日市市史』第一章三節
(47) 前掲注(5)本多氏著書
(48) 関・四日市間の交通量が少ないため、収益の少なかった石薬師宿の負担軽減を目的として、石薬師の隣宿に庄野宿が追加指定されたという(渡辺和敏『東海道交通施設と幕藩制社会』第一章、岩田書院、二〇〇五年)。また、慶長七年以降追加指定された東海道の八宿は「宿間距離が長い区間や、山地など比高差の大きい区間」に輸送の負担軽減を目的として設置された(村上晴澄「近世東海道における新宿の立地条件」『地域と環境』一七号、二〇二三年三月)。宿駅間の距離とその負担は、宿駅運営における重要な要素であった。
(49) 前掲注(18)梶川氏論文
(50) 前掲注(6)石神氏論文
(51) 藤井譲治『徳川家康』(吉川弘文館、二〇二〇年)
(52) 桑名町人太田吉清の記録「慶長自記」(堀田吉雄校注「慶長自記」『日本都市生活史料集成 七・港町篇Ⅱ』学習研究社、一九八二年、所収)には、住民視点による慶長期の桑名の町割りが記録されている。「四月廿四日に本多中書殿子息美濃守初て桑名の城へ入玉ふ。一 桑名町割の事、五月の末に被二仰付一六月十八日に普請始まり、ヱミトホリコノ舟入ほられ申候。一 九月二日よりつけぬけ通りの舟入掘れ申候。一 同六日より町中家蔵をこぼち、春日の内に小屋をさし、取はらい」等とある。
(53) 前掲注(10)西羽氏論文
(54) 三重県編・発行『三重県史 通史編 近世1』(二〇一七年)第二章一節
(55) 拙稿「冷泉為満・山科言緒・舟橋秀賢・真継康総の尾張旅行―熱田社参詣と松平忠吉訪問をめぐって―」(『皇學館論叢』五一巻六号、二〇一八年十二月)、拙稿「地下官人真継康総の尾張旅行をめぐる一考察―真継家と山科・冷泉両家との交流に着目して―」(『人間文化研究』三五号、二〇二一年一月)
(56) 史料[1]「至四日市場、桑名ニ行」の文言は、四日市から熱田へ渡航せず桑名経由ルートを選択したことを表現したものと考える。詳しくは前掲注(25)拙稿参照のこと。
(57) 井上敏幸氏は、同紀行作者の近世東海道通行と、後陽成院崩御関連記事から、旅行時期を元和三年(一六一七)九月末頃に比定する。また如法寺殿は、台風通過直後に京から東海道を急行して江戸で徳川将軍家に謁見した女性と推測する(井上敏幸「祐徳稲荷神社中川文庫所蔵『如法寺殿道之記』:解題と翻刻」『文獻探求』一六号、一九八五年九月)。
(58) 前掲注(52)「慶長自記」

(59) 前掲注(10) 西羽氏論文
(60) 山本光正氏は「桑名城や膳所城は水辺に建つ城として旅人の目を奪った」とし、ケンペルの元禄四年(一六九一)の旅記や太田南畝の享和元年(一八〇一)の旅記における、桑名城への賛美の記録に注目している(山本光正『東海道の創造力』臨川書店、二〇〇八年)。
(61) 清須城主松平忠吉は慶長十二年に没している。また慶長十八年二月には木下延俊が清須城に立ち寄っている[15]。
(62) 前掲注(30)『愛知県史』第四章三節
(63) 河川の水量減少により水運の利便性が低下した津島は、十七~十八世紀頃には湊としてより門前町としての機能が強くなったという(山村亜希「中世津島の景観とその変遷」(『愛知県立大学文学部論集』五三号、二〇〇五年三月)。
(64) 時慶記研究会翻刻・校訂『時慶記』五(臨川書店、二〇一六年)、慶長十八年五月十七日条。
(65) 前掲注(7) 野田氏著書
(66) 前掲注(3) 尾崎氏著書
(67) 前掲注(9) 大関氏論文
(68) 前掲注(11) 丸山氏論文
(69) 前掲注(9) 大関氏論文
(70) 福田秀一・井上敏幸共編『桑弧』四(古典文庫、二〇〇一年)所収「はしめてあつまにいきける道の記」。著者木下長嘯子の生年は永禄十二年(一五六九)、没年は慶安二年(一六四二)であり、十七世紀前半の七里の渡しを記した紀行文である。
(71) 同史料の七里の渡し部分の解釈をめぐっては、八木意知男「熱田社の和歌と文学(十二)木下長嘯子『吾妻道のみちの記』の場合」(宮川一穂編『社報あつた』熱田神宮宮庁、二〇〇六年)に詳しい。
(72) 徳川林政史研究所編、深井雅海・川島孝一校訂『源敬様御代記録』一(八木書店、二〇一五年)の慶長十六年四月二十三日条に「大御所様・ 宰相様・ 中将様熱田 御出船之処、風烈ニ付、知多郡野間庄内海 御着岸」とある。
(73) 田代博氏によると、三重県では、北は御在所岳(鈴鹿山脈)から南は尾鷲地方の山岳地点の他、伊勢湾沿岸部の平地でも遮る山が無ければ、富士山が可視できる地点・地域が存在するという。伊勢湾南部の平野部では、二見浦の富士山眺望が古くから知られ、伊勢湾北部の平野部では、津市で「かろうじて頭を出す富士山が望見可能」で、「鈴鹿市周辺が可視領域」ながら、実際には確認されていないという。
鈴鹿市白子地域には、好天時に鼓ヶ浦から富士山が見えるという伝説があるが、それは南アルプスの不動岳を富士山と誤認したもので、「「見たい」という気持ちが幻の富士を見せた」と指摘する（田代博『「富士見」の謎―一番遠くから富士山が見えるのはどこか？―』祥伝社、二〇一一年）。

また、名古屋から見えたとされる富士山は、実際には南アルプスの聖岳であり、南アルプス南部の地理が不明瞭であったため、「当時の人は、遥か東方に雪山が見えると、それを富士と思ってしまった」と指摘される（種田祐司「富士見原から富士山がみえた?!」名古屋市博物館編『特別展「北斎だるせん」図録』「北斎だるせん！」展実行委員会発行、二〇一七年）。

伊勢国の山々や伊勢湾沿岸地域の一部では富士山が可視可能で、その周辺地域では、東方の高山（南アルプス）を富士山と見る伝承が存在したものと理解できる。史料［30］の富士山等の眺望に関する記事は、紀行文の文芸的要素や科学的見地にも留意し、慎重な検討が必要であるが、近世初期の伊勢湾岸地域の「富士見」を考えるうえで、興味深い史料である。

(74) 前掲注(70)『桑弧』四、所収「はしめてあつまにいきける道の記」

(75) 前掲注(60) 山本氏著書。前掲注(2) 藤田氏論文も、七里の渡しの佳景について言及する。

(76)「信長公記」(多度町教育委員会編・発行『多度町史資料編1 考古・古代・中世』所収、二〇〇二年)

(77) 前掲注(51) 藤井氏著書

(78) 前掲注(52)「慶長自記」

(79) 前掲注(40)『三重県史』第十一章一節

(80) 前掲注(5) 本多氏著書

(81) 前掲注(11) 丸山氏論文

(82) 特に熱田社境内の景観については、引用・言及できなかった史料もあり、後考を期したい。

(83) 前掲注(8) 石田氏論文によると、東国在住者の西国への旅行は、往路は東海道、復路は中山道の利用が多いという。更に道中記六〇〇点における宮・桑名間の通行は、七里の渡し利用が五五例、津島街道利用が三九五例、佐屋路利用が一〇五例、その他が二二例、不明が二三例であったとする。こうした膨大な数の道中日記のデータが、整理・精査・公開される段階に至れば、熱田・桑名間交通の研究は更に発展するものと考える。

付記 本稿は、筆者が名古屋市立大学大学院人間文化研究科へ提出した修士論文「成立期の東海道七里の渡しについて」（二〇二三年一月提出）の一部を修正したものである（二〇二四年五月二十九日脱稿）。

七里の渡し史料集

	年号	年	西暦	月	日	旅人	旅程	記事	典拠史料
1	慶長	九	一六〇四	三	六	舟橋秀賢	桑名→熱田	六日、拂暁出石薬師、至四日市場、桑名ニ行、路頭迄宣阿弥冷泉為迎出逢、桑名宣阿弥宿ニ令休息、則乗船、着熱田、四条道場之末寺亀井之道場之内僧阿弥坊ニ一宿、	慶長日件録
2	慶長	十二	一六〇七	一	十八	舟橋秀賢	四日市→熱田	十八日、晴、四日市場より乗船、熱田着、鳴海ニ一宿	慶長日件録
3	慶長	十二	一六〇七	三	三・四	林羅山	桑名→熱田	丙寅朝赴刺史之招因以駟送我于桑名丁卯沿于海達于尾州之熱田而拝廟	東行日録
4	慶長	十三	一六〇八	八	三・四	神龍院梵舜	関→熱田	三日、天晴、勢州関地蔵ニ一宿、四日、天晴、熱田湊ニ一宿	舜旧記
5	慶長	十三	一六〇八	九	九～十二	神龍院梵舜	熱田→清須→津島→桑名	九日、天晴、参州之内赤坂ト云所ニ一宿、十日、天晴、尾州熱田ニ一宿、十一日、天晴、尾州之内清洲城罷越、同津嶋へ罷越、桑名之町ニ一宿、十二日、天晴、勢州関地蔵ニ一宿	舜旧記
6	慶長	十五	一六一〇	十二	四～六	神龍院梵舜	桑名→熱田	四日、雪降、勢州関地蔵ニ一宿、五日、天晴、勢州之内桑名ニ一宿、夜ニ入雨降、六日、天晴、桑名乗船、依順風尾州熱田ニ着岸、ソレヨリ参州之内岡崎ニ一宿、	舜旧記
7	慶長	十六	一六一一	五	二十三・二十四	勧修寺光豊	大垣→萩原→熱田	廿三日（略）大垣一宿（略）、廿四日（略）中食萩原、（略）宮ニ一宿、おひ分ヨリ十一り也、宮ノ宿へうハゝき二足遣也	光豊公記
8	慶長	十六	一六一一	六	二十二・二十三	勧修寺光豊	熱田→津島→今島→桑名	廿二日、□雨、　知鯉鮒ヲ出、中食宮ニテ、広ヨリ帯一筋・踏足一足遣也、対馬ニ着、一宿、依風雨今日舟不出候、亭主ニ木手共五十疋帯二筋遣、夜大雨、木手ノ外帷一ツ遣也、廿三日、晴、風、対馬ヲ出船、今島《イマジロ》ト云所ニ舟付、対馬ヨリ三里、今島ヨリ馬ヲ借テ桑名へ出、予先へ行、中食四日市ノ河原ニテ用	光豊公記
9	慶長	十六	一六一一	九	二十六	舟橋秀賢	四日市→熱田	廿六日、晴、自四日市浦乗船、晡時着熱田湊、於町屋令憩休	慶長日件録
10	慶長	十六	一六一一	九	二十六	山科言緒	四日市→熱田	廿六日　壬戌　天晴、晩頭時雨　一、従四日市船ニテ熱田ニ付、従宮鳴海ニ行了	言緒卿記
								廿三日、晴、払暁出赤坂宿、経藤川、到岡崎城下令休息、到八橋里澤之舊跡令見物、到知鯉鮒過鳴海、日入之刻到熱田、	

11	慶長	十六	一六一一	十一	二十三・二十四	舟橋秀賢	熱田→桑名	借宿、小刀沽却男訪来、仍小刀・剪物裁・鑷等令感得畢、廿四日、陰、早朝熱田大明神社外令見物、斎了、乗船、未刻桑名着岸、暫令休息、借歎段、到四日市投宿、	慶長日件録
12	慶長	十六	一六一一	十一	二十四	山科言緒	熱田→桑名	廿四日（略）天晴、至夜雨　一、従熱田乗船至桑名午息、至四日市宿了	言緒卿記
13	慶長	十八	一六一三	二	四・五	昕叔顕晫	桑名→熱田	四日。出関地蔵到四日市午憩。到于桑名寄宿。五日。朝暁出桑名旅店而乗船。々中而賦小詩。々曰。艤舟征袖出桑名。滄海無風波面平。泛宅暁来将続夢。夢魂呼覚軋鳥聲。巳刻着熱田津登岸。詣熱田明神宮。々立広大巍々可見。誠一大社也。宮壇前有椿開花。宮之回廊外。有梅花有櫻花。少時詠之(略)	居諸集
14	慶長	十八	一六一三	三	十二・十三	昕叔顕晫	藤川→桑名	十二日。自藤川渡海而宿桑名。有松賦松（略）十三日。出桑名宿坂下。自四日市到石薬師	居諸集
15	慶長	十八	一六一三	二	十六・十七	木下延俊	熱田→名古屋→清須方面→美濃	十六日（略）ちりうニて昼ノ御やすミ成され候。それより宮へ御越し候。かさでらへざい天ノ御座候観音どうへ御参り候。五郎太夫ト申し宮ニて太夫、久太夫おぢの御やどへ参り候。今晩ハ細内記殿ニて御食参り候。今日ハ西風吹き天気能く御座候。十七日〈天気能し〉、夜ルの七つ時分ニあつたヲ御立ち成され候て、名古屋善次郎所へ御立ちより成され候。それより三王へ御参り成され候。御朝食を六角だうニて参り候。それニて本ぞんノじぞうヲ御覧候。清須ノ御城により申し候也。それヲ過ぎ、道ニて御鷹合せ成され候。一段ノ御こぼしニて候。六河を御渡り候て、須また河ヲ御わたり	木下延俊慶長日記
16	慶長	十八	一六一三	三	九・十	神龍院梵舜	桑名→熱田	九日、天晴、石辺ヨリ勢州関地蔵ニ宿、午刻雨降、十日、天晴、勢州桑名中宿、海路七里之渡、船一艘令用意、尾州熱田湊ニ宿、折節順風ニテ別テ仕合也、	舜旧記
17	慶長	十八	一六一三	三	十三	西洞院時慶	四日市→富田→熱田	十三日（略）、浜田ノ在所ヲ経テ四日市馬次、一里程過テ富田ヨリ乗船、風強、熱田へ十里、亥刻斗ニ着、則宮へ詣、船中機遣候処無事也、祝申也、宿主太郎衛門案内者候、指口ニ玄大夫ノ神ト号ヲ拝、次八劔宮、本社ハ遥ニ奥也、薬師堂・阿弥陀等堂アリ、左翁・右翁ト云アリ、両方ニ立、又東ニ春叩門ト云アリ、	時慶記

	年号	年	西暦	月	日	旅人	旅程	記事	典拠史料
18	慶長	十八	一六一三	五	十一〜十四	西洞院時慶	熱田↓名古屋↓津島↓桑名	十一日（略）、鳴海へ三里、中食候、熱田へ一里半、雨故未刻ニ泊、小刀売来、求之、十二日　天晴、午前時ゝ降、雷鳴候、夜中ハ大雨、明テ止、宮へ参詣、御初尾十疋奉、宿主岡本三右衛門尉ト号、二十疋遣ノ立、ナコヤへ一里半、中食、馬次ノ宿渡辺入道休意ト号（略）船ノ義事外肝煎ニテ、津嶋へ可越用意也、干飯袋二、休意船へ入候（略）一船仕立候、大サ八間斗ノ長サ也、心易乗候、一夜芦原中ニ泊、月明也、風少静　十三日　天晴　風夕ニ猶烈、　日出ニ堤へ上リ、直津嶋見物ニ時直同心、ハタゴ屋、酒屋、加藤ート云有徳者也、丁寧ノ膳ヲ出、先祇園へ詣、在所之躰哀也、船ニ荷物以下人モ残置候間、急行桑名へ乗船、桑名へ着、風波荒、漸ニ入船ゝ頭ニ文云伝、休意へ遣也、海上三里也、四日市へ三里、日高ク着、泊、此間ニ川三ツアリ、町屋川水出、河渡り雇テ越、又アサケ川ト云モアリ、難所也、所ゝ橋落、大水也、今日道合六里、浦ノ魚種ゝ受用、殊更多之、十四日　雨天、但霧雨也、四日市ヲ立、肴多之用也、在ゝ所ゝノ橋□□在所之人ヲ雇□ウナキ町ト云所橋落、殊水深難堪、予ハ負渡、一泉川広大也、其外大小ノ川六欸、到亀山	時慶記
19	慶長	十八	一六一三	六	二十	神龍院梵舜	熱田↓桑名	廿日、同岡崎宿、尾州熱田ヨリ令乗船、勢州桑名湊へ宿	舜旧記
20	元和	二	一六一六	三	五〜七	山科言緒	桑名↓熱田	五日　乙亥　天晴　一、坂下罷出クワナ迄参了、六日　丙子　雨　一、従桑名熱田迄ニ着申了、　七日　丁丑　天晴　一、従熱田赤坂迄参了	言緒卿記
21	元和	二	一六一六	三	二十・二十一	神龍院梵舜	桑名↓熱田	廿日、雨降、四日市場ニテ中食、次桑名ニ一宿、夜入雨降、路次川水出也、廿一日、天晴、桑名渡海、順風ニテ尾州熱田宮へ巳刻ニ着也、次桑名ニテ金子一分判キレ料足百疋ニ買也、銀十六文目ノ算用之由也、	舜旧記
22	元和	二	一六一六	五	一	山科言緒	熱田↓四日市	一日　庚午　雨　一、従熱田乗船、四日市マテ着了	言緒卿記
23	元和	二	一六一六	六	三十	神龍院梵舜	熱田↓桑名	卅日、晴、参州知立一宿、次熱田ヨリ渡海、桑名ニ一宿、	舜旧記
24	元和	二	一六一六	九	十八	山科言緒	桑名↓熱田	十八日、丙戌　天晴　一、従関地蔵至桑名、広橋大納言旅宿へ罷向、以後乗船熱田ニ付、	言緒卿記

25	元和	二	一六一六	十	十九・二十	山科言緒	知立→名古屋→墨俣	十九日、丙辰、天晴、一、従智鯉鮒至名古屋、従宰相殿宿渡リ申（略）廿日　丁巳　天晴　一、従奈古屋スノマタニ至テ宿シ了、八里、	言緒卿記
26	元和	二	一六一六	十一		林羅山	熱田→桑名	熱田より海路七里渡りて伊勢国桑名にいたる。	丙辰紀行
27	元和	三	一六一七	五	十九	土御門泰重	土山→熱田	十九日、癸未、晴、従土山熱田宮云所ニ一宿	泰重卿記
28	元和	三	一六一七	六	六〜十	土御門泰重	熱田→桑名	六日、己亥、晴、自藤川到しらすかニ一宿、傳馬之穿鑿故逗留也、七日、庚子、晴、自しらすか到藤川、一宿、又如昨日傳馬出入故逗留也、八日、辛丑、雨、自藤川到熱田宮一宿、終日風雨不止候、泥之路候也、九日、壬寅、晴、自宮乗舟到クワナニ、又傳馬指合、乗舟到四日市一宿、十日、癸卯、雨天、自四日市到水口一宿	泰重卿記
29	元和	三	一六一七	九	十一・十二	如法寺殿	桑名→熱田	十一日（略）今夜は桑名といふ所にとゝまる。宿のあるし相知たるひとのゆかりにて、いとねん比にいたつきけり。十二日、いとよく晴たり。桑名をまた明仄の程に舟にのりこきいつ。これやうき世をうみわたると見えて、舟とも多く有。追風さへそひて、舟は行ともおほえぬに、熱田の宮へつく。道いとわろし。御社にもうてゝ拝み奉るに、誠にかみさひ、松もいく代経ぬらんと見え、神司のものともこゝかしこしはふきしたるかほにて、此神彼神なとなのりいふもいとゆかしく、とはまほしき事はあれと、急く道なれは過行。硯とり出て、鳥ゐのそはなる松の枝に書つく。いか計神も心やすますらん松ふく風に濤のよる〳〵。	関東紀行（如法寺殿道之記）
30	元和	四	一六一八	六	二十・二十一	烏丸光広	桑名→熱田	廿日（略）はる〳〵行て桑名の城をうしとらに見る。行着て惣構の門西に向ひ、堀の面十二三間あり。門を入て二の門まて、五町はかりあらむにや。本丸の内へはかたのことくの船、南へまはりて入也。東呉萬里の船をつなくといひしもふと思ひ出らる。城に入橋東西なり。橋つめに西向の門あり。五歩一楼、十歩一閣と見えたり。北は木曽川の東、南は海なり。海上へ壁の手十五町はかり、北おもてに西より東へつきたり。長嶋は三十町計北、すこし西によらんか。こよひは舟つきにうちとまりす。夜舟にて宮へ渡らんと、いへと風あしゝとてゆかす。廿一日、辰刻舟に乗。風はかたほにうけてひらきな	道の記

年号	年	西暦	月	日	旅人	旅程	記事	典拠史料
							り。桑名より熱田東すこし北によりみゆ。是そこの伊勢尾張のあはひの海つらなりと見るになつかし。いつこか海上よりみゆるとゝへは、北に当りて信濃の駒かたけなれと、雲かゝりて見えすと云。よく天気の晴ぬれは、富士もみゆるとなん。沖中にちいさき舟の見ゆるは、海人の釣するならんかし。（略）ひつしさかる程に熱田に着。日はまた高けれと宮めくりなとせんとて、是をとまりに定む。	
31 元和	六	一六二〇	九	三・四	中院通勝	桑名↓熱田	三日、竟夜雨荒して、明行穹もいとくらきに出にけり。四日市は、名におはゝ明日こそ立へきを、旅次の路も程近けれは、今日そ過ける。桑名につくほと、雨逾々落、風太烈。四日、七里の航、風吹雨降おりしも、いかゝあらんとおほつかなりしに、明初る空の気色、微風擺暗霧、麗日泛浪皞、一帆如遂雷、短櫓若歴塊。頃刻に熱田宮に着きにける。餉ほとふるほとに、明神に賽す。（略）かけまくも一心に懇祈をいたして、来方行末のたのみをかけ奉る。	篠枕
32 元和	七	一六二一	九 十	晦日 一	小堀政一	熱田↓桑名	九月晦日なれば（略）夫よりかさ寺山崎の里をこへてあつたの宮に着一宿　里の名もここはあつたのみやなればけふより冬の神無月かな　とて神前へは参らず　此国のかみの御もとへさしていふべきこと侍によりてけふはとゞまりぬ　国守の御もとよりことに懇にいたはり給ひて御舟など給はりてくれかゝる程にあつたを出てはるぐ\の海路を経ていせの国桑名の里に着　舟よりあがりて　舟人のこがれていせにつく里をくわなときけど旅はくるしき　とて夜もあくるほどにこのさとを出る	小堀政一 東海道紀行

注

・注記は〈〉に記し、原則、細字も含め文字の大きさを揃えた。

・烏丸光広『道の記』の旅行年月については、田中宏「烏丸光広作『あつまの道の記』について」（『文学研究』五二号、一九八〇年）を参考にした。如法寺殿「関東紀行」（「如法寺殿道之記」）の旅行年月については、前掲本文注（57）井上氏論文参照。

出典

山本武夫校訂『史料纂集 慶長日件録』一・二（続群書類従完成会、一九八一・一九九六年）
「東行日録」（京都史跡会編『林羅山先生文集』所収、平安考古会、一九一八年）
鎌田純一校訂『史料纂集 舜旧記』三・四・五（続群書類従完成会、一九七六・一九七九・一九八三年）
京都大学文学部日本史研究室編『光豊公記』（思文閣出版、二〇二二年）
東京大学史料編纂所編『大日本古記録 言緒卿記』上・下（岩波書店、一九九五・一九九八年）
「居諸集」（辻善之助編『鹿苑日録』所収、続群書類従完成会、一九六一年）
二木謙一・荘美知子校訂『木下延俊慶長日記』（新人物往来社、一九九〇年）
時慶記研究会翻刻・校訂『時慶記』五（臨川書店、二〇一六年）
武部敏夫ほか校訂『史料纂集 泰重卿記』一（続群書類従完成会、一九九三年）
「篠枕」「道の記」「関東紀行」（福田秀一・井上敏幸編『桑弧』四、所収、古典文庫、二〇〇一年）
「丙辰紀行」（塙保己一編・太田藤四郎補編『続群書類従』十八・下（続群書類従完成会、一九五七年）
「小堀政一東海道紀行」（津本信博編『近世紀行日記文学集成』一、早稲田大学出版部、一九九三年）

梯子獅子舞における櫓の意義

――演じる場の構造と信仰

牧野由佳

はじめに

獅子舞は全国各地で親しまれる民俗芸能のひとつで、東海地方でも多数の獅子舞が伝承されている。このうち愛知県の獅子舞については、平成二十六年（二〇一四）の愛知県教育委員会による調査において少なくとも七四件の伝承が確認された(1)。その中には、梯子や高所でアクロバティックな離れ技を行なう獅子舞が二例含まれている。それは、知多市朝倉地区と豊明市大脇地区に伝承される「朝倉の梯子獅子」と「大脇の梯子獅子」である（写真1）。

この梯子獅子では、梯子を支えるための構築物が作られるが、この構築物自体も獅子舞を演じる重要な場となる。この構築物を愛知県の両伝承地では「櫓《やぐら》」と呼称しており、単に梯子を支える装置では

写真１　朝倉の梯子獅子
（平成30年 筆者撮影）

なく、特別な意味が含まれると考えられる。

日本各地に伝承される梯子を使った獅子舞のうち、櫓やそれに準じた構築物を作る伝承地は、愛知県以外でも確認することができ、愛知県の事例のように構築物が梯子とともに演技の場となる。これらは必ずしも「櫓」の名で呼ばれず、「高場《たかば》」（和歌山県和歌山市加太）、「ユカ」（徳島県阿南市那賀川町）と呼称されたりすることもある。

本稿では、梯子を用いる獅子舞のうち、梯子を含む構築物が演技の場となる例に注目し、その形態や高所での演技方法を明らかにするとともに、これら構築物に付与された信仰的な意義の考察を試みる。本稿は、主として朝倉の梯子獅子の櫓に関して考察するが、「櫓」の名で呼ばれない「高場」などの構築物も〝ヤグラ〟の概念に含めて比較検討し、それらの特質を考究していく。また、梯子獅子舞以外のヤグラを立てる神事にも触れ、ヤグラの意義を明確化したい。

一　日本列島における梯子獅子舞とその特徴

筆者は〝梯子を用いる獅子舞〟とは、垂直や斜め上方に立てた梯子を上り、梯子上や高所で演技を行なう獅子舞と暫定的に定義している[(2)]（本論では以下、梯子を用いる獅子舞を「梯子獅子舞」とする）。いずれの伝承地でも二人（あるいはそれ以上）で一匹の獅子を演じる二人立獅子舞として行なわれる。筆者の調査では、梯子獅子舞は、新型コロナウイルス（COVID-19）流行前の令和元年（二〇一九）の時点で全国約三〇か所に伝承され、さらに、かつて伝承され、令和元年時点で中断している事例が少なくとも二四例は存することを確認している。こうした調査により、現在の梯子獅子舞の伝承地は、太平洋沿岸部に集中しているという所在地の特徴を指摘できる（日本海側には現時点では確認できない）。さらに各伝承地は、三陸沿岸南部や房総半島、愛知県知多・尾張地方、淡路島周辺など[(3)]一部の地域に集中している。[(4)]

梯子獅子舞を行なう際には、演技ができるよう梯子をしっかりと固定する必要がある。そのために、梯子を立て掛ける構築物を作るなどの工夫が見られるが、その形態などには差異がある。たとえば兵庫県では、二本の梯子を組み合わせて脚立型（∧型）に設置する方法で立てられる（写真2）。また、房総半島や三陸沿岸南部では、木柱で作った骨組みに梯子を斜めに立て掛け、縛り付けて固定する[5]（写真3）。愛知県では、木柱を組み合わせて作った構築物に梯子を垂直に固定し演技を行なう。この構築物を愛知県では冒頭で述べたように「櫓《やぐら》」と呼んでいる。

房総半島や三陸沿岸南部の梯子の設置方法と愛知県の方法は、丸太などを組んで作った骨組みを使用する点で共通する。しかし、愛知県の櫓の役割は、単に梯子を固定し支えるためだけではない。演技中に獅子が梯子から櫓の横木に移動できる構造となっており、櫓の横木の上でも演技を行なう（写真4）。つまり、櫓は獅子舞を演じる舞台ともなるのである。一方、房総半島や三陸沿岸南部ではあくまで梯子が演技の場であり、基本的に木柱

写真2　伊勢の森神社の獅子舞（兵庫県）
（平成31年 筆者撮影）

写真3　鹿野山の獅子舞（千葉県）
（平成31年 筆者撮影）

の骨組みは梯子を固定するための役割を担う。両者には、このような役割の差異があることが指摘できる。[6]

　愛知県の二事例のように櫓状の装置を用いる梯子獅子舞は、和歌山県や徳島県にも伝承されている。次節で詳述するが、これらの獅子舞は、梯子から櫓状の構築物の部材に移動し演技を行なう。この構造物のことを和歌山県の担い手たちは「高場《たかば》」と呼び、徳島県では「やぐら」などと呼ぶ（以前は「ユカ」とも呼んだ）[7]という。

写真４　櫓上での演技（朝倉の梯子獅子）
（令和元年 筆者撮影）

　このように、伝承地により呼称に差異はあるが、本稿では〝梯子獅子舞の演技において、梯子を立て固定する役割を担い、かつ、獅子が梯子から移り演技を行なう構築物〟のことをいずれも〝ヤグラ〟として考察を進める。なお、以下本稿では、漢字の櫓を使用することが明確な伝承地の事象を取り上げる場合は「櫓」と表記し、伝承地で使用される漢字が明らかでない場合や、異なる名称であっても筆者が構造上〝ヤグラ〟と認定した構築物の場合は〝ヤグラ〟と表記する。

二　梯子とヤグラを用いる獅子舞

　前節で紹介した梯子の設置方法の違いは、単に梯子の角度など観客からの見え方が異なるだけではなく、梯子獅子舞の演技にも差異を生じさせる。すでに述べたように、梯子とヤグラを使用する獅子舞の場合は、梯子を固定する支柱としての機能だけがヤグラの役割ではない。獅子が梯子を通じてヤグラ上部に至り、ヤグラ上部にお

写真５　「藤さがり」の演技（大脇の梯子獅子）
（平成28年　筆者撮影）

いても舞が行なわれる。梯子に加えてヤグラも演技の場となることによって、実施可能な技が多くなり、演技の幅が広がるという特徴がある。

愛知県の朝倉の梯子獅子のクライマックスで行なわれる「大アオリ」と呼ばれる技や、大脇の梯子獅子の「波打ち」や「藤さがり」（写真5）という演技は、櫓があることによって可能となる技である。このように人に見せる芸能として、よりスリルのある魅力的なものにするために、ヤグラは重要な機能を有しているのである。

しかし、ヤグラと言っても、その形状は伝承地により差異がある。以下、ヤグラを用いる梯子獅子舞の事例について、ヤグラの形状や装飾を中心に詳述する。

①朝倉の梯子獅子（愛知県）

朝倉の梯子獅子は、朝倉地区の氏神社である牟山《むさん》神社の例祭で毎年十月第一日曜日とその前夜に奉納される。

ヤグラはどの地域においても、基本的に多数の木製の長い柱を組み合わせて作られるが、朝倉の梯子獅子の櫓の場合は、合計一四本の木製の丸柱と梯子をわら縄で縛って組み立てる。

牟山神社には昭和三十年（一九五五）に記された『郷土芸能調査票　朝倉の梯子獅子』が所蔵されている。(8) 本資料は、文化財指定の前段階の調査報告書類として、朝倉地区の者か当時の知多町の文化財担当者が住民たちと相談して記したものと推測されるが、櫓については図入りで次のように詳しく解説されている。

櫓の材料は長さ二十五尺三十一段ある梯子、立木四本、桁木三本、横木三本、手すり二本、すべり木二本とで前側一列に一間半と二間の間隔に三本の柱を立て、中の柱の直後三間の所に一本の柱を立て、後の柱より三本の柱に地上二十五尺の所に桁を渡し、桁の先に三本の横木を渡し、手すりを二段に立柱に結ぶ。左端に梯子、右端にすべり木を二本ならべて地上に達する。中央の柱高く牟山神社を奉祀し、其の下手すりの上に神社の紋のついた幕を張る。

（牟山神社所蔵『郷土芸能調査票　朝倉の梯子獅子』より）

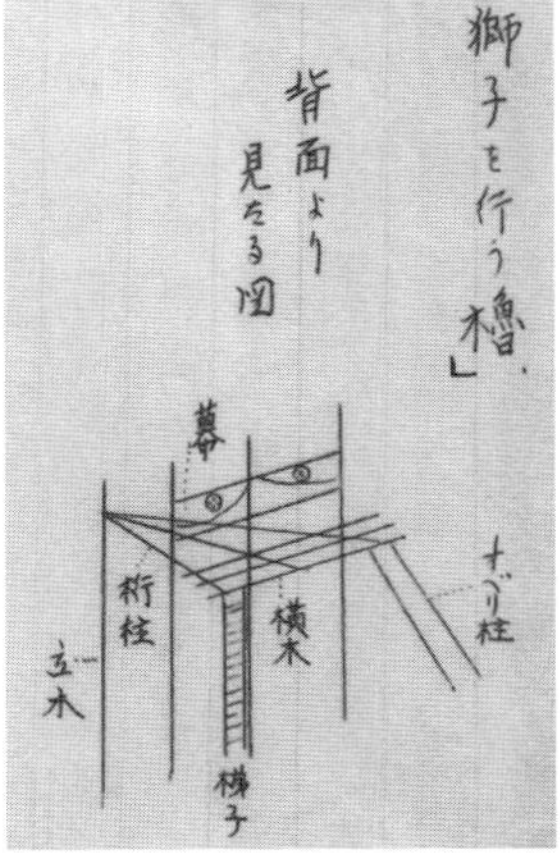

長い立柱やすべり用の柱は、現在は長いもので約一五ｍもの長さがある。短い横木や手すりでも八ｍ六〇㎝ほどあり、それらをすべて担い手たちが手作業で組み立てる。

右記の資料には描かれていないが、梯子とすべり木のたもとには俵が設置され、梯子を上る際には俵を踏み台にして梯子に登り始める。また、すべり木のたもとの俵は、獅子がすべり木の上方から滑り降りてくる際に衝撃を和らげることができる。

現在の梯子は、この『郷土芸能調査票』が作成された頃使用されていた二五尺（約七ｍ五〇㎝）三一段よりも長い、約八ｍ六〇㎝三七段のものが使用されている。梯子の段数は奇数と決まっている。なお、昭和三十年代後半～四十年代に梯子獅子の担い手をしていた人々は、当時三一段の梯子を使用していたが、少しでも高い位置で獅子舞を演じたいと考え、次のような工夫をした。すなわち、積み重ねた俵の上に梯子を載せ、これらを杭で固定し、高さを出したのである（写真６）。その後、梯子は新調され現在の高さになり、俵の上に梯子を載せることは基本的にはなくなった。

櫓上部の足場となる横木は、三本渡されているが、獅子はもっとも外側（観客側）の横木一本のみを使用して櫓上を歩行する。残りの二本の横木は、「ノミトリ」や「大アオリ」などの技を行なうときに、演者が横になっ

写真６　昭和30～40年代、俵の上に梯子を乗せ梯子の高さを上げていた（知多市歴史民俗博物館所蔵）

たり反り返ったりするときに用いられる。

また、『郷土芸能調査票』には「中央の柱高く牟山神社を奉祀し」と記されているが、これは榊と御幣（紙垂《しで》）を付した牟山神社大麻（御札）を柱に取り付けることを意味する。現在は、御幣は省略されて牟山神社大麻と榊のみとなっているが、これを御幣などと呼んでいる。また、櫓の装飾として、牟山神社の神紋である抱き銀杏紋を施した神社幕を取り付け、前方の立柱三本には晒布を巻き付けるが、これを朝倉では「化粧をする」と呼んでいる。

②大脇の梯子獅子（愛知県）

豊明市大脇地区の鎮守である大脇神明社の境内で毎年十月第二日曜日に奉納される大脇の梯子獅子では、一六本の木柱と梯子、竹材などで櫓を組む。大脇の担い手たちは、「櫓」のほか、「なる」とも呼んでいる。立柱や梯子の高さは朝倉よりも高く、昭和二十六年当時、愛知県文化財保護委員を務めていた石川喜市は、立柱の長さは五〇尺（約一五m一五cm）、梯子の長さは三九尺（約一一m八〇cm）、五一段あると報告している。[9] 現在使用している梯子はさらに高く、一三m八〇cmほどある。[10]

立柱は前方に三本、後方に二本立てる。横木や筋かいの木材などを組み合わせ、わら縄で縛り付け、写真のような形状を作る（写真7）。大脇では櫓を組む際、高所の作業は建設機械も利用するが、櫓をわら縄で縛る作業などは担い手である保存会が手作業で行なう。

舞台の装飾に関して、石川は次のように説明する。

写真７　大脇の梯子獅子の櫓
（平成29年 筆者撮影）

> 櫓の中央の立木に長き竹を添えて立て、其の頂上に御幣を其の下に天照皇大神宮の御札を安置し、其の下に天照皇大神宮と書いた角行燈を灯す、両方の立木の頂上には造花の枝垂柳を拵え、其の下に神明社と書いた角行燈を灯す(11)

近年は、中央の立木だけでなく両脇の立木にも神灯と記された角行燈が取り付けられ、竹には枝垂柳の他に造花も添えられるなど、以前に比してより華やかな装飾がなされている。また、行燈は櫓の下方にも、獅子の絵を施したものが設置される。

朝倉と大脇の櫓は、梯子やすべり木（大脇の資料ではひり木とされている）の位置や、立木を前方に三本立てる点など多くの共通点がある。しかしながら、櫓を上方から見た形状は、朝倉が三角形（三角柱）、大脇が四角形（直方体）と異なっている。

また両地域では、櫓での歩行方法などにも違いが見られる。朝倉では、もっとも外側の横木一本のみを使用し、平均台のように歩行するのに対して、大脇では二本の横木を使用する。朝倉の櫓は横に揺れやすくなるように組まれており、演者はその揺れに合わせて歩行する。一方、大脇の場合は、直方体に組まれているため、櫓はしっかりと固定され、揺れにくい。

③加太の獅子舞（和歌山県）

紀伊半島に位置する和歌山県和歌山市加太地区では、「えび祭り」の名で親しまれる加太春日神社例祭の渡御祭（現在は五月第三土曜日に斎行）において、愛知県の梯子獅子舞とよく似た構造物が作られ獅子舞が行なわれる

写真８　加太の獅子舞の高場
（平成30年 筆者撮影）

（写真８）。加太では地上での獅子舞と高所での獅子舞を行なうが、演技を行なう場所全体のことを「場《ば》」と呼び、丸太で組まれたこの構築物を特に「高場」と呼ぶ。基本的に伝承者は高場という言葉を使用するが、新聞などではわかりやすく「ヤグラを組む」と説明されることもある。また、加太の高場は、愛知県の梯子獅子の櫓と形状や利用法の点で類似するため、本稿では、加太の獅子舞の高場を、〝ヤグラ〟の範疇に含めて検討する。

加太の獅子舞の高場は、祭りの御旅所となる新出港に、丸太七本などを用いて組まれる。高場の高さ約四m[12]で、梯子は高場の左側に設置する。愛知県の事例のように櫓の右側に獅子が滑り降りるための丸柱は取り付けられていない。

高場の柱には、全体に紅白の布が巻き付けられる。立柱の先端には笹竹のほか、漁業で栄えた加太らしく大漁旗や、五色の吹き流しが取り付けられる。加太春日神社が境内で配布しているＡ４判の解説パンフレット（『加太春日神社略記』）には、現在の神輿渡御が整備される以前は、大漁のぼりを御霊代として台に載せて練り歩いたことが記されている[13]。加太にとって大漁旗は神事と関わる役割を果たしている。なお、高場という言葉は獅子舞を行なう場の名称でもあるが、高場で行なう演技それ自体の名称でもある。

筆者が実見した平成三十年の例祭（えび祭り）では、まず加太の仲丁（地区名）の獅子舞が、地上での舞（寝獅子や高なれなどの演技）や、梯子を含めた高場の演技を行なった。高場の演技では、獅子が梯子や高場の横木を使って反り返ったり、高場を激しく揺らすなどして観客を沸かせた。

続いて北丁と戎丁の二地区が合同で舞を行なった。北丁と戎丁では、高場の演技の伝承が一時途絶えていたが、この年の祭礼で十年ぶりに復活し、仲丁の演技に続いて同じ場所で舞が行なわれたのであった。

現在、御旅所となる港は整備されコンクリート敷きとなっているが、地域住民によると、整備される以前は各丁（地区）がそれぞれ砂浜に高場を立て、獅子舞が行なわれた。

④東傍示の獅子舞、原の獅子舞（徳島県）

徳島県阿南市羽ノ浦町に鎮座する羽ノ浦神社の秋の例祭で奉納される東傍示の獅子舞（毎年十月第二土曜日に奉納）も、櫓を利用して演技が行なわれる。同地の櫓は、以前は木製で祭りの度に境内に立てられたが、現在は鉄骨建てとなり、境内に常設されている（写真９）。これまで確認してきた愛知や和歌山のヤグラとは異なり、四本の立柱を方形に立てる形式となっている。木製の一三段の梯子は演技の直前に櫓の中央に縛り付けられる。獅子は舞いながら梯子の頂上まで上る。頂上には板を敷き、梯子を上った獅子が演技を行なう空間となる。梯子・櫓での演技は、演者たちが「六番」「七番」と呼ぶ演目で行なわれる。[14] それ以外の演目（一～五番）は、櫓手前の敷物の上で演じられる。

写真９　東傍示の獅子舞の櫓
（令和４年 筆者撮影）

また、櫓内には囃子方が座る中段もあり、この場で太鼓と鉦が奏される。[15] このように、東傍示の獅子舞の櫓は、獅子が上るためだけでなく囃子を奏する場でもある。なお、この地の獅子舞は昭和中期に一度中断し、実施されていない時期があったが、昭和五十年代に住民らが尽力し再び行なわれるようになった。

徳島県阿南市那賀川町の三栗八幡神社で奉納され

る原の獅子舞でも同様に、獅子舞の演技において「やぐら」あるいは「ユカ」と呼ばれる木製の構築物が使用されていた。現在は、やぐらとはしごの舞は継承されなくなり、地上での獅子舞のみが引き継がれている。

平成十一年に原の獅子舞を撮影した映像（「地域文化資産ポータル」にて公開）[16]には、この年はやぐらとはしごを立てて獅子舞が行なわれる様子が収録され、設営の様子も一部ではあるが記録されている。やぐらは角材を組み合わせて作られ、東傍示の獅子舞の櫓と同じく、やぐらの中央にはしごが掛けられた。また、四方に笹竹が取り付けられ、幕が張られた。やぐらの高さは約五mで、組み立てるのに半日ほどかかったという。

先に挙げた東傍示の獅子舞は、明治初期に原から伝えられたと言われている。東傍示と原のヤグラの形状が類似しているのは、原から東傍示へ獅子舞が伝承されたためと考えられる。ただし原では、やぐらの内部で囃子（三味線・小太鼓）が奏されるのではなく、やぐらの外で演奏を行なっており、こうした点に差異が見られる。

原の獅子舞には「曳き出し」「のたうち」「はしご下」「雲舞い」「谷返り」という演目があるが、このうち、はしごとやぐらに関わる演目は「はしご下」「雲舞い」「谷返り」で、次のような流れで演じられる。まず、獅子ははしごに上ろうかと躊躇する動作をとる（「はしご下」）。その後はしごを上り始め、頂上に到達すると獅子の後ろ側の演者が、獅子頭を持つ演者を肩車し、やぐら上を一周する（「雲舞い」）。その後やぐらから下りる際には、はしごの途中で反り返るなど曲芸をみせるのである（「谷返り」）[17]。徳島の東傍示の獅子舞・原の獅子舞ではともに、愛知の梯子獅子のように櫓から滑り降りる装置は無いため、やぐらから地上へ下りる際には、上がってきたはしごを利用する。

以上のように、梯子獅子舞の中で、ヤグラを使用するものは決して多くはないが、少なくとも五つの伝承地（うち原の獅子舞は現在中断）においてヤグラが用いられていることを確認できる[18]。ヤグラの形状や装飾は地域によりさまざまであるが、注目されるのは、多くの伝承地においてヤグラに笹竹や榊などが取り付けられている点である。これは、同芸能がいずれも神事芸能として認識されているためであろう。次節では、本芸能の神事芸能としての面に焦点を当て、ヤグラの信仰的意義を考察していく。

三　朝倉の梯子獅子における櫓の信仰的な意味

ヤグラは伝承者にどのように認識され、扱われているのだろうか。本節では、愛知県に伝承される朝倉の梯子獅子におけるヤグラの信仰的意義について考察する。なお、筆者は梯子獅子舞における「梯子」の信仰的な意義について、別に小論を発表している。[19]そちらも併せて参照されたい。

朝倉の梯子獅子の伝承者たちによると、梯子獅子はイノシシが山に登っていく様子を表した演技で、演出上の装置として、櫓をイノシシが登る山に見立てているという。こうした考えは、大正十四年（一九二五）・昭和四年生まれの元担い手の男性を始め、多くの伝承者が同様の認識をしている。

しかしながら、伝承者たちの櫓の取扱いや、櫓に対する考えなどに触れると、櫓が演出上の装置としてのみ機能しているのではないことが理解できる。次に挙げる伝承者たちの行為や考えから、櫓が神聖な構築物と見做されていると考えられる。

柱・梯子を跨ぐことの禁止

まず、櫓を組む前の柱の取扱いに注目したい。櫓を組み立てる「場立て」の日、保管庫から運び出した柱と梯子は、境内の隅に横たえて仮置きされる。昭和二十年代前半に生まれた元担い手の男性A氏は、組立前の横たえられた柱・梯子は跨いではいけないと力を込めて話す。筆者がそれを知らず柱に近づこうとした際に、A氏は注意を促した。ただし、現在の若い担い手にはこの考えは伝わっておらず、組み立ての作業の合間に柱や梯子に腰掛ける者がいる。こうした若者の行為を見て、元担い手の男性は、遠慮して注意こそしないものの「本当は座ったり跨いだりしてはいけないのだが……」と筆者に小声で話してくれたことがあった。

柱・梯子を番茶で拭く

櫓を組み立てる前の準備段階において境内に仮置きされた柱と梯子は、組立前に番茶を含ませた雑巾で拭くことになっている。昭和三十年代前半生まれの男性B氏は、梯子獅子の担い手組織である青年会に昭和四十～五十年代に所属していたが、当時、茶葉は朝倉で営業していた茶葉販売店に求めていたと話す。当時は梯子獅子で使用する茶葉は、無料でもらうことができた。

大正十四年生まれの元担い手C氏によると、青年会は昔、朝倉内で大きな権力を持っており、梯子獅子の舞台を作る際に使われていた樽（舞台の土台として使用）や漁船の帆（舞台や楽屋の幕に使用）などは、青年会が必要とすれば住民は必ず貸し出さなければならなかったという。また、昭和三年生まれのD氏によると、D氏の親の世代は船の帆柱を櫓の柱として利用していたといい、打瀬船の所有者に帆柱まで借りていたことを聞いたと話してくれた。地域の氏神社の神事に奉仕する青年の活動を住民たちが支えていたものと考えられ、茶葉を無料で提供するのも青年の活動に対する支援と推察される。あるいは、氏神社に対する一種の奉納品という扱いだったかもしれない。

青年たちはこうして用意した茶葉を煮だして茶を作り、雑巾に含ませて柱や梯子を拭いたのである。現在は、朝倉の茶葉販売店が廃業したため朝倉外の店舗で購入しているが、番茶を含ませた雑巾で柱・梯子を拭く行為は変わらず行なわれている。

この行為は、茶で木柱や梯子を拭くことにより殺菌効果があると言われ、貴重な柱を長く使用するための行為と考えられている。しかしながら、本行為は木材の殺菌という実質的な効果だけを期待したものではないと推察される。民俗学から解く茶の役割を踏まえると[20]、梯子や櫓の部材を茶で拭く行為は、茶が持つ境界を分ける機能やケガレを祓う機能を期待して行なうものとも考えられる。つまり、地上と櫓上の空間を区切り、聖域を明確化する行為とも考えられるのである。

さらに以下では、完成した櫓が神聖な空間として認識されていることについて考えたい。

女性を対象とした禁止行為

櫓を神聖な空間と見做す意識は、女性に対する禁止行為にもよく表れている。朝倉では、女性は櫓に近づいたり、触れたりしてはならないと認識されている。昭和三年生まれの元担い手K氏は自らが担い手をしていた頃、練習中に妊婦が櫓の下を通過してしまったことがあったと振り返る。K氏がこれはいけないと思ったとき、櫓の上で練習をしていた獅子が突然落下してしまったことがあったと話してくれた。この経験から氏は、女性の中でも特に妊婦には注意しなければならないと思ったという。このような女性を避ける行為は、女性に対するケガレ意識によるものと考えられる。それだけ櫓は清浄でなければならないと認識されているのである。

櫓内部への侵入の禁止

また、昭和四十年代から平成初期に生まれた多数の担い手たちは、櫓の立柱が囲む三角形の内部の空間は神が宿る場所であるため、男女関係なく侵入してはいけないと話す。仮に櫓の空間に物を落としてしまい、やむを得ず足を踏み入れなければならないときは、塩を振って一礼（お辞儀）をしてから入ることになっている。

櫓に付けられる御札と榊

櫓の組み立てが完了した後、神職による祈禱が行なわれる。その後、青年会長（祭礼部長）と副会長（祭礼副部長）によって、櫓の中央の立柱のできるだけ高い位置に牟山神社の御札と榊が取り付けられる。以前は紙垂も取り付けられていたが、現在は御札と榊のみになっている。

御札と榊を取り付ける中央の立柱は、他の立柱よりも長い柱を利用する（写真10）。こうすることにより、柱の先端が山型となり見栄えが良くなると現在の担い手は話す。だが、昭和十年代生まれの男性E氏は櫓の中央の立柱を高くすることや、中央の柱にのみ御幣を取り付けるのは、この柱に神が依りつくためだと話す。この考え

写真10　朝倉の梯子獅子の櫓。中央の立柱にもっとも長い柱を使用する。（令和元年　筆者撮影）

は先輩などから教わったわけではないというが、話者自身はそのように考えていると話してくれた。

また、現在は練習のために櫓を組み立てた直後から御札と榊を取り付けることになっている。しかし、大正十四年生まれの元担い手のC氏によると、C氏が青年会に所属していた昭和十〜二十年代は、御幣や御札・榊は練習の際には取り付けず、祭りの本番（例祭当日と前日の試楽《しんがく》）にのみ取り付けていたという。祭りの本番にのみ御幣や御札・榊を設置していたのは、それらが祓い・清めの役割というよりも、神の依代の意味合いが強いためであると推測される。御幣・御札・榊を取り付ける柱を他の柱よりも長いものにするのも、そうした観念があるためと考えられる。

獅子舞の演技前の所作——雑巾がけと塩まき

梯子獅子の演技前には、サポート役の青年たちによって柱と梯子の雑巾がけと塩まきが行なわれる。雑巾がけは、柱・梯子が乾いていると演者が滑りやすく落下の危険性が高まることから、足場を湿らせるために行なわれると言われる。塩まきは、梯子（三か所）、櫓の横木の中央（一か所）、スベリ（三か所）の計七か所で行なわれ、右↓左↓右の順に塩をまくことになっている。こうした所作は芸能を奉納する前の清めの意味が込められていると考えられるが、櫓や梯子を神聖な空間と見做すことから行なわれる行為でもあるだろう。

以上、朝倉の梯子獅子の櫓に対する考えや行為を挙げた。地上一〇m近くの櫓上の演技は大きな危険が伴うため、ケガレを祓うのは安全祈願の意味もあるだろう。だが、これらの行為や禁止事項は安全祈願だけでなく、櫓を神聖な場・神の依代と見做し、ケガレの無い空間として維持しようとするものと考えられる。

こうした行為や禁忌は、朝倉の梯子獅子以外のヤグラを用いる梯子獅子舞においても行なわれることが少ない。たとえば、神の依代や聖域を表すものと考えられる笹竹や行燈などをヤグラに取り付けること（大脇や加太）や、女性を櫓に近づけない習慣（大脇）などである。ヤグラに上る梯子獅子舞における習俗や考えから、ヤグラには神聖性が付与されていると考えられるのである。

四　東海地域の神事におけるヤグラの役割

ここまで、梯子獅子舞におけるヤグラの信仰的意義について朝倉の事例を中心に考察してきたが、ヤグラの神聖性は、梯子獅子舞にのみ見られるものではない。神社における他の神事においても確認できる観念である。本節では、東海地方におけるヤグラを立てる神事を検討し、ヤグラがどのような役割を果たしているかを考える。

日間賀島の正月神事「よいよい」

愛知県の三河湾に浮かぶ日間賀島では、昭和四十年代まで一月三日に「よいよい」と呼称される行事が行なわれていた。島の東岸に位置する日間賀神社の正月神事の一環として実施されていた本行事では、木製の「ヤグラ」と呼ばれる構築物を作り、その中で神事が斎行されていた。[21]

『南知多町誌』の報告では、ヤグラは直径三〇㎝、長さ四～五ｍの丸太棒一五本を使い、わら縄で縛って作ったとされている（写真11）。[22]

本行事に二十代の頃まで参加していた昭和十年代生まれの男性Ｆ氏によると、ヤグラは同神社の鳥居前の広場（現在空き地となっている）に作り、四本の立柱を四方に立て、横柱四本で梁のように繋ぎ、さらに三面を各二本

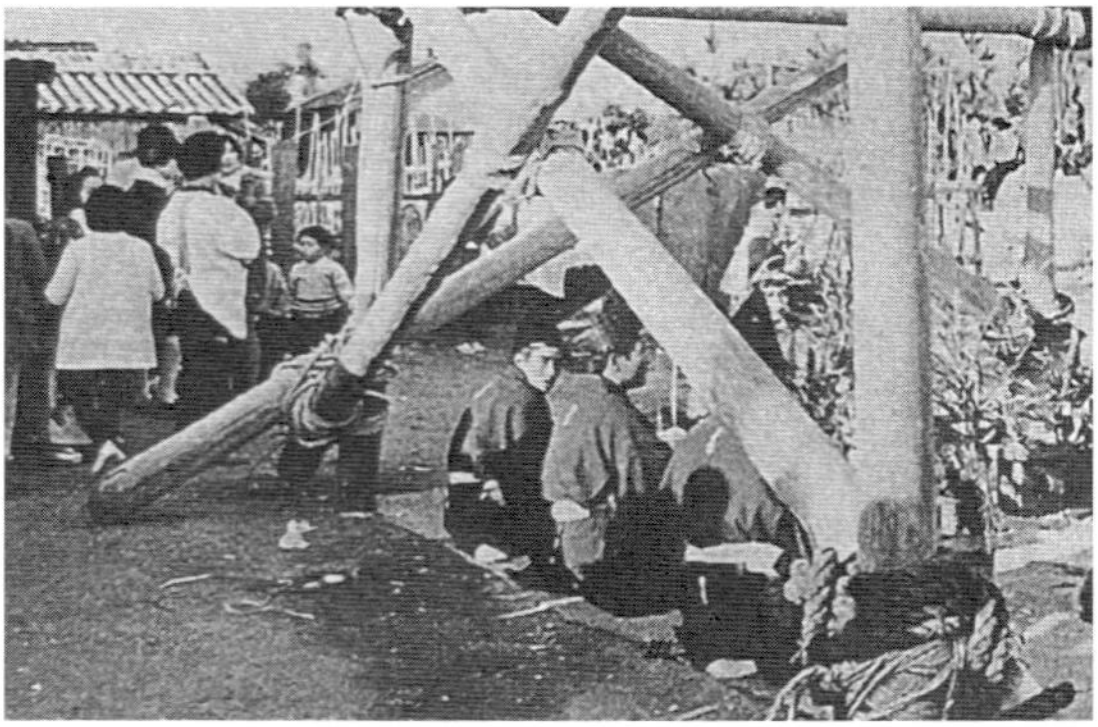

写真11　「よいよい」のヤグラ（部分）（『南知多町誌』より）

写真12　ヤグラの内部。奥に御幣が立てられている。（『南知多町誌』より）

の丸太で筋交いの形式で結びつけることによって組み立てたという（一面は出入り口のため筋交いはしなかった[23]）。

正月神事の最終日となる一月三日は、ヤグラ内での神事の前に、お祓い式、弓引きの式、座の交代式が斎行され、その後に最終行事としてヤグラで行なわれる「よいよい」（屋形祭り）が実施された。

神職と、禱人と呼ばれる東里の集落の中から選ばれた六人の男性がヤグラに入り、筵《むしろ》に座して神事を行なった。ヤグラ内には御幣を立てる（写真12）他、「お山」と呼ばれる飾り物を神職用・禱人六人用の計七つ用意し、ヤグラの中にいる神職・禱人の前にそれぞれ置いた。お山は、三方の上に松枝・竹枝・梅枝・ナンテン・綿の鶴・亀などを飾り付けたものである。神職らは、ヤグラの中で、おこざ（うるち米を蒸して練り上げ直径三〇cmほどに丸めて作ったもの）と、干タコ、御神酒で饗宴を行ない、最後には唱え事を口にした。

さらにその後、若衆（青年団員）が女性物の長じゅばんと地区の娘からもらったタスキを身に着けた姿でヤグラの周囲に集まり、ヤグラを大きく揺すって押し倒そうとするのである。ヤグラ内にいた神職と禱人らが急いで逃げ出す中、若衆たちは神社前の崖から浜に向かってヤグラを落とそうと勢いづいた。やがて禱人の長男がおこざを見せると、若衆たちはヤグラを押すのをやめたという。これを五〜七回ほど（『南知多町誌』には七回半と記される）繰り返したのであった。(24)

先に紹介した昭和十年代生まれのF氏は、十代・二十代の頃は青年団員として参加し、この他に小学生の頃には手伝い人に選ばれ、神職や禱人に酒を注いだり配膳したりする役を担ったという。この役は東里集落の小学校高学年の男子の中から選ばれるもので、名誉なことだったと話す。F氏によると、ヤグラの中に入ることができるのは神職・禱人と手伝いの子どもだけで、他の者は立ち入ってはならなかったという。

ヤグラは昭和四十年代以降立てられることはなくなり、現在は神社内の神前で本行事の神事部分を斎行している。

本行事におけるヤグラは、神事を行なう仮設の祭場であり、限られた者しか立ち入ることができない空間であった。また、御幣を立てたり、お山を置くなど、依代と見做されるものをヤグラ内に配置している点が注目される。

南宮大社の蛇山神事

次に、岐阜県垂井町に鎮座する美濃国一の宮・南宮大社の神事に注目したい。五月に行なわれる同社例祭ではさまざまな神事が斎行されるが、その中のひとつに「蛇山神事」がある。蛇山神事は、毎年五月五日の深夜、南宮山の奥にある蛇谷（蛇池）から降神した蛇頭を笛と太鼓で迎えることから始まる。明け方になると、囃子方とともに蛇道と呼ばれる裏道を通り、濃尾平野が一望できる市場野という祭場まで蛇頭を運び出す。市場野には高さ約一三m、周囲二〇mの「蛇山」と称する櫓があり、運び出された蛇頭はその頂上に取り付けられる。蛇山に付けられた蛇頭は、早朝から囃子の音に合わせ、左右に身をよじりながら激しく舞う。この舞は、午後、神輿が祭礼場を訪れ、さらに社に還幸するまでの間じゅう続けられる[25]（写真13）。

蛇山は四層構造で、全体に青色の幕がめぐらされている（上層部の幕は波模様、それ以外は無地）。頂上には、赤く染めた麻の緒を頭に長く垂らす蛇頭の他に、神木の松と、竜（蛇）の尾を示す木製の剣と、矛が付けられる。[26]蛇頭は、蛇山の下から二層目の床から、三層目・四層目の床を貫く芯棒に付けられ、三層目の空間で紐を引くことにより操る。

蛇山は、現在はコンクリート製となり市場野に常設されているが、注目されるのは一九八〇年代までは木製であった点である[27]（写真14）。神事の前に木柱で組み立て、祭りが終わると解体していたのである。蛇山を組み立てた時代を知る男性によると、当時はまず職人が足場を作り、地域住民が協力して組み立てたという。木製の蛇山は「南宮大社神事芸能絵巻」（近世期作カ）にも描かれている。[28]また、女性が蛇山の幕の中に入ることはこれまで禁止されていたというが、筆者が実見した令和四年の神事からは女性も蛇山に入ることが許されるようになっ

写真13　蛇山神事の蛇山と蛇頭。手前にはだんじりが配置されている。
（令和４年 筆者撮影）

写真14　昭和期の木製の蛇山
（垂井町教育委員会所蔵）

た。これは、蛇山と連結しているだんじりで斎行される「還幸の舞」の演者として、女性が参加するようになったことによる。蛇山の下層部は、還幸の舞の演者の楽屋としての役割も持つのである。

このように、蛇山はヤグラとは呼ばれていないものの櫓状の構築物であり、昭和期は祭りの度に仮設されていた。蛇山は蛇頭の座す場であり、頂上には依代と見做される神木の松や、剣、矛が取り付けられた。また、過去には女性が蛇山に立ち入ることが許されなかった。蛇山は、神である蛇頭のための神聖な構築物として扱われているのである。

以上のように獅子舞以外の神社の神事においても、ヤグラが神聖な空間と認識されてきたことが確認できる。ヤグラは単なる構築物ではなく、神事空間として重要な役割を果たしてきたのである。

おわりに――桟敷・棚・櫓研究の展開に向けて

本稿では、愛知・和歌山・徳島に伝承されるヤグラを立てる梯子獅子舞に着目し、ヤグラの信仰的意義について考究した。特に、朝倉の梯子獅子の担い手たちのヤグラの取扱い方法や禁忌などを検証することによって、本芸能のヤグラが神聖性の付与された装置であると結論付けた。さらに、獅子舞以外のヤグラを立てる神事にも触れ、神事空間としてのヤグラの重要性を指摘した。

こうしたヤグラなどの神事空間への注目は、日本民俗学の領域において、折口信夫が桟敷に関する論考を発表したことに始まる。折口は大正七年、論考「桟敷の古い形」において『古事記』『日本書紀』に記される須佐之男命の八俣大蛇退治の「さずき」や、神功皇后の継子・麛坂王と忍熊王が祈狩に立てた「仮庪《さずき》」などに触れ、さずき（桟敷）は山・塚・旗・桙と同様に神招《カミヲ》ぎの場であり、「矢倉」（やぐら）の一種であるとした。[29] また、昭和四年に発表した「たなばた及び盆祭り」では、たな・くら・さずき・やぐらは一時的に神を迎える機能を持つ点で共通するとした。本論文で折口は、「たな」は「神又は神に近い生活をする者を、直人《ナホビト》から隔離する」のが原義であり、やがて形式により分化していき、地上に立てた柱に板を挙げて仮屋根をし、その中に五穀やその守護霊を据えたものを「くらだな」、くらだなの屋根さえ無いものを「さずき」、さずきの脚が高くなったものを「やぐら」と言うようになったと論じた。(30)

このような折口の考えを受けて、昭和二十二年には、林屋辰三郎が桟敷について次のような指摘をした。林屋は、折口の論じる桟敷には舞台的意味と観客席的意味の二説あることを指摘したうえで、桟敷の初現した頃の役割はどちらであったかという問題について、『宇津保物語』に記される「仮庋」が祭事における潔斎の場所となっていることなどに注目し、舞台的意味をもって初現したことを推察した。(31)

また、古典芸能研究においては、昭和三十〜四十年代に三隅治雄(32)や池田弥三郎(33)も折口の論を引用し歌舞伎の櫓に関して論じている。たとえば三隅は、山・柱・櫓が共通の意義を持つものであると論じた中で、歌舞伎の芝居小屋の櫓を取り上げ、幣や鎗を立てた歌舞伎の櫓は神を招く座の意味があると述べた。その後、昭和五十年代には歌舞伎研究者である服部幸雄も、歌舞伎の櫓が神を勧請するための目印であることに言及し、そうした櫓に対する意識が座元や庶民にあったからこそ、やがて櫓が興行権そのものを意味する重要な用語となっていったと述べた。(34)また、諏訪春雄は、神招ぎの場としての役割を担っていた櫓が、近世期の芝居小屋において権力の象徴として扱われるようになるまでの変遷過程を、先行研究や近世史料を用いて詳述した。(35)このほか、小笠原恭子も歌舞伎の櫓を神勧請の場と考えるとした。(36)

しかしながら、昭和三十年代以降のヤグラの議論においては歌舞伎の櫓に目が向けられることが多く、本稿で対象とした梯子獅子舞などの民俗芸能で用いられるヤグラが注目されることはほぼなかった。近年では橋本裕之が、折口や後続研究者の桟敷に関する所説を整理・再考した論考を発表した。(37)しかし、橋本の論考以前は、服部や小笠原以降三十年以上、桟敷やヤグラの役割に関する研究はほとんどなされていなかった。

本稿で考察してきたように、梯子獅子舞で立てられるヤグラの中には、担い手たちから神聖性を帯びた構築物、あるいは神招ぎの場と見做すことができるような扱われ方をするものが確認される。つまり、梯子獅子舞のヤグラは神事芸能を斎行する空間としての役割を持つことが指摘できよう。本稿の事例は、折口や林屋、三隅らの民俗学における芸能空間への注目・分析と繋がるものであり、今後、さらに芸能空間を構成する桟敷・棚・櫓などの装置に関する考察を展開させる可能性を有していると考えられる。

各地の民俗を深く知るための手がかりは、言葉や文字で表される事象に加え、対象となる地域の人々の些細な行動にも目を向けることによって得ることができる。こうしたミクロ分析を積み重ねることによって、各地域の文化の多角的理解を深めていきたいと考える。

付記　本稿執筆にあたっては、各伝承地の獅子舞保存会や地域住民の方々から多大なるご協力をいただきました。また、牟山神社氏子総代・知多市歴史民俗博物館・垂井町教育委員会からは、所蔵写真の掲載の御許可をいただきました。お世話になった皆様に心より御礼申し上げます。

なお、本論は民俗芸能学会例会における口頭発表「愛知県知多・朝倉の梯子獅子における舞台〝櫓〟の考察―列島各地の梯子獅子の比較研究に向けて―」（令和二年一月）の内容の一部に修正・加筆を施したものです。

また、本研究は、科学研究費助成事業（特別研究員奨励費19J22164）の助成を受けた研究の成果の一部として発表するものです。

注

（1）　愛知県教育委員会編『愛知県の民俗芸能　愛知県民俗芸能緊急調査報告書』（愛知県教育委員会、二〇一四年）に掲載される「悉皆調査一覧」から獅子舞と思われる芸能を抽出した（項目の芸能の名称・分類から判断した。中断・廃絶は除く）。ただし、花祭の獅子舞など演目の中に獅子舞が登場するが記載されていないものもあり、実際の伝承数はさらに多いと考えられる。

(2) 〝梯子獅子舞〟には、獅子舞と同系統の芸能である虎舞も含める。また、日本列島には、梯子獅子舞と類似する〝階段を使って舞台に至る獅子舞〟も伝承されているが、本論ではあくまで梯子を用いることを重視するため、階段を用いる獅子舞とは区別して考察を進める。

(3) 淡路島周辺では、兵庫県播磨・淡路地方、和歌山県北西部、徳島県東部などでの伝承が認められる。

(4) 梯子獅子舞の全国分布については、別稿（令和五年九月の日本民俗学会談話会における口頭発表「日本列島における梯子獅子舞の分布—伝承と伝播を考察するために—」に基づく論考）の発表を予定している。

(5) 近年では、松圃虎舞（宮城県気仙沼市唐桑）のようにダンプトラックの荷台に梯子を取り付け固定するなど、工夫をする事例もある。

(6) 梯子獅子舞の舞台装置の差異に関しては、同芸能の全国分布に関する考察と同様に、別稿の発表を予定している。

(7) 高嶋賢二「梯子獅子舞の芸態成立に関する一考察—徳島県那賀郡羽ノ浦町・那賀川町の事例から—」（『徳島地域文化研究』一、徳島地域文化研究会、二〇〇三年三月）。高嶋の論考には原地区の西野忠男氏（大正十年生まれ）による手記（平成十一年執筆）の翻刻が掲載されている。その手記の文中には「組立式やぐら」「はしご」と平仮名での記載があるため、本稿においてもそれに倣い「やぐら」「はしご」と表記する。また、「ユカ」については、高嶋論文に基づきカタカナ表記で「ユカ」とした。

(8) 本資料は、筆者による資料紹介（拙文「愛知県知多半島朝倉の梯子獅子関係資料『郷土芸能調査票 朝倉の梯子獅子』」『人間文化研究』三三号、名古屋市立大学大学院人間文化研究科、二〇二〇年一月）に全文を翻刻している。

(9) 石川喜市『大脇の奇祭梯子獅子』（郷土民芸大脇梯子獅子保存会、一九五二年）

(10) 大脇の梯子獅子ホームページ http://www.mb.ccnw.ne.jp/hashigojishi/jp/（二〇二二年八月二十四日最終閲覧）

(11) 石川喜市、注(9)前掲書。

(12) 和歌山県観光連盟編『紀の国の祭り』（和歌山県観光連盟、一九八一年）

(13)『加太春日神社略記』（A4判解説パンフレット、加太春日神社発行、作成年不明）

(14) 演技の詳細は高嶋賢二、注(7)前掲論文。

(15) 羽ノ浦町誌編さん委員会編『羽ノ浦町誌 民俗編』（羽ノ浦町、一九九五年）

(16) 本映像「原の獅子舞」は、一般財団法人地域創造が運営するホームページ「地域文化資産ポータル」(https://bunkashisan.ne.jp/index.html) で公開されている（最終閲覧 二〇二二年八月二十九日）。本映像は全国市町村振興協会と地域創造から助成を受け、那賀川町教育委員会監修のもと制作されたものだが、制作者は記されていない。

(17) 那賀川町史編さん委員会編『那賀川町史』下巻(那賀川町、二〇〇二年)、映像「原の獅子舞」(前掲ホームページ「地域文化資産ポータル」にて公開)

(18) なお、和歌山県和歌山市の木ノ本の獅子舞は、山車の上に複数本の青竹を組み、そこに梯子を掛けて、梯子と青竹上で演技を行なう。本稿では、木ノ本の獅子舞が山車の上で行なう点を重視し、暫定的にヤグラを使用する獅子舞には含めなかった。しかしながら、青竹の組み方や演技内容が加太の獅子舞(和歌山市)や大脇の梯子獅子(愛知県豊明市)と類似していることから、関連の深い獅子舞であると推測している。

(19) 拙文「芸能装置としての梯子の機能と信仰—全国の梯子獅子舞の検討を通して—」(『年刊藝能』二九号、藝能学会、二〇二三年三月)

(20) 中村羊一郎は、婚姻儀礼や葬送儀礼の進行の折り目において、茶を供えたり喫したりする場面があることなどに注目し、茶には時間や空間を区切る役割があることを指摘した。中村は婚姻儀礼の場合は、嫁がこれまで育ったイエ(こちら側の世界)を出て、異なった世界に入っていく過程で、茶を飲むごと先に進み、境界を越えていくと説明する。また、茶を飲む行為がケガレを祓う意味を持つことがあるとして、たとえば愛知県日間賀島で「三十五日の忌み明けに煤払いをして畳をもとに戻し、寺でお茶をもらって飲むと忌みがあける」と言われていることなど、いくつかの事例を挙げて説明した(中村羊一郎「番茶の民俗学的研究」神奈川大学大学院博士論文、二〇一四年)。

(21) 筆者の聞き取り調査で本行事の構築物がやぐらと呼称されることは確認したが、どのような表記かは未確認である。南知多町誌編さん委員会編『南知多町誌 資料編五』(南知多町、一九九六年)に片仮名で「ヤグラ」と記されていることから、本稿ではこれに倣い、片仮名表記とする。

(22) 南知多町誌編さん委員会編『南知多町誌 資料編五』(南知多町、一九九六年)

(23) この聞き取りのとおりに作成した場合、必要な柱は計一四本となる。『南知多町誌』に記されるとおり一五本の柱を使用するのであれば、残りの一本がどこに使用されたか不明である。話者は合計何本使用したか記憶が定かでないと話した。

(24) 筆者による聞き取り調査に加え、南知多町誌編さん委員会編『南知多町誌 本文編』(南知多町、一九九一年)を参考にした。ただし、『南知多町誌 資料編五』(南知多町、一九九六年)、南知多町誌編さん委員会編『南知多町誌 資料編五』には、本稿に記したように「禱人の長男が、おこざをみせ」たと記されているが、『南知多町誌 本文編』には「禰宜が」おこざをみせたと記されており、記録が一致していない。

(25) 垂井町史編さん委員会編『垂井町史』(垂井町教育委員会、一九六八年)、垂井町編『新修垂井町史 通史編』(垂井町、一九

九六年）
（26）垂井町史編さん委員会編『垂井町史』（垂井町教育委員会、一九六八年）
（27）西岡陽子「南宮大社の蛇山神事」（植木行宣監修、福原敏男・西岡陽子・橋本章・村上忠喜編『山・鉾・屋台の祭り研究事典』思文閣出版、二〇二一年）
（28）タルイピアセンター歴史民俗資料館編『南宮大社―受け継がれた宝物―』（企画展図録、タルイピアセンター歴史民俗資料館、二〇〇〇年）
（29）折口信夫「桟敷の古い形」（『折口信夫全集』第三巻新訂版 古代研究民俗学篇二、中央公論社、一九八二年）。初出は『土俗と伝説』第一巻第二号（一九一八年）。
（30）折口信夫「たなばた及び盆祭り」（『民俗学』第一巻第一号、民俗学会、一九二九年七月）。また、折口による昭和三年度から五年度の慶應義塾大学における講義の内容を記録した日本芸能史ノート（「櫓と花道と」折口博士記念古代研究所編『折口信夫全集ノート編』第五巻、中央公論社、一九七一年）などにも櫓や桟敷に関する考えが示されている。
（31）林屋辰三郎『日本演劇の環境』（大八洲出版、一九四七年）
（32）三隅治雄『芸能史の民俗的研究』（東京堂出版、一九七六年）。櫓についての初出は『民俗文学講座』第三巻 芸能と文学（弘文堂、一九六〇年）。
（33）池田弥三郎『江戸時代の芸能』（至文堂、一九六六年）
（34）服部幸雄『大いなる小屋』（平凡社、一九八六年）。櫓についての初出は『*is*』第一一号（ポーラ文化研究所、一九八〇年）。
（35）諏訪春雄「芸能の場―櫓の形成―」（『文学』五五巻二号、岩波書店、一九八七年二月）
（36）小笠原恭子『都市と劇場』（平凡社、一九九二年）。櫓についての初出は『文学』第五五巻四号（岩波書店、一九八七年）。
（37）橋本裕之「桟敷史序説追考―事件現場のその後―」（『年刊藝能』二九号、藝能学会、二〇二三年三月）

大名日記にみるやきもの事情
――江戸における萬古焼とその評価

浅川充弘

はじめに

萬古焼は、現在三重県北勢地域を中心に生産されているやきもの（陶磁器）で、昭和五十四年（一九七九）に国の伝統的工芸品に指定、産業としても発展を続けている。その製品は急須や土鍋、食器、花器といったものから電気調理器の部品、医療用品、工業製品の型まで幅広く製造、出荷されている。この発展は近代以降における四日市港の整備を背景に、日本国内だけにとどまらず、海外へも市場を広げ、多くの製品を輸出していることにあらわれている。そのため、萬古焼を生産するこの地域は、全国有数の陶産地の一つとなっている。そして、その歴史は江戸時代に遡る。

萬古焼は江戸時代中期の元文年間（一七三六～四一）に、桑名の豪商であった沼波弄山によって伊勢国朝明郡小向村、現在の三重県三重郡朝日町で誕生した。弄山が創始した萬古焼は、京焼の技術系譜を受け継ぎながら仙盞瓶や雪輪鉢といった特徴的な器種とともに茶陶などを生産し、また、その意匠は写し物以外に、更紗文様を取り入れた赤絵や和蘭字を文様にするといった斬新な紅毛趣味あふれるものであった。それらの作品は世間の評判を得るところとなり、弄山は関東へ移り住み、武蔵国葛飾郡小梅村（東京都墨田区小梅）にも窯（小梅窯）を開き、萬古焼を生産した。しかし、好評であった萬古焼は弄山死後、しばらくして途絶えることとなり、この時期に生産された萬古焼は、特に古萬古と称している。その後、天保三年（一八三二）に森有節が弟千秋とともに途絶えていた萬古焼を復興させた。森有節の萬古焼は有節萬古と呼ばれ、その流れが四日市や桑名といった三重県内、秋田県、福島県、栃木県といった東日本地域など、各地において萬古焼が生産される契機となり、その発展が現代につづいている。

このような歴史を有する萬古焼については、すでに保田憲司が「一地方の小窯として生れ乍ら、其名が同国内の隅々に伝播され且つ其所々に同系同名の諸窯が模焼され、遂には思いもよらぬ遠隔の地に同名が伝統されるという特異な窯が日本お国焼中に只一つある。しかも興亡ありしとは言え約二百数十年の永きに渡って其名の亡びないということは洵に異例中の異例ということが出来る。其焼窯の名を「萬古焼」という。（中略）この中、芸術味あり、工芸としても見るに堪え」[1]とその特質を端的に評している。しかし、萬古焼研究の主眼を伝世する作品のみに注ぐだけでは、先に記した歴史的背景や文化的位置づけを知り得るには不十分であり、その状況を明らかにする手がかりとして作品研究同様、歴史資料からの考察が必要である。それにより作品から読み取ることのできない当時の様相をとらえることができ、萬古焼がどのようにして現代につづくやきものとなったのか、ということについて、その要因を示唆してくれるものであると考える。当然ではあるが、萬古焼に関する歴史資料は時代が遡るほど限られ、その考証は困難である。

そこで、本稿では江戸時代中期に誕生し、その後廃絶する古萬古の時期に該当する歴史資料に焦点をあて、萬古焼が当時どのように世間に受容されていたのかを、これまで注目されていなかった同時代の『宴遊日記』『松鶴日記』といった大名日記の記述から考察することでその一端を明らかにしていきたい。なお、本稿は古萬古を主題としているため、特に説明のない限り萬古焼とは古萬古を指すものとする。

一　萬古焼の評価とその研究

これまでの萬古焼研究、特に江戸時代中期の状況は、後代の資料（記録や伝承）によって語られていることが多い。それは、萬古焼操業期に該当する史料が非常に少ないため、その状況を考察する機会を得られにくいという現状がある。

具体的に萬古焼の状況を伝える江戸時代の史料として、その最も早いものに「〔弄山行状誌〕」[2]がある。同史料は、沼波家に伝来した沼波弄山肖像画の讃で、沼波弄山死後に安達新兵衛が弄山の肖像を描き、窯のあった小梅村の黄檗宗弘福寺（現東京都墨田区）の住職英岩峻和尚が讃を記している。安永六年（一七七七）の弄山没後、翌年に成立したことが明らかで、「始住勢州徒制陶器其形皆雅而好茶者多賞翫之後移居東武聊不得止業」とあり、萬古焼が当時の茶人たちに賞翫されたことを伝えている。しかしながら、同史料ではその具体的な状況まで詳述されていない。

また、文化四年（一八〇七）に書写されたと考えられる『陶器密法書』[3]の本奥書には、「弄山業益進矣、尚加工風而終開萬古一流之業、普最鳴于世矣」の一文がある。この本奥書は寛政四年（一七九二）に「萬古堂三世淺茅生隠士三阿」によって記され、萬古焼が京焼の陶工尾形乾山の陶法を受け継ぎ、それにより一流のものとなって広く世に知られていったとしている。

他にも享和三年（一八〇三）から始まる江戸幕府の地誌編纂事業の一環で作成された『新編武蔵国風土記稿』[4]（文政十三年成立）中、小梅村の項に次の記述がある。

（巻之二十二　葛飾郡之三　小梅村）

○萬古焼竈　村の南にあり、寶暦の頃萬古舘次郎とて陶器を製するもの勢州桑名より来て、呉洲まかへ及赤繪の陶器等を作り出せり、因て世人萬古焼と称せり、安永天明の頃は最著名なるをもて俊明院殿御放鷹の時舘次郎を召し、羅漢寺境内にて製作を御覧せらる、舘次郎は常に桑名より土を運送せしめ、工人をも呼下せし故陶器美なれとも、価貴かりし故自然に売られすなりにけれは、其後は下品の製のみ造けりとそ今は竈の形のみ存せり、

このように同史料では、小梅窯における萬古焼の来歴とともに「安永天明の頃は最著名なるを」といった安永天明期における萬古焼の活況を伝えている。

その後、一度途絶えた萬古焼が江戸時代末期に復興される中で、安政三年（一八五六）に射和萬古を創始した竹川竹斎が内山宗五郎に筆録させた『射和萬古由来書』がある。竹斎は、弄山の妻八百の生家である東竹川家の幕末の当主でもあった。『射和萬古由来書』には、「万古不易てふ号もて焼しはわが曽祖父の君の親族にて桑名なる沼波五左衛門ぬしかこゝろ慰みに焼給ひしを人々もてはやしゝかは江戸よりも御数寄屋の御用の仰蒙り給ひけれは伊勢は手遠なりとて江戸の業処ありて小梅に別荘の有しに窑を築て製し給ひしに」とあり、江戸時代中期の萬古焼に対する人々の評判を語っている。翌安政四年に金森得水により成立した『本朝陶器考証』にも萬古焼の項目が立項され、同様に当時の状況を伝えている。

これらの史料は、弄山没後もしくは萬古焼が廃絶した後のものである。後述する萬古焼の操業が続いていた可能性のある時期に該当する『陶器密法書』までは同時代の史料としてとらえることができるが、その状況を示す具体的な内容は記されていない。また、『新編武蔵国風土記稿』以降のものは、後代の史料となるため内容をそのまま正確に伝えるものとして取り扱うことはできない。しかし、江戸期に記述された貴重な記録として参照することができるであろう[5]。これまでの研究で語られる江戸時代中期の萬古焼の世評は、前述した史料をその根拠としている場合が多い。

そして、これら江戸期の史料にみられる萬古焼の活況をもたらした要因を作品から考察した研究として奥田誠

一の論考がある(6)。奥田は作品論から肥前磁器の柿右衛門、京焼の野々村仁清、奥田頴川の色絵作品と比較し「然らば赤色を主調とする所謂赤絵は誰れに依つて製作されたと云へば、先づ年代から云って作家としては沼波五左衛門即ち古萬古窯で製作されたと見ねはならぬ。呉須赤絵の写しは其後宝暦に生れた奥田頴川に依つて製作されたが、頴川よりも早く生れた萬古の方が赤絵に手をつけた事は早いと見ねばならぬ。そうして其赤絵の模様は頴川の如く呉須赤絵写しでもなければ亦所謂柿右衛門の明末康凞の赤絵風でもない。亦仁清の絵付の風とも其趣は別である。古萬古の赤絵は当時好事家の間に喜ばれた更紗の文様を採り入れた所に其特色を有する」と述べた上で「古萬古の面白味は其素地の硝子様の透明な釉薬の柔か味と温か味の上に、赤絵の洒脱な風趣にある。之を他の芸術品に例へるならば南画の彩色花鳥の味である。抹茶趣味と云ふよりは寧ろ煎茶趣味とも云へるが、古淡な所に稍派出な所があつてやはり時代の風潮をよく表はして居る」と、当時の時代背景だけでなく、他窯の作品と比較しつつ萬古焼の作品を分析し、評価している。

また、小梅窯について川喜田半泥子がその所在地や廃業後の状況を述べている。陶芸家として知られる川喜田半泥子は、前述した竹川竹斎の妹を祖母に持つ。その関係から竹川家に伝来する竹川記録をもとに小梅窯について詳述している。その中で、廃窯後の状況として寛政から文政期にかけて別の工人(陶工)によって操業されていたことを紹介している(7)。

これらの成果が、その後の萬古焼に関する著作などにおいて、江戸時代における萬古焼に関する著述、その評価といった内容に踏襲されている。

近年、四日市市立博物館において開催された展示会「ばんこやき再発見! 受け継がれた萬古不易の心」において興味深い史料が紹介された。天明八年(一七八八)刊行の黄表紙『書雑手春錦手』である。黄表紙は延宝から宝暦期に絵と簡単な詞書の入った、それまでの子ども向けの赤本から黒本、青年向けの青本に代わり刊行された草双紙の一種である。江戸時代中期の安永期以降に流行した黄表紙は、遊里での出来事が物語の中心になり、完全に大人向けの娯楽的読み物として、安永から文化期のおよそ三十年の間に二千冊を超える種類が版行された。この『書雑手春錦手』は擬人化したやきものたちが登場し、物語が展開されている。その中で、当時すでに著名であった南京焼、伊万里焼などといったやきものたちとともに萬古焼が登場している。同書の書名にある錦手とは、五彩を使って器体全面に絵や文様を描くもので、これに金色を加えたものが金襴手である。その装飾技法の華やかさから、この頃は南京焼と伊万里焼が著名な錦手のやきものとして知られ、現在の陶磁器研究においてもその認識が一般的である。これら著名なやきものとともに錦手ブランドの一つとして萬古焼が登場している。黄表紙が洒落や穿ちが豊富に取り入れられている文芸であることを考慮すると、当時の人々、つまり読者の共通認識で読み解かれるものである。そのような黄表紙の特徴を踏まえ、廣瀬毅は図録における解説で萬古焼のブランド化の確立について指摘している(8)。

この天明八年刊行の黄表紙に萬古焼が描かれていることは、萬古焼がどのように世間にとらえられていたのかということを示すとともに、安永六年の弄山没後以降にも萬古焼が生産、流通していたことも裏付けるものである。その意味で『書雑手春錦手』は萬古焼の操業期を考察する上で新たな史料の一つであり、今後の研究の進展に寄与するものと考えてよいであろう。

二　大名日記にみるやきものと萬古焼

ここでは、安永から寛政期に記された大和郡山藩の二代藩主柳沢信鴻が記した『宴遊日記』『松鶴日記』を取り上げる。両日記にはやきものに関する記述が散見される。それらの記述から萬古焼を含めた、やきもの全般についての状況をみていくことにする。著者の柳沢信鴻は大和郡山藩の二代藩主で、歴史上著名な柳沢吉保の孫にあたる人物である。信鴻は吉保の長男で大和郡山藩藩主吉里の二男として、享保九年（一七二四）に郡山城内で生まれた。幼名を久菊、諱は義稠また信郷といい、次いで伊信と称した。元文二年に嫡子となり、元文三年従四位下美濃守に任じられ、延享二年（一七四五）に父吉里の死去により遺領を継ぎ第二代藩主となった。以後二八年間藩政に携わったが安永二年に致仕し、藩政を長男保光に譲り、名を左兵衛督に改めた。寛政四年三月三日で卒去、享年六九であった。(9)

信鴻の記した『宴遊日記』は、一三巻二六冊におよぶもので、安永二年五〇歳にして致仕を請い、江戸駒込染井の別邸（六義園）に隠居した春から天明五年、六二歳にして剃髪するまで、一三年間にわたる日常生活を一日も筆を休めることなく克明に書き留めた日記である。その間、信鴻は春来・米翁・香山・月村・蘇明山人などの号によって俳諧・読書・物見・観劇・園遊など悠々自適の趣味の生活を送った。(10)

藝能史研究會編『日本庶民文化史料集成 第十三巻 芸能記録（二）』(11)の解説で服部幸雄は「この日記の記述態度は、心覚えのために主な出来事を書き留めておくといった通常のそれではなく、朝から夜までの一日中に、筆者本人の身辺に起ったすべての出来事を細大漏らさず「記録」するという態度で記されている。その詳しさは大変なもので、これほど詳細を極めた生活記録は、この時期のものとしては他にあまり例がないのではないかと思われる」と記している。それに続く『松鶴日記』一九巻九冊は、信鴻が天明五年秋に剃髪して後、「宴遊」の文字を避けて書き続けた日記の名称である。その執筆態度は『宴遊日記』と同様で、寛政四年三月駒込の別邸において享年六九で卒去する死の直前まで書き続けられた。信鴻の記した日記に含まれる内容は、実に範囲が広く、記述が具体的で詳細である。そのため、江戸時代中期の文化研究のため有力な実証資料として、また、それぞれの分野にとって興味深く貴重な資料となるものである。これまで、特に『宴遊日記』は柳沢信鴻自身の傾倒ぶりもすさまじいばかりに思われる歌舞伎・浄瑠璃の記述から芸能史の分野において注目されているものである。

本稿で取り上げるやきものに関して述べると、前述した「筆者本人の身辺に起ったすべての出来事を細大漏らさず「記録」するという態度で記されている」という点において多くの記事を確認することができる。しかしながら、これまで陶磁器研究において両日記を詳細に考察し、論じたものはみられない。

当然のことながら両日記には、やきものが生活における身近な日用のうつわであるため、信鴻が日常を記す中で多くの場面に登場する。内容は信鴻自身が芝居見物など外出した際にやきものを買い求めた様子、周囲の人たちへの贈答、食事に登場する皿や鉢といったさまざまな記事である。しかし、その記載は皿や鉢などといった器種名にとどまったものが大半である。その中で、やきものの名称、もしくは産地といったものが推定できると思われる記述もみられる。次にあげる記事が、両日記中にやきものの名称を記したと考えられる記述の箇所である。(12)

『宴遊日記』

菱屋重助より備前壺中備前あみ醤を進む　(安永二年正月二日)

○塩よりさらさやき盃・洛やき硯ふた、賀の祝に貰ふ　(安永二年十月廿九日)

雷門内にて青磁硯屏を買ふ、　(安永三年二月七日)

○四半頃手塚出、薩摩土瓶貰ふ、　(安永三年六月廿三日)

○玄杏より盤古焼々物来、花王汁つき水入を買ふ、お隆猪口買ふ　(安永三年九月二十日)

○藩より二階堂焼火鉢二ツ着　(安永三年十二月廿五日)

中町墨屋にて水入万古を求め、　(安永四年五月十三日)

○奈良茶々碗二つ土産に珠成へ遣ハす　(安永六年九月廿日)

昌平橋、今川橋南にて万古焼鄽へ寄猪口ふた茶碗求め、　(安永六年十月廿三日)

銀座観音を拝し、三丁目より出、(略) 内万古鄽にて焼物を見、鍋町より左折田町よりさきへき町行山藤へ行、　(安永六年十二月十二日)

今川橋万古焼へ立寄とんふり・片口・青磁焼瓦形燈かいを求め、　(安永七年正月六日)

○お千重より廻忌につき白河焼貰ふ（安永七年二月二日）
○虎へ白河焼遣ハす（同）
○お隆関より清水焼花生小茶碗二ツ貰ふ（安永七年二月六日）
○太素取次にて新庄侯より百韻点取来る、らく焼小皿添明日遣す（安永七年四月七日）
由良の園来、海鮮・白河焼貰ふ（安永七年四月十六日）
通町通り万古鄽へ立寄、今川橋焼物や二軒にて植木鉢・蓋物求め、（安永七年五月三日）
土橋より河岸通り本町より通りへ出、万古にて小茶碗を買ひ筋違旭山に休み、（安永七年十月廿四日）
○七半頃八百帰る、万古燭台貰ふ、お隆桑盃二ツ貰ふ（安永七年十一月廿六日）
○木俣に唐津猪口五　伊万利皿五　貰ふ、珠成蓋茶碗、お隆手燭貰ふ（安永七年十二月廿八日）
○汝章より手紙、大村の茶・旭焼貰ふ、即答（安永八年八月廿九日）
○山寺より申来る、米徳、田沼へ贈度由にて南京染付水指貰ひに来り明朝遣ハす（安永八年十一月十四日）
白銀観音参詣、万古鄽にて花生買ひ穴沢を彼岸より又伝馬町へ遣し、（略）花生お隆へ遣ハす（安永九年十二月朔日）
○紋附、奈良茶々碗・土瓶取る（安永十年正月五日）
市兵衛町より六本樹裏門を入、蓋茶碗・洛焼皿上る（安永十年三月十二日）
○峰母に饅頭貰ふ、お隆経山寺味噌万古蓋物に入貰ふ（安永十年七月廿四日）
紀侯前赤坂門一ツ木檜やしき御裏門より入、（略）お隆細工物遣ハす、洛焼燈台・京烟袋給ふ、（安永十年十月廿二日）
○五十韻落巻の者に景物らく焼手燭遣ハす（天明二年正月十三日）
○紋附にてらく焼鉢を取る（天明二年正月十四日）

柳町より山本・伊藤を米社へ案内に遣ハし、六角門右に待つ、主侍従供揃の様子なり、熊蔵、松井・いそ召つれ出来り、楽焼烟箱遣ハす、（天明二年九月十一日）

○青磁壺を珠成へ遣ハす（天明四年三月十三日）

○智光院より洛焼硯蓋・帯地貰ふ（天明四年三月廿九日）

牡丹や庭へ行、笠志邸に休み万古焼皿に卵いれ遣ハす、（天明四年四月十四日）

○留守に高松幸太夫来、古梅園筆・深草焼火入貰ふ、（天明四年十二月朔日）

夜貝福、備前壺・洛焼烟壺を甚三郎、蓋物を久米、袋を小雛・路、重箱を穴沢、烟袋を琴路取る（同）

『松鶴日記』

小雛に青磁掛花生・薄雪煎餅、魚游に金米糖貰ふ（天明六年四月二日）

一、夜貝福洛焼燈蓋々茶碗を溝口、蓋物を能多、紅毛油陶を小雛、路花筒を琴路・久米子取る（天明六年九月二十日）

京物焼物花筒を遣ハす（天明六年閏十月廿一日）

一、外島忠吾より愿穎院究□□改 各再致事由 送物硯蓋・瀬戸花生来る（天明六年十二月廿四日）

一、夜貝福備前花生ト烟袋を無詠、烟袋を為徳・幸子とる（天明七年正月朔日）

一、たを子に南京焼茶碗貰ふ（天明七年八月廿六日）

一、香山親より白磁客坐お皿一箱貰（天明七年十二月十一日）

一、本郷五丁目木戸際焼物屋へ立寄、しとろやき手燭を買ハせ（天明八年十月四日）

一、小林市太夫に南京茶碗貰（天明九年三月廿八日）

中町にて紙烟袋を買ひ、鄽々を見、洛焼茶碗を買ひ　（天明九年四月廿五日）
山下廣徳寺前通り三河屋に休む、瀬戸物屋にて小花生買、　（天明九年五月十三日）
新寺町茶碗鉢やへ立寄、南京茶碗・筆違を買ふ　（天明九年九月八日）
中町にて新渡茶碗、紫檀箸求め、　（寛政二年二月八日）
一、長島二郎に堆朱焼手燭貰ふ　（寛政二年三月十日）
一、佐亭子消息隆子へ深草焼牛猿贈る　（寛政二年四月廿三日）
一、七半過、六角北方御帰、出雲焼烟壺・軽やきに分す　（寛政二年十一月七日）
一、女坂より下り、池端通り瑞井るより駕に乗、八半過帰る、南京小茶碗を隆子へ遣ハす　（寛政二年十一月十五日）
一、祝立直より諦常院遺物、掛物二対・青磁水さし来る　（寛政二年十一月十九日）
一、新寺町茶碗屋へ寄、茶碗二つ堆朱皿二つ唐茄子火入一つ求め、　（寛政三年二月十七日）
一、伊勢屋に休み、並木通を行、浅草門前洛焼屋へ立寄　（寛政三年三月四日）
一、小刀の刀掛・青磁水差、保光へ遣ハす　（寛政三年七月廿一日）
一、米堂上邸へ出、夜帰る、青磁水差貰ふ持参　（寛政三年十二月廿九日）
一、瀬戸水差・三島茶碗取よする　（寛政四年二月廿六日）

このように両日記には、『宴遊日記』の安永二年正月二日条を初見として『松鶴日記』の寛政四年二月廿六日条までやきものの名称を推測できる記事がある。もちろん、これらのやきものの名称が厳密な意味で現在の呼称と一致するかは検討しなければならないが、やきものの名称の多くが産地、つまり地名に由来していることを考慮すると一つの目安として考えてよいであろう。

ただし、日記中には、例えば「らく焼」「洛焼」「楽焼」といった呼称が登場する。別に「京物焼物」という記載もある。そのため、これらの呼称が楽焼を指すものか、広く京を生産地とする京焼と楽焼を含めたものかは、不詳のことに属する。また、萬古焼を「万古」や「盤古」とあらわすなど、音と当てる漢字が異なる場合もある。加えて、江戸時代には操業していたがその後廃窯して名称も伝わっていない可能性が考えられるやきものの名称、もしくは現在とは異なる別称で認識されていたと思われるものも登場する。そのような点は今後検証すべき課題としてとらえなければならない。しかし、それは日記の性格上、信鴻だけでなく当時の人々がやきものを日常的に呼称していたものであって、その意味で江戸時代中期におけるやきものの嗜好や流行、流通を考える上で重要である。それらを踏まえ、両日記にみられるやきものの種別、記載箇所数をまとめると表1のとおりである。

表1

名称、もしくは産地	記載箇所
らく（楽、洛、京物）	14
万古（盤古）	11
青　磁	7
南　京	5
瀬　戸	3
白　河	3
備　前	3
奈良茶	2
堆　朱	2
深　草	2
さらさ	1
薩　摩	1
二階堂	1
清　水	1
唐　津	1
伊万里	1
旭	1
白　磁	1
しろと	1
新　渡	1
紅　毛	1
出　雲	1
三　島	1

この表からは、安土桃山時代の天正年間（一五七三〜九二）に茶の湯の茶碗を制作したことに始まる楽焼、もしくは江戸時代前期に野々村仁清や尾形乾山の活躍によって展開していた色絵陶器である京焼といった広く京を産地としてとらえた可能性がある「らく焼（楽焼、洛焼）」が一番多く登場している。同じく唐物として知られていた青磁、前述した金襴手として知られていた南京焼も複数みることができる。その中でも、すでに著名であっ

たやきものと比較して萬古焼は「らく焼（楽焼、洛焼）」に次ぐ回数の記載がある。これら頻繁に登場するやきものは、日記の著者である信鴻が意識的に認識し記述したものととらえることができ、彼自身の嗜好に適っていたとみても差し支えないものと思われる。信鴻は大名という上級武家階層に属している人物で、俳諧や観劇などの文芸や芸能に精通した知識人階層でもある。複数回登場するやきものの内、らく焼、青磁、南京、瀬戸などは萬古焼誕生以前から生産、流通をし、近世社会において知名度の高いものであった。そのため、日記に散見される萬古焼の記事は、これらの階層の受容に応え得るだけの製品を産出していたことのあらわれであり、江戸社会においてそのように認知され受け入れられていたと考えることができるであろう。そして、日記中、萬古焼が登場するのは安永三年九月二十日条から天明四年四月十四日条である。これらの記述は、安永六年の弄山没後にも萬古焼が生産および流通していたことを示す証左の一つである。それは前述した『新編武蔵国風土記稿』にある「安永天明ノ頃ハ最著名ナルヲモテ」の記載、黄表紙『書雑手春錦手』に萬古焼が登場した時代背景を裏付けるもので、江戸時代中期における萬古焼の隆盛を示している。

また、『宴遊日記』には、「昌平橋、今川橋南にて万古焼鄽へ寄猪口ふた茶碗求め、（安永六年十月廿三日）」「内万古鄽にて焼物を見、（安永六年十二月十二日）」「今川橋万古焼へ立寄とんふり・片口・青磁焼瓦形燈かいを求め、（安永七年正月六日）」「通町通り万古鄽へ立寄、今川橋焼物や二軒にて植木鉢・蓋物求め、（安永七年五月三日）」「万古にて小茶碗を買ひ筋違旭山に休み、（安永七年十月廿四日）」「白銀観音参詣、万古鄽にて花生買ひ（安永九年十二月朔日）」とある。

これは、信鴻が芝居見物や社寺参詣などに出掛けた際にやきものを買い求めている様子である。この中で明らかに萬古焼がやきものとしてだけではなく、やきものを販売する「万古焼鄽」「万古鄽」「万古」などといった屋号、もしくは店名と推測される名称がみられる。これまでの研究において弄山の関東移住、小梅窯の存在については述べられていることがあっても弄山の商いがどのようなものであったかを詳細に語ったものはない。諸書によっては典拠は不明であるが弄山の商いが陶器問屋で今川橋に店を構えていた、とするものはある。これは、寛政期に編纂が開始され天保期に刊行された『江戸名所図会』に、「今川橋　今此橋詰の左右に陶器鄽」とあり、また、文化二年（一八〇五）『熈代勝覧』(13)にも今川橋が陶器問屋街であったとある。当時の絵図に今川橋付近には陶器を取り扱う店が軒を構えていたことが記されていた点を考慮すると周知の事実であり、それを踏襲していたとも考えられる。前述した川喜田半泥子の著述においても「江戸出店今川橋北詰西側陶器問屋なり」と竹川記録を引用している箇所がある。この竹川記録は成立など詳細が不明であるため、どの程度信憑性があるか判断できないが、沼波家と縁戚関係であった東竹川家には、その状況が伝わり、記録されていた可能性もある。しかし、今川橋の「万古焼鄽」などといった名称は、直接弄山の商いである屋号、店名を示すものか、萬古焼を扱っていた問屋の通称として呼ばれていたのかは不詳のことに属し、今後の検証が必要であろう。いずれにせよ信鴻の日記から萬古焼が、江戸今川橋の陶器問屋街において取り扱われていたこと、上級武家、知識人階層を含めた江戸社会において隆盛であったことは明らかであったとみてよいと考えられる。

おわりに

本稿では江戸時代中期に生産、流通していた萬古焼について、同時代の大名日記『宴遊日記』『松鶴日記』の記述をもとに考察した。改めてまとめると、江戸時代中期の萬古焼は従来伝えられているとおり、江戸においても高い評価を得ていた。特に安永・天明期には著名であり、このことは同時代の作品である黄表紙『書雑手春錦手』に登場する要因となった背景、『新編武蔵国風土記稿』の記述を裏付けるものであった。

そして、その作品は上流武家や知識人階層に受け入れられる水準のものであった。これについては伝世品の一つに「色絵捩文酒器」(14)がある。その箱書に、「酒器　江戸万古焼」（蓋表）、「加州前田武平治様ヨリ被下置　天明

四辰二月廿五日　仲右衛門出府之節持来仕候也」（蓋裏）とあり、天明四年に加賀国の前田武平治という武家が仲右衛門へ下し置いた、つまり贈答として与えられたものであることがわかる。その作風は、白地に色絵が施されているもので、肩と腰に呉須絵が、胴部に赤絵の捻り文様と紫の輪郭を持つ牡丹絵が描かれ、丁寧な絵付けで雅味のある色調で全体に品のある作品となっている。箱書に天明四年とあり『宴遊日記』の時期と重なる。その意味で同作品は日記の記述を作品から具体的に伝えるもので、江戸時代中期において武家階層に賞翫、受容されていたことを示す貴重な作例である。

このように萬古焼は前述した『書雑手春錦手』の内容と照らし合わせても、当時知られていた大窯業地を含めた他窯の製品と比較しても高い評価を得ていたものであった。具体的には、京焼や瀬戸、伊万里などとともに我が国を代表する著名なやきものの一つとして社会に受容され、評価されていた。その評価は廃窯後の江戸時代においても伝えられ、幕末以降に編纂された資料の記述につながっていったものと思われる。その流れが、幕末の森有節による有節萬古、竹川竹斎の射和萬古の開窯といった再興の動きにつながっていった要因の一つであるとも考えられる(15)。

江戸時代におけるやきもの、特に色絵陶器は野々村仁清や尾形乾山によって成立した元禄期の初期京焼、その後、江戸時代後期の奥田頴川による磁器生産によって再び京焼の隆盛をみることになる。萬古焼が誕生したのは、京焼が発展した時期の狭間であった。そのような時期ではあったが、萬古焼の評価は伊勢国で誕生した地方窯の一つといったものにとどまらず、時代を代表するやきものとしてとらえられていたとみてよいであろう。

本稿は『宴遊日記』『松鶴日記』から萬古焼、および広くやきものの状況について論じた。それにより江戸時代の萬古焼の評価は、現在我々が認識している以上のものであったと改める必要があり、本稿がその契機となれればと考える。それとともに、今後は同様の史料による研究の進展が萬古焼だけでなく、江戸時代のやきものが展開した文化的背景を含め明らかになっていくことを期待し、課題としたい。

注

（1）座右寶刊行会編『世界陶磁全集五　江戸篇中』（河出書房、昭和三十一年）。

（2）同史料は戦災により焼失しているが、満岡忠成「萬古焼」（『陶器講座　第五巻』雄山閣、昭和十年）など戦前の論考により確認することができる。

（3）国立国会図書館蔵。

（4）国立公文書館蔵。

（5）古萬古と歴史資料については、拙稿「古萬古と歴史資料」（『朝日町歴史博物館　紀要』二号、平成二十年三月）に詳述している。

（6）次郎坊主人「弄山の新赤絵」（『陶磁』第二巻第四号、東洋陶磁研究所、昭和四年十二月）。

（7）川喜田半泥子「江戸萬古の窯跡」（『陶磁』第七巻第四号、東洋陶磁研究所、昭和十年十月）。

（8）『平成三十年度企画展図録　ばんこやき再発見！　受け継がれた萬古不易の心・第二図録「あたっても砕けちゃならぬ　大江戸やき物語～翻刻　書雑手春錦手～」』（四日市市立博物館、平成三十年）。

（9）『寛政重修諸家譜』第一六四。

（10）六義園における信鴻の生活については、小野佐和子『六義園と庭暮らし―柳沢信鴻「宴遊日記」の世界―』（平凡社、平成二十九年）に詳述されている。

（11）藝能史研究會編『日本庶民文化史料集成　第十三巻　芸能記録（二）』（三一書房、昭和五十二年）。

（12）本文は『宴遊日記』が前掲『日本庶民文化史料集成　第十三巻　芸能記録（二）』所収の翻刻、『松鶴日記』は『松鶴日記１（～７）　国文学研究資料文庫１（～７）』（ゆまに書房、昭和五十六～五十八年）の影印に拠った。

（13）本絵巻は近年ドイツで発見された江戸日本橋を描いた絵巻で、現在はベルリン国立アジア美術館が所蔵している。

（14）パラミタミュージアム蔵。

（15）有節萬古、射和萬古の開窯経緯については拙稿「萬古焼再興への想い―有節萬古と射和萬古―」（『令和三年度はにわ館特別展　愛されつづける萬古焼』松阪市文化財センター、令和三年）において述べている。

「八雲琴」の復興・伝承活動——中山琴主に遡り、今に示す

渡邊良永

中山琴主と八雲琴

八雲琴《やくもごと》は、伊予国（愛媛県）の中山琴主《なかやまことぬし》が江戸後期の文政三年（一八二〇）、天日隅宮（出雲大社）に参籠した折に御神託を得て創案した二絃琴である。琴主は若くして、医を学び武術を修めた。箏曲三絃の奥義を極めたが、その俗調を良しとせず、清調の創案を神に祈念したことで、霊夢によって八雲琴を感得したとされる。

八雲琴は、絶えて久しい神代の御神宝「天《あめ》の沼琴《ぬごと》」の再興と位置づけられる。創案時の様子を、琴主が出版した『八雲琴譜』より引用する。「文政三季《みとせ》の十月天日隅宮に詣《まうで》武術と医の事を祈申とて、斎籠れりけるに、天の沼琴の古へを仰て、夜もすから秘曲を掻《か》なで奉りたりけれは、琴引山の神心にや通ひけん、俄《にはか》に八雲山の神風、木にふれ竹にそよぎ妙なる風声をなむ、しらべたりける。身にしみ心感ける程に奇しき神の御託を夢に

写真１　中山琴主

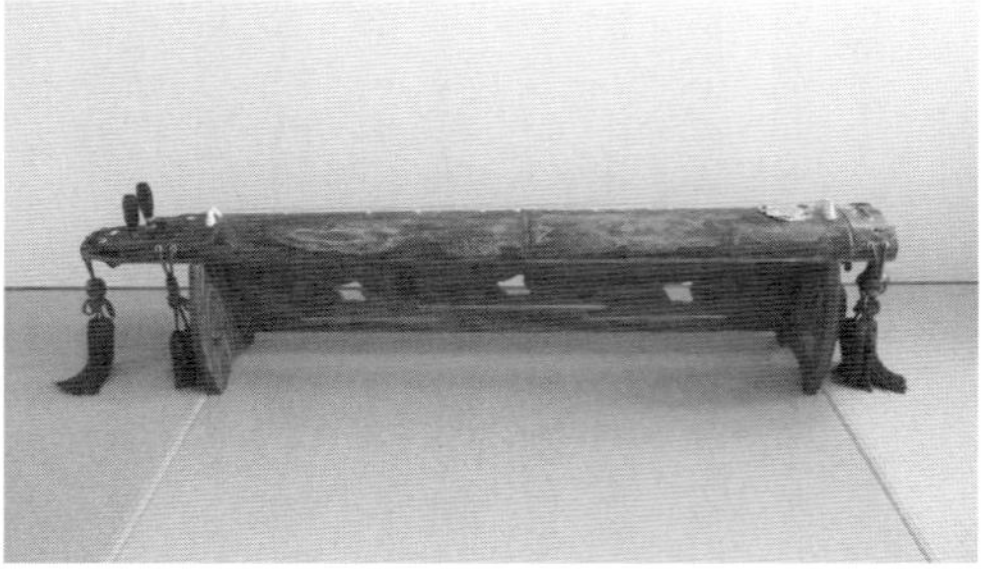

写真２　八雲琴

おぼえければ、即宇迦《やかて》の神山の大竹の本伐末払《もときりすえはら》ひ琴に作り天地陰陽に比らべて、二つ絃をすげ八雲の御咏に搔合《あは》せたるなむ、この出雲琴のはしめにはありける」

八雲琴の胴（約一〇九㎝）は桐材で作られる。元は大竹で作られたことに因み、胴には竹を象った装飾が施されている。胴に張る二本の絃は、天と地（陰と陽）をあらわし、左手の中指にはめた白竹の円筒形の管「転管」で二絃を押さえ、右手の人差し指にはめた鹿角の爪「龍爪」で基本的には二絃同時に弾じて奏する。絃を押さえる壺（かん所）には、千鳥または玉の形の目印が取り付けられている。

また『八雲琴譜』には「元来《もとより》人の耳を悦ばしむる、遊楽の業にはあらで、物しらぬ少《をと》め子などに至るまで、皇神国の尊き、由緒をしらしめ、天地の神ながらなる、呂律《しらへ》を大神に手向、天津日嗣の大御隆《みさか》えを祈り、四海浪しづかならん事をねぎ奉る神楽なり」「遊里、酒宴の席、又は倡優卑業《いやしきわざ》の輩、又は不浄の所において、決て翫《もてあそ》ぶべからず。神の咎め給はむことといちしるければ、慎むべし」とあり、敬神の念を持つ者が神前に限って使用する琴であるがゆえに、その神聖さが守られてきた。

琴主は、八雲琴完成後、俗調を弾くことはなく、八雲琴による清調の道を広めるために、京都を拠点として各地を巡った。門人には仁孝天皇の第三皇女桂宮淑子内親王や権大納言中山忠能の次女中山慶子（明治天皇の御生母）がいて、門下は千人となり、諸国有力者の寵遇を受けたと伝えられる[1]。

新聞記者の篠田鉱造が昭和初期に聞き取った八雲琴奏者（琴主の直弟子、生源寺勇琴と推定）の口述を紹介する[2]。琴主の稽古の様子が垣間見える記録である。「八雲琴のお話をいたしましょう、父がこれを好き、母が習いますんで、私も子供の頃から覚えまして、直伝の一人となりました。神伝元祖八雲琴の琴主は、中山吉夫と仰有った、備中のお医師さんでしたが、一ヶ月ほど宅へ泊って、朝から晩まで、弾き詰めに、御教え下すって、郷里へ引揚げられると、直伝と共に、日本に二つしかない、八雲琴を贈って下さいました。（中略）晴亘った好い日和でも、音の出ないことがありますし、雨雲のどんよりとしたしぐれ日和でも、深々と澄みわたる音の透る、何ともいえないよい響きの日がございます。（中略）長さ三尺六寸ございます。竜体と申します胴は御覧の如く、桐材で竹胴に似せてありますが、開祖が出雲で神代の響きを調べ出します時は、竹胴であったそうです。二絃を締める、二つのネジは、二柱にかたどり、イザナギイザナミの二柱です。（中略）母は明治初年に入門し、私は同九年に入門しました」

八雲琴の流派

八雲琴には、名古屋（神社神道／八雲大岸流）、京都（教派神道／大本）、奈良（真言宗／飛鳥寺）を拠点とした三つの流派がある。各流派とも中山琴主が初代家元であるが、琴主没後約一四〇年の間の変容により、奏法等に差異が発生している。

戦後には各流派の家元が、国指定の記録作成等の措置を講ずべき無形文化財保持者に選択されている。

昭和三十二年（一九五七）大岸藤琴
昭和三十二年（一九五七）一色輝琴
昭和三十六年（一九六一）田中緒琴
昭和四十三年（一九六八）山本震琴

藤琴と輝琴は八雲大岸流、緒琴は大本、震琴は飛鳥寺の家元である。

令和三年（二〇二一）八月、三重県などで文化財保護審議会委員を務められる鬼頭秀明氏から「八雲琴の文化財としての価値は、奏楽の限定性（原則、神前での奏楽に限られること）と歌い替え（祭神等にあわせて歌詞を替えて歌唱すること）の二点にあり、それらの改変は価値の毀損になる」とのご指摘をいただいた。

仏前での奏楽は、神仏習合の観点により含まれる。具体例として、『八雲琴譜』（安政板・明治板）に収録されている出雲国一畑山の御薬師（少御神の御霊）の今様「目の御神」等がある。[3] 震琴は真言僧であった。震琴の父、丸山貫長も真言僧であり、八雲琴を奏した。震琴は少年期に父から八雲琴の手ほどきを受け、八雲琴を奏するようになった。

家元制度は、現在、全ての流派で廃止となっている。家元制度の廃止後、京都と奈良においては家元制度によらない伝承活動が行われ、新たな奏者の育成も行われている。名古屋においては、平成二十八年（二〇一六）の時点で、伝承途絶の状況であった。その状況を打開すべく、同年七月に開始した神社神道における八雲琴の復興・伝承活動は、七年が経過し一定の成果をあげている。

活動は当初、八雲琴の研究者・奏者の交流組織として、名古屋市立大学に「八雲琴の会」（市民学びの会）を設立し開始した。

◎八雲琴の会

顧問　阪井芳貴氏（名古屋市立大学教授）令和五年三月退任

会長　一色恭暢氏（神職、八雲大岸流家元末裔）令和五年六月退任

事務局代表　浦野亜子氏（神職、八雲琴奏者）

事務局スタッフ　渡邊良永（名古屋市立大学研究員）

その後、有志の輪は広がり、現在は四つの組織がそれぞれのコンセプトで活動している。

◎八雲琴伝承の会（三重県鳥羽市・神明神社内）

主に神職を対象として奏者の育成を行っている（指導者・浦野亜子氏）。また、八雲琴とその部品・道具を奏者に安価に提供するルートの確立に取り組んでいる（八雲琴の修理・再生を含む）。奏者が所属する奏楽団体としての機能も持ち、国内に支部を設置している。神前奏楽にあたっては創案者の琴主が示した規範、八雲琴を神社神道の祭典楽に定着させた輝琴・一色豊琴が伝えた心構え等を大切にしている。歌い替えの歌詞の編纂を進めている。

◎千鳥育てる会（皇學館大学神道学会八雲琴研究部会）

八雲琴伝承の会と連携して、皇學館大学の主に神職を目指す学生を対象に八雲琴の稽古等を行っている。神前での八雲琴奉奏も行っている。

◎神伝八雲琴研究会（伝承文化研究センター内）

八雲琴の文化財としての保存・活用の研究と提言を行う。また、家元ゆかりの神社にのこされた八雲大岸流の「秘伝書」類を翻刻し、研究成果を発信している。

八雲大岸流

八雲大岸流の名称は、中山琴主の実弟で二代家元である大岸元琴に由来する。元琴は公家出身の武家である大岸家の養子になり、大岸姓となった。元琴は、武道の諸流を極めて鎖鎌の流派の祖となり、八雲琴の奥義を得て、共通する微妙の原理を知り、天日隅宮の御杖代（千家尊孫・七八代出雲国造）より八雲大岸流の名を賜った。『八雲琴譜』には「天日隅宮当今の御杖代君より、大宮の神宝、天の八重鎌の大御業の秘事の御伝へを恐

写真３　大岸元琴

こくも授りけるのみならず、八雲大岸流と、御改させ給はりける」とある。

八雲大岸流の家元の系譜は、琴主（初代）、元琴（二代）、大岸玉琴（三代）、加藤真琴（四代）、大岸藤琴（五代）、一色輝琴（六代）、一色豊琴（七代）であり、家元制度は平成二十一年二月二十日に廃止となった。なお、三代以降の家元は「玉琴」を名乗った。

名古屋に八雲琴が根づいた背景には、元琴の妻の玉琴の活躍があった。明治期に名古屋で「知音会」を結成して八雲琴の隆盛を果たしたのである。神社での奏楽記録として、明治二十六年（一八九三）二月二日の熱田神宮での奉奏（八雲琴と八雲舞）、明治二十七年五月二十七日の熱田神宮での奉奏（八雲琴／菅掻、熱田振、今様、治る浪、春の調、松の齢、五十鈴川、高倉山、古人今様等の数曲）がある。(4)

八雲舞は廃絶したが、近年発見された舞譜等をもとにした復興計画を八雲琴伝承の会が進めている。

この頃の回想録を輝琴がのこしている。(5) 日々の生活と敬神の心とが一体となった当時の様子が目に浮かぶ回想である。「明治時代のことですが、私が二十歳ぐらいのときは、八雲琴はわりあい盛んだったんです。（中略）そのころ、名古屋では家庭音楽として、一般の方もずいぶん習われました。これが非常に隆盛で、お弟子も中流以上の家庭の子女が多く、服装も揃え、熱田神宮に奉納するばかりでなく、甲子の日に演奏会が開かれたりしたものです。また家庭の神棚にお祭りを年一回ずつなさる。その時に皆さん御自分で八雲琴を家の神様に御奉納されるということもありましたし、そういうことをしないお家でも、御神前で一曲奉納してもらいたいということで、私どもを迎えられる方もありました」

写真４　大岸玉琴

神社神道における八雲琴の復興・伝承活動

神社神道における八雲琴を継承ではなく復興と位置づける背景には、次の事情がある。活動開始時、家元親族の八雲琴奏者である一色幸琴（一色豊琴の妹）から八雲大岸流の奏法を学んだ奏者は健在であったが、既に奏法等に変容が認められる状態であった（歌唱の省略、奏楽技法の簡略化等）。そのため、復興・伝承活動は「規範等については、中山琴主が示したものを現在軸で極力忠実に行う。奏楽については、他流派の奏法も含めた正譜作業（琴主の譜に遡る作業）を進める」こととした。神社関係者、各流派の八雲琴奏者、教育機関関係者、八雲琴研究者、楽器製作者、工芸技術者、メディア関係者等々、多くの方々のご賛同・ご支援により活動は着実に進展している。

研究が進み、八雲大岸流で過去に行われた奏者資格の変更が明らかになった。八雲大岸流の最後の家元である豊琴は、奏者資格を原則、神職に限定していたとされる。琴主は八雲琴の用途を神前での奏楽に限定したが、奏者資格は神職に限定していない。このことは『八雲琴譜』や北海道から九州に至る門人名簿等を記録した『雲の齢』からも明らかである。(6) 一色輝琴は神職ではなかったことから、奏者資格の変更は豊琴によって強く打ち出されたと推測できる。神社神道の祭典楽に八雲琴を定着させたことは、輝琴・豊琴の偉大な功績である。それを成し遂げるために、変更は必要であったのかもしれない。筆者は、是非の判断は難しいと考える。以上のことから、神社神道における八雲琴の復興・伝承活動は、奏楽は琴主に遡って「神前での奏楽に限定して、神道教化にも寄与する歌い替えを行う」ことを基本とし、豊琴が奏者を神職限定に変更した心情にも配慮して進める必要があると考える。八雲琴は本来、敬神の念を持つ人たちが神前で使用する楽器であることから、今後は伶人組織による継承も選択肢としたい。参考になる事例がある。豊琴は昭和五十年代に、神職ではない者で構成される八雲琴の伶人組織「青風会」の指導を行っている。神前での奏楽に限定する場合は、支援を惜しまなかったのである。
なお、活動開始後の調査において、琴主からの直伝の流れを汲む島根県の美保神社・賣布神社（かつて両神社の血縁者による八雲琴の奏楽組織「雙絃会」が存在した）、八雲大岸流の流れを汲む愛媛県の八雲神社・愛知県の知立神社を中心とする旧碧海郡内の神社、その他として滋賀県の沙沙貴神社、愛知県の菅生神社、広島県内の神社で八雲琴と奏者の存在を確認している（順不同／八雲琴による祭典楽を行わない神社を含む）。

六代・七代家元ゆかりの神社での祭典奏楽

八雲大岸流の家元、一色輝琴（六代）と一色豊琴（七代）ゆかりの神社は、名古屋市中村区の周辺にいくつか存在するが、中心地は家元と八雲琴奏者の親族が生活と稽古の拠点とした椿神明社（輝琴）・水野社（豊琴）・松原八幡社（一色幸琴）の三社である。信じられないことだが、輝琴が国指定の記録作成等の措置を講ずべき無形文化財保持者に選択されたにもかかわらず、平成二十八年の活動開始時点では、三社の氏子の方々は一部を除いて、八雲琴について全く認識されていない状況であった。家元制度の廃止から、わずか七年強である。文化財保存の難しさを痛感した。

三社の宮司の一色恭暢氏、三社の氏子総代会の皆様、八雲琴奏者の浦野亜子氏、筆者は、六代・七代家元ゆかりの神社での祭典奏楽の復興に取り組んだ。

写真５　祭典奏楽の様子（松原八幡社）
（平成29年　筆者撮影）

復興は、大海修二氏（愛知県神社総代会名古屋中村区支部長／松原八幡社総代会会長）のお力添えにより大きく前進した。大海氏は、松原八幡社の境内建物に居住していた幸琴が生前愛用した八雲琴を所蔵されていた（一色恭暘氏の父君から譲り受けたとのこと）。大海氏には神社神道における八雲琴の復興・伝承活動に賛同いただき、浦野氏に幸琴遺愛の八雲琴を提供いただくとともに、松原八幡社の祭典での八雲琴奏楽の実現に尽力いただいた。平成二十九年二月二十三日、松原八幡社の祭典で行われた八雲琴奏楽が、六代・七代家元ゆかりの神社での祭典奏楽復興の第一歩となった。その後、松原八幡社では毎年十月の祭典で八雲琴の奏楽が行われている。

また、椿神明社では令和二年〜令和四年にリニア中央新幹線名古屋駅新設工事に伴う境内整備が行われたが、整備前の令和元年十月十六日の例祭と整備後の令和四年十月十五日の竣工奉告祭（甘酒祭）で八雲琴の奏楽が行われた。水野社では令和三年から毎年十月の祭典で八雲琴の奏楽が行われている。

これらの祭典奏楽は、神社神道の祭典楽に八雲琴を定着させた偉人である六代・七代家元の功績を顕彰する機会にもなっている。なお、三社の祭典奏楽では、幸琴遺愛の八雲琴が使用されている（奏者・浦野氏）。

海士潜女神社・神明神社等での祭典奏楽

八雲琴奏者の浦野亜子氏は、三重県鳥羽市の海士潜女神社（国崎町）・神明神社（相差町）に禰宜として奉職されている。二社の宮司の大田清博氏には「神社神道における八雲琴の復興・伝承活動」の意義について賛同いただき、支援をいただいている。

大田氏と世古與司一氏（鳥羽市国崎町内会長／国崎熨斗あわび文化保存会会長）のお力添えにより、平成二十八年十一月二十三日、海士潜女神社の祭典での八雲琴奏楽が実現した。神社神道における八雲琴復興・伝承活動の初発の奏楽であった。

写真６　祭典奏楽の様子（海士潜女神社）
（平成30年 筆者撮影）

海士潜女神社は、毎年七月一日の祭典で伊勢神宮の楽師（雅楽）による奏楽と舞楽奉納が行われる神宮とゆかりの深い神社である。海士潜女神社では、その後も八雲琴による祭典奏楽を行っているが、そのような由緒正しい神社の恒例祭祀で八雲琴の祭典楽が定着していることは、復興・伝承における画期といえる。参考として、国崎と海士潜女神社の歴史についてまとめておく。

垂仁天皇二十六年に天照大御神が伊勢神宮（内宮）に鎮座後、倭姫命は御贄を探し、志摩国を巡幸した。国崎の海女「おべん」が献上した鰒を倭姫命は喜ばれ、神宮への献納を伝えた。以来、国崎は神宮の御贄処（古くは国崎神戸と呼ばれた）となり、海女は湯貴潜女と定められ、二〇〇〇年にわたって鰒が奉納され続けている。国崎の海岸、鎧崎の神宮御料鰒調製所では、今も古式に則り、神宮の最も由緒深い祭典である三節祭の御神饌として熨斗鰒が調製されている。海士潜女神社の主祭神は、おべんと同一とされる「潜女神」である。古来、海の守り神として信仰されている。

また、同年より神明神社の祭典でも八雲琴の奏楽が行われている。神明神社は、境内摂社の「石神さん」が女性の願いを必ず叶える神徳で全国から信仰を集めており、年間約二〇万人の参拝者が訪れる神社である。祭典時には多くの参拝者に八雲琴の音色に耳を傾けていただけることも、神社神道における八雲琴の復興・伝承の大きな力になっている。

現在、神明神社内に、「八雲琴伝承の会」の事務局を設置している。

◎八雲琴伝承の会
顧問　大田清博氏（海士潜女神社宮司、神明神社宮司）
会長　浦野亜子氏（海士潜女神社禰宜、神明神社禰宜）
事務局代表　渡邊良永（名古屋市立大学研究員）
九州支部長　田﨑容子氏（神職、八雲琴奏者）

名古屋市立大学の「八雲琴の会」は奏楽団体としての機能を持たないため、奏楽団体としての活動は八雲琴伝承の会として行うことが多い。八雲琴の創案を寿ぐ年祭は、令和二年の二百年祭以降、毎年、大田氏が斎主を務め、奏者が八雲琴奉奏を行っている。

三重県神社庁鳥羽支部内の神社では、折々に八雲琴の祭典楽が行われている。志摩国一之宮の伊射波神社の明神祭では、毎年、八雲琴の祭典奏楽と奉奏が行われる。また、堅神神社の遷座祭、土宮神社の遷座祭・奉祝祭、浦神社の遷座奉祝祭において八雲琴の祭典奏楽と奉奏が行われた。

現在、鳥羽支部内の八雲琴奏者は、浦野氏と大山育子氏（鳥羽市桃取町・八幡神社宮司）の二名である。

八雲琴伝承の会では、八雲琴とその部品・道具を奏者に安価に提供するルートの確立に取り組んでいる。背景には、奏者の減少とともに製作者も減少し、それらの入手が日ごとに難しさを増している状況がある。本体・部品・道具は『八雲琴譜』の記述等を忠実に再現することを心掛け、現在は楽器製作者並びに各分野の工芸技術者のご協力により、多くが再現可能になっている。鹿の落角（山中で自然に落ちた貴重な角）から製作する龍爪は、最初に完成した道具であり、特に思い出深い再現である。

皇學館大学での奏者育成（千鳥育てる会）

令和元年より、皇學館大学と八雲琴伝承の会が連携し、主に神職を目指す学生を対象とした八雲琴の稽古を実施している（会場・皇學館大学／三重県伊勢市）。

◎皇學館大学

板井正斉氏（文学部神道学科教授）

石井世津子氏（神職養成部）

◎八雲琴伝承の会

令和元年度におかげキャンパスプロジェクト「八雲琴の継承を通じた地域神社の活性化プロジェクト」としてスタートし、令和三年度以降は「皇學館大学 神道学会 八雲琴研究部会」の活動に引き継がれている。令和二年度と三年度はコロナ禍で中止となったが、現在までに約三〇名の学生を対象に稽古を行っている（指導者・浦野亜子氏）。

稽古は、主に神職を目指す学生を対象としているため、神前楽器である八雲琴との親和性は高い。卒業後に奉職先の神社で八雲琴の奏楽をされている報告もあり、現状は皇學館大学が「神社神道における八雲琴の復興・伝承活動」の中心地となっている(7)。

皇學館大学の八雲琴を志す学生の集いを「千鳥育てる会」と呼んでいるが、この呼称は、八雲琴に千鳥の意匠があること、絃を押さえる

写真７　稽古の様子（皇學館大学 祭式教室）
（令和２年 筆者撮影）

転管は水辺で遊ぶ千鳥を象っていることから、石井氏が命名した。

関連事項として、板井氏の講義「神道教化概論」のゲストスピーカーとして、浦野氏と筆者が八雲琴についての講義を行ったことを記しておく。

文化財としての八雲琴

令和元年十二月二十三日、八雲琴の文化財としての保存・活用の研究と提言を行うことを目的とした神伝八雲琴研究会が設立された。研究会は、定期的に伝承文化研究センター（林和利所長）で開催され、フィールドワークも行っている。

◎神伝八雲琴研究会

会長　林和利氏（元名古屋女子大学教授、文学博士、東海能楽研究会代表、荻野検校顕彰会副会長）

会員　織田正太氏（九代玉屋庄兵衛後援会理事・事務局長、学校法人至学館コミュニケーション研究所客員研究員、荻野検校顕彰会幹事）

会員　浦野亜子氏（神職、八雲琴奏者）

会員　吉田義隆氏（名古屋市中村区・水野社氏子総代会、真宗大谷派僧侶）

会員　渡邊良永（名古屋市立大学研究員）

名古屋市在住であった一色輝琴は、昭和三十二年（一九五七）に国指定の記録作成等の措置を講ずべき無形文化財保持者に選択され、その後、昭和三十七年に名古屋市の無形文化財に指定されている。また、一色豊琴は、昭和四十八年に名古屋市の無形文化財、昭和六十年に愛知県の無形文化財に指定されている。

「名古屋市文化財の保存及び活用に関する条例」は、所有者等の責務を「文化財の所有者その他の関係者は、文化財が貴重な市民の財産であることを自覚し、これを公共のために大切に保存するとともに、これを公開する等その文化的活用に努めなければならない」としている。

八雲琴は神前に限って奏楽が許される楽器であるが、豊琴は名古屋まつりの郷土芸能祭等で複数回、人前で八雲琴の舞台奏楽を行っている。これらの奏楽は、無形文化財の所有者（保持者）の責務を果たすために必要であったと考えられるが、中山琴主が示した規範とは異なる。筆者は、豊琴がとった方策（神前奏楽とも捉えることができる舞台奏楽のあり方）が記された史料が発見され、八雲琴の文化財としての保存・活用が前進することを願っている。また、研究会として琴主が示した規範を逸脱しない形での「公開する等その文化的活用」を提言する必要があるとも考えている。

研究会では、令和三年六月と令和四年十月に、亀島コミュニティセンター（名古屋市中村区）おいて、かつて存在した郷土の無形文化財を知っていただくための講座を開催した。「子供の頃に神社のお祭りで聞いたことがある」「一色先生にお会いしたことがある」「地域にゆかりのある文化財なので保存していって欲しい」等の声をいただいた。

八雲大岸流の「秘伝書」類の調査・研究

神伝八雲琴研究会では、家元ゆかりの神社にのこされた八雲大岸流の「秘伝書」類の調査・研究を行っている。会長の林和利氏が史料を翻刻、会員は関連する文献調査・フィールドワーク等を行い、研究成果を発信している。令和三年十月九日には、その取り組みがＮＨＫニュース「おはよう日本」等で報道された。

なお、ＮＨＫ名古屋拠点放送局による取材の過程では、家元ゆかりの神社の宮司一色恭暢氏と氏子総代会の皆様、近藤嘉豊氏（愛媛県四国中央市・中山八雲琴主顕彰会会長）、近藤純夫氏（愛媛県四国中央市・八雲神社宮司）、金子敦子氏（元名古屋芸術大学教授）に多大なご協力をいただいた。

〈ＮＨＫニュースの概要〉

二本絃が特徴の「八雲琴」貴重な秘伝書発見（愛知名古屋）

二本の絃の琴「八雲琴」を江戸時代に立ち上げた創始者が記したとみられる直筆の書状などが名古屋市の神社で見つかり、専門家は「知られていないことも多く貴重な発見だ」と話しています。見つかったのは二本の絃の琴「八雲琴」を江戸時代に立ち上げた中山琴主が記したとみられる書状や琴などおよそ五十点です。これらは名古屋市中村区の神社の社務所から見つかり、その後、「八雲琴」の研究者や文化財や文献の専門家が調査して確認したとしています。それによりますと発見された書状のなかには中山琴主が「八雲琴」の作法や心構えなどを直筆で記した「心得」や「秘伝書」が含まれているということです。専門家によりますと八雲琴は明治時代にかけて盛んでしたが、厳格なしきたりなどもあって衰退していったということです。書状などが見つかった神社には以前、八雲琴の家元の女性が住んでいて、その時持ち込まれた可能性があるということで、琴の歴史に詳しい元名古屋芸術大学教授の金子敦子さんは「神聖な楽器といわれる八雲琴は閉鎖的な面もあり、どう伝承されてきたのか明らかでない面もあり、貴重な資料になる。さらなる調査が期待される」と話しています。

八雲琴の聖地「宇津神社」「東風崎神社」

中山琴主が八雲琴の創案・形状・奏法・規範・曲目・守護する神等を著した書としては『八雲琴譜』が広く知られており、長らく唯一無二の書とされてきた。現在、調査・研究を進めている「秘伝書」類には、『八雲琴譜』には無い内容が多く記載されている。内容については、いずれ公表する時期が来ると考えている。関連する調査・研究を二つ紹介する。

一つは、あき国の八雲琴の聖地についてである。

『八雲琴譜』には、八雲琴を守護する神は「青風大明神」と「大田大明神」の二柱、と記されている。「あを風大明神と中奉りけるは、何の古書に出侍る神に御座ますや、委敷承度《くはしくきかまほし》と申参らせけるに、大和国三輪なる、大田た禰コの命にて御坐候事と仰こされ給ふ」とも記されており、青風大明神と大田田根子命（大直禰子命）は同神という位置づけになる。この記述から、八雲琴の聖地は大直禰子命を奉斎する奈良県の大神神社（大和国一之宮）の摂社「若宮社」とされてきた。

秘伝書の一冊『八雲琴心得』（琴主真筆）には、八雲琴御霊御守護大神（青風大神と大田大神の二柱）御鎮りの聖地として、「大和国龍野龍田大社」「伊勢国神風社」「あき国御手洗島大長乃北●」「出雲国頓原南琴引山乃岩屋●●●琴乃神社」「伊予国宇摩郡天満里ノ西、青風山」の五地点が記されている（若宮社は含まれていない）。関連事項として、琴主が酒井利亮（三河国）に宛てた文久二年（一八六二）五月一日付の書簡と令和五年九月二十三日に行われた琴引山（琴弾山神社）での八雲琴奉奏についての新聞記事の記述を付記する。[8]「琴引山ニ登り岩ヲ傳ひかづらニ取付大國主大神之天詔琴を引給ふ琴之岩座ニ入奉納」琴主は万延元年（一八六〇）十月四日、出雲国の聖地「琴引山」に登り、八雲琴を奉納している。年を経て「出雲国風土記にオオクニヌシの琴があると記され、山の名前の由来となっている飯南町佐見の琴引山（一〇一四m）の、山頂近くにある琴弾山神社で令和五年九月二十三日、同社の例祭に合わせて八雲琴の奉納演奏が行われた。八雲琴の奉納演奏は八雲琴創始者が演奏して以来一六三年ぶり。（中略）奉納演奏したのは、八雲琴伝承の会（三重県）会長で神職の浦野亜子さん」「廃絶の危機にある八雲琴の継承に取り組む（中略）八雲琴伝承の会が琴引山の調査を進めており、協力している琴弾山神社、飯南町観光協会と共同で企画」した。

あき国の聖地は謎に包まれた地点であったが、令和三年十二月十一日に現地調査を実施し、広島県呉市の大崎下島に御鎮座の「宇津神社」「東風崎神社（古くは龍王権現社）」と特定することができた。

この調査は、藤本武則氏（広島護國神社宮司）と大田清博氏（八雲琴伝承の会顧問）がご学友であるという縁で実現した。現地では、藤本氏、横田欣子氏（吉浦八幡神社禰宜）、越智正浩氏（宇津神社宮司）のお力添えにより調査が行われた。

調査では、宇津神社の宝物殿に、琴主が奉納した八雲琴（裏面に琴主真筆の墨書あり）と『八雲琴譜』を納めた木箱（琴主真筆の箱書き墨書あり／中に納められていたと考えられる八雲琴譜の所在は不明）、八雲琴を弾くための龍爪と転管が所蔵されていることが確認できた。また、宇津神社には「宇津神社を信仰すること篤く、六回にわたって大崎下島に渡島して宇津神社に参籠、御神前で八雲琴の妙技を披露、奉奏した」「八雲琴は亡くなる直前まで使用した遺愛の品」との伝があることも明らかになった。

八雲琴と木箱の墨書を翻刻したところ（翻刻・林和利氏）、八雲琴の真髄を伝える歌が詠まれていることが分かった。

〈八雲琴裏面の墨書〉

此琴は　神琴なれば　身と心　いざつくして　引べかりけり
此琴は　人に聞かせず　大神に　手向て御世を　安く祈らん
神琴を　明くれたへに　掻なせば　我も小家も　孫子も栄ん

御杖代兼国造千家出雲尊孫宿祢

八十翁　元祖　中山八雲琴主　吉士寿永（花押）

〈箱書き墨書〉

奉納　神宝六律五音明正教導　神伝八雲琴譜　一部
明治十二年卯五月十五吉日

元祖　中山八雲琴主　八十翁　穂積信吉士寿永（花押）

八雲琴の聖地である宇津神社と東風崎神社が、今まで世に知られることがなかった要因として、次の二点があげられる。

①聖地「あき国御手洗島大長乃北●」は『八雲琴心得』に記され、一般には知られていないこと

②宇津神社を篤く信仰した八雲琴奏者は琴主であるが、過去の研究者が葛原勾当（広島県福山市出身）と誤認したこと

昭和六十二年発行の『神人和楽（宇津神社御創祀二一〇〇年式年大祭奉賛記念出版）』には、宝物殿所蔵の八雲琴について「八雲琴の創始者　葛原勾当遺愛の品」と紹介されており、昭和期には既に誤認されていたことが分かる。[9] 勾当も二絃琴を創案しており、そのことが誤認につながったと考えられる。勾当は天保十一年（一八四〇）に二絃琴を創案（竹琴と命名）、嘉永六年（一八五三）に京都で琴主に出会い、話し合いによって琴主を創案者とし勾当は琴主門下となった、という経緯がある。

宝物殿の八雲琴と木箱の墨書が琴主の真筆であること（宇津神社の伝のとおり琴主の没年の前年に奉納）、琴主が著した『八雲琴心得』に「あき国御手洗島大長乃北●」と記されていること、勾当の日記（一六歳〜七一歳の病没までの五六年間の日記）には六回にわたる大崎下島そして宇津神社への訪問が記されていないこと、[10] から宇津神社を篤く信仰した八雲琴奏者は、勾当ではなく琴主であると考えられる。

『八雲琴譜』（明治板）には、今様の歌い替えとして備後国の安藤永琴・礼津琴・真琴が詠んだ「御手洗の社」が収録されている。

○いともくすしき　御社の　いはれをとへば　つくしなる
日向の国の　あはき原　其中つ瀬に　みそきせし
神の御身より　あれませる　はらひとの神　しつまりぬ

○青人草の　罪とがを　朝な夕なに　御はらひの
空に尊く　聞ゆなる　神の恵の　うつの山
今のうつつに　吹風の　松のときはに　通ふ也
○いともかしこき　はらひとの　神に祈りの　みそきして
八方の御民の　まが事を　かがのみ伊吹　さすらひて
君が御代御代　安らけく　守り玉へと　ねきまつる

宇津神社畧誌では、伊弉諾大神禊祓の地を大長の中津瀬としていることから、この今様に詠まれた由緒・祭神・神徳が琴主の信仰と重なると考えられる。

調査の過程で広島護國神社を訪問した際、藤本氏のご実家に保管されていた古い八雲琴を見せていただくことができた。藤本氏の曽祖母君は『八雲琴譜』の「八雲琴二百吟」（明治板）に歌「昔おもふ　琴引山の　琴乃跡のたえたるをつぐ　八雲玉琴」（翻刻・林和利氏）が収録されている安芸国の八雲琴奏者の越智楽琴（当時の宇津神社宮司の三女、越智楽／結婚後は竹内楽）であり、琴は楽琴愛用の品であった。『八雲琴譜』に登場し、八雲琴の聖地を出自とする人物が、令和の神職のご先祖であることに感銘を受けた。大変光栄なことに、琴の修理を八雲琴伝承の会で承る運びとなった。八雲琴の草創期に安芸国の神々に手向けられた八雲琴は、再び清らかな音を響かせることとなった。

国学者「村上忠順」との交流と「天誅組」

「秘伝書」類に関連する調査・研究から、もう一つ紹介する。中山琴主と三河国の国学者である村上忠順との交流から浮かび上がる諸々である。それらは「秘伝書」類の中に、忠順の親族四名が詠んだ八雲琴歌が発見されたことで明らかになった。

忠順は、江戸後期・明治期の国学者、歌人、医家である。嘉永二年（一八四九）に本居内遠（本居宣長の養子である本居大平の娘婿）の門に入った。嘉永六年（一八五三）に刈谷藩主土井候の侍医となった。勤王家であり、天誅組を支援した。天誅組の総裁を務めた松本奎堂とも親交があった。

八雲琴歌（翻刻・林和利氏）と歌を詠んだ八雲琴奏者を紹介する。
○三河国刈谷　村上忠明
をとめ子か　ひくや八雲の　玉琴ハ　神もめてつゝ　きこしめすらん
忠明は忠順の子で幕末の勤王の志士。天誅組に参加した。
○三河国　深見篤度（篤慶）
かきならす　八雲のをこと　ひねもすに　こゝろすまして　聞そ嬉しき
篤慶は嘉永四年（一八五一）、忠順の子の年之（愛子）と結婚した。嘉永六年（一八五三）に忠順の門に入る。勤王の豪商で、天誅組を支援した。
○三河国　とミ女
八雲たつ　いつも八重垣　いつもいつも　かきならしてん　二緒のこと
深見とみ子は篤慶の長女。
○三河国　小鈴女
ひとつ緒も　ミつ緒もいやし　ふたつ緒の　玉の小琴に　こゝろひかれつ
村上小鈴は忠順の子。年之（愛子）の妹。結婚後は鈴木小鈴。
琴主と忠順の交流の跡は、忠順側の史料にも見ることができる。忠順編纂の『類題和歌玉藻集初編』に、琴主の四首が収録されている。(11) それらのうち、八雲琴についての三首を紹介する（翻刻・林和利氏）。

○須佐男大神の天沼琴をうつし二絃の琴をつくりて八雲琴と名つけて

琴主

八雲山　神風かよふ　ふたつ緒の　琴とハ神代の　つたへなりけり

二つ緒の　八くもの琴に　ちはやふる　神代のしらへ　伝ハりにけり

松風の　かよふ八雲の　ことの手に　天つ處女や　袖かさすらむ

また『類題和歌玉藻集初編』には、黒田琴翁（飛鳥寺の流派の二代家元）の一首も収録されている。後に三流派に分かれる分岐点となった奏者が、同時期に三河国の国学者と交流していたことも新しい発見であった。琴主に遡って今に示す復興・伝承活動の意義を補完する収録である。

幕末から明治の初めにかけての交流の証が村上家にのこされている。琴主が晩年の明治九年に忠順に贈った八雲琴（裏面に琴主真筆の和歌墨書がある未使用と思われる琴）である。（村上斎氏所蔵）。

琴主は五〇歳頃から「中山加賀之輔弾正大夫吉士通郷」と名乗るようになったとされる。権大納言中山忠能の次女中山慶子（明治天皇の御生母）が琴主の門人であった等の縁で中山姓を許され、宮中にのぼることができる加賀之輔弾正大夫への任官は忠能の推挙によるという説がある。今回の発見は図らずもその説を補完することとなった。文久三年に勤王の志士によって結成され王政復古を掲げて挙兵した「天誅組」関連の人脈と忠順周辺の八雲琴関連の人脈に重なりが見えるのである。なお『類題和歌玉藻集初編』は挙兵と同年に出版されている。

○中山忠能……明治天皇の外祖父。次女の慶子が琴主の門人。

○中山忠光……忠能の七男。天誅組の主将。元治元年（一八六四）に暗殺された。

○中山南加……忠光の長女。明治三年に忠能のもとに帰り、祖父母に娘として育てられる。明治十七年に画家の波多野華涯に八雲琴を贈った記録[12]があり、八雲琴奏者であった可能性が高い。

○村上忠順……天誅組を支援。

○村上忠明……忠順の次男。八雲琴奏者。天誅組に参加。慶応元年（一八六五）没。
○深見篤慶……忠順の女婿。八雲琴奏者。天誅組を支援。
○酒井利亮……医家（眼科医）。忠順は安政元年（一八五四）から安政四年の間、利亮に寄留し医学修行した（以後は通学）。篤慶とも交流。八雲琴奏者。天誅組を支援。

国学者・歌人・医家のネットワークと八雲琴

『八雲琴譜』と『類題和歌玉藻集初編』には、日本各地の国学者・歌人・医家、三河国の八雲琴奏者等の名前が見える。二つの書に共通する主要な人物を紹介する。なお、『八雲琴譜』は安政板と明治板で人名・歌等に若干の差異がある。

○千家尊孫……七八代出雲国造。国学者。歌人。技巧より思いを尊重する自由な歌詠みの出雲歌壇を天下に知らしめた。『八雲琴譜』には序の「琴の大神に　奉る　大神の御手風や　猶かよふらむ　しらへあや　しき琴引の山」等。
○千家尊澄……七九代出雲国造。国学者。歌人。嘉永三年（一八五〇）に本居内遠の門に入る（村上忠順と同門）。『八雲琴譜』と『類題和歌玉藻集初編』の両書に序文を寄せる。文政十三年（一八三〇）、歌の祖神を須佐之男命と大国主大神とする『歌神考』を執筆した[13]。
○中臣正蔭……天日隅宮（出雲大社）の神職。国学者。歌人。『八雲琴譜』尊澄序文の書を担当。八雲琴の曲「朝雨曲」は正蔭の作（安政板・明治板）。
○御巫清直……豊受大神宮（外宮）の神職。国学者。歌人。『神道五部書』など伊勢神宮関係の文献や斎宮の考証を行った。『先代旧事本紀』研究の基礎を築いた。八雲琴の曲「神の都」「稲田の宮」は清直の作（安政板・明治板）。
○酒井利亮（松琴）……三河国。医家。西尾藩の御目見医師等。歌人（号・松舎）。八雲琴奏者。八雲琴の曲「竹の都」は松琴の作（安政板）。『八雲琴譜』の「八雲琴二百吟」にも歌が収録されている（安政板・明治板）。
○深見篤慶（藤琴）……三河国。国学者。歌人。勤王の豪商。酒人神社の神職。八雲琴奏者。『八雲琴譜』の「八雲琴二百吟」に歌が収録されている（明治板）。
○羽田野敬雄……三河国。国学者。歌人。忠順と敬雄は三河国の国学の双璧とされ「東の羽田野、西の村上」と並び称された。羽田八幡宮、湊神明社の神職。近代的図書館活動の先駆、羽田八幡宮文庫を設立した。『八雲琴譜』の「八雲琴二百吟」に歌が収録されている（明治板）。

「八雲琴は出雲御師の布教ルートにのって広まった」という説がある。筆者は今回の発見と先行研究から「八雲琴の伝承は、中山家と出雲大社（出雲歌壇）の後ろ盾により、国学者・歌人・医家のネットワークをとおして進展した」という説を加えたい。中山家との関係性は前述のとおりである。八雲琴と密接につながる出雲歌壇が日本各地に結成された歌壇に影響力を持っていたこと、医家でもあった琴主は錦小路家（医道を家業とする公家）と関係が深かったことが、伝承の後押しになったと考えられる。

岡本雅享の先行研究から引用する。[14]「出雲大神の御杖代たる国造が詠む歌は、神の言霊を宿す。その宗教的権威を伴う出雲歌壇の盛行がまた、大神の神威を高めたのである」

中澤伸弘の先行研究から引用する。[15]「八雲立つ出雲の国は、『古事記』によると日本最古の和歌発祥の地と言われる。（中略）その和歌に日本の心を見たのが国学と言ふ学問であり、徳川時代は多くの国民が和歌に親しんだ時代であつた（中略）国学の研究対象は広く我が国の古代の研究の全てに亘る（中略）和歌国文文法、国史律令、思想、神祇、有識故実など様々である。その中で国学はまづ和歌と言ふところから始まつた」「徳川時代後期の歌学の特色は、各地方に歌壇が結成され、中心的人物によつて歌道の奨励や添削等の指導が行なはれ、（中略）その地方歌人達の歌を題ごとにまとめた類題の和歌集が夥しく刊行され、（中略）盛んであつた（中略）出雲歌壇は出雲大社を中心とする、出雲といふ特異な地域性が生みだしたものであり（中略）山陰の一地方に、侮り難い歌壇が徳川時代後期の早い時期に成立してゐた」「出雲歌壇について述べれば、必然的に『八雲琴譜』に言及せざるを得なくなる。この歌壇に関はる人々が大社と縁りある人々である以上、また八雲琴とも関係してくるのである。（中略）『八雲琴譜』は（中略）当時の大社歌人を初め全国歌人の歌をも載せてゐて貴重である。（中略）歌や琴歌を寄せた出雲歌人は二十七人、二百吟には五十人近い名が見える。また多くの国学者の歌が見出せる」

田﨑哲郎の先行研究から引用する。[16]「八雲琴の創始者の中山弾正大夫琴主（中略）は錦小路家と関係が深く、同家の門人組織を通じて八雲琴の普及を試みている」

三河国の八雲琴奏者「酒井利亮」「深見篤慶」

本稿の終わりに、『八雲琴譜』の「八雲琴二百吟」に名前が見える三河国の人物（特定分）を列挙し、郷土史料・現地調査から関連事項を付記する。[17]

○酒井利亮とその親族（安政板・明治板）

酒井松琴（酒井利亮／号・松舎）

酒井貞琴（利亮の妻、貞）

酒井幸琴（利亮の女、幸子）

酒井家には、中山琴主が利亮宛に出した複数の書簡がのこされている。内容は主に八雲琴と錦小路家の医学館に関することである。また、酒井家には、利亮と幸子宛ての「八雲大岸流入門状之事」がのこされている。「安政七年三月二十八日」付、「大岸揚玄斉　八雲正常」作成である。琴主実弟の大岸元琴に入門したことが分かる。

○深見篤慶とその親族（明治板）
深見藤琴（篤慶／通称・藤十）※
深見年琴（篤慶の妻、年之）
深見冨琴（篤慶の長女、とみ子）※
深見徳琴（篤慶の次女、徳子）
深見恭琴（篤慶の次男、恭次郎）
深見由多琴（篤慶の四女、ゆた）
鈴木鈴琴（年之の妹、鈴木小鈴）※
※印の三名は「秘伝書」類の中に見つかった八雲琴歌の詠者である。

篤慶は、文久元年、琴主実弟の元琴（帯刀）に入門している。岡崎市新堀町の頌徳碑文には「文久ノ初年ヨリ伊豫ノ人大岸帯刀ニ武ヲ學ビ鎖鎌ノ薀奥ヲ極ム」とある。妻の愛子（年之）は、明治三十六年に「家は農業と商業でありましても当世には武芸も心得ねばならぬと申して伊豫の人八雲琴の元祖で大岸帯刀に武術を習ひ又鎖鎌の奥義を究めました、八雲琴も稽古致しました」と語っている。また、村上家には、元琴が利亮・篤慶・忠順ら六名に宛てた書簡一通がのこされている。元琴が体調を崩して訪問できないことを詫びる書簡である（村上斎氏所蔵）。

篤慶の親族は、その後の三河国の八雲琴伝承に影響を与えたと考えられる。小鈴の子、かつ子は神山栄（戦前の知立神社宮司）と結婚した。令和二年十一月二十四日、神山嚴夫氏（知立神社宮司）から「神山栄は戦前の碧海郡の神職会で総裁に就き、大正天皇御即位の大嘗祭の悠紀斎田で斎行された祭典では中心的な役割を務めた。栄は八雲琴を神社の祭典楽として高く評価していた」と伺った。嚴夫氏によれば、栄より前の八雲琴の伝承については不明とのことであった。栄の評価の背景には、妻の母の存在等があったと推測できる。
○羽田野敬雄（明治板）
敬雄については入門状等を確認できていないため、八雲琴と関係の深い人物としておく。敬雄が文久元年四月に利亮に宛てた書簡には、羽田野八幡宮文庫への千家尊孫からの八雲琴奉納の旨と尊孫による今様の歌い替えが記されている。歌い替えの一端が分かる貴重な史料である。
○三河国羽田八幡宮に八雲琴奉るとて
天日隅宮御杖代兼國造尊孫
こゝろもかたちも　くしひなる　八雲小琴は　あつさ弓
八幡の神も　御こゝろを　さぞひかさむと　たてまつる
我は出雲の　大神の　御杖代かぬる　国造
以上のことから、三河国の八雲琴奏者の中心的存在は、利亮と篤慶であったことが分かる。
琴主（中山八雲琴主吉士壽永和魂）を奉斎する「中山琴主社」が、三河国岡崎城下の神仏習合の真言宗寺院（明王山徳宝院／開創桃山期／不動明王祭祀）にある。伊予国の八雲琴の聖地「青風山」から勧請された社である（琴主の檀那寺は真言宗）。琴主に遡り今に示す八雲琴の復興・伝承活動の成就を参拝祈念した。

注

（1）浦野亜子『八雲琴創案二百年を迎へて 前篇』（神社新報、二〇二〇年）、同『八雲琴創案二百年を迎へて 後篇』（神社新報、二〇二〇年）、中山琴主『八雲琴譜』（明治板）、田辺秀雄・平野健次監修、平野健次・久保田敏子翻刻『翻刻復製 八雲琴譜』（アボック社、一九七九年）、山本震琴『中山琴主と八雲琴』（安居院飛鳥寺、一九六七年）、窪田英樹『八雲琴の調べ—神話とその心—』（東方出版、一九八六年）

（2）篠田鉱造『幕末明治女百話（上）』（岩波書店、一九九七年）
（3）島根半島四十二浦巡り再発見研究会『一畑薬師への旅』（二〇二四年）
（4）小沢優子「明治二〇年代、三〇年代の名古屋の音楽文化と洋楽受容—『新愛知』の音楽記事より—」（『愛知県立芸術大学紀要』第四六号、二〇一六年）
（5）一色輝「随想 八雲琴」（月刊『文化財』第三一号、一九六六年四月）
（6）中山琴主『雲の齢』（四国中央市教育委員会）
（7）浦野亜子「八雲琴の継承を切に願う」（『皇学館学園報』第九四号、二〇二三年二月）
（8）三好町酒井家調査団編『酒井家文書（二）地域知識人書簡Ⅰ』（一九九八年）、「八雲琴 聖地で一六三年ぶりの調べ」（中國新聞、二〇二三年九月二十八日）、「一六三年ぶり 八雲琴の響き」（島根日日新聞、二〇二三年十月二日）
（9）宇津神社御創祀二一〇〇年式年大祭奉賛記念出版『神人和楽』（一九八七年）
（10）小倉豊文校訂『葛原勾当日記』（緑地社、一九八〇年）
（11）村上忠順編『類題和歌玉藻集 初編』（刈谷市中央図書館・村上文庫、一八六三年）
（12）小田切マリ『波多野華涯の世界』（二〇〇五年）
（13）芦田耕一『江戸時代の出雲歌壇』（島根大学法文学部山陰研究センター、二〇一二年）
（14）岡本雅享『千家尊福と出雲信仰』（ちくま新書、二〇一九年）
（15）中澤伸弘『徳川時代後期出雲歌壇と國學』（錦正社、二〇〇七年）
（16）田﨑哲郎『酒井家文書（一）錦小路家関係文書 解説』（三好町酒井家調査団、一九九七年）
（17）田﨑哲郎『酒井家文書（二）地域知識人書簡Ⅰ 解説』（三好町酒井家調査団、一九九八年）、田﨑哲郎編『酒井家文書目録』（三好町酒井家調査団、一九九六年）、勤王家深見篤慶先生遺徳顕彰会編『深見篤慶先生』（一九三六年）、山田孝『深見篤慶研究ノート』（郷土研究誌かりや、二〇一一年）

名古屋市指定無形文化財　催馬楽「桜人」

安藤恵介・渡邊良永

指定の経緯と催馬楽桜人保存会

催馬楽《さいばら》は、歌物と呼ばれる雅楽の一種である。「桜人《さくらびと》」は、名古屋市内の地名（作良郷《さくら》／現在の名古屋市南区桜台・桜本町・元桜田・霞町あたり）が歌詞に登場する催馬楽の一曲である。「桜人」は、平安期に盛んに歌唱・演奏され、室町期に廃絶したが、昭和三十一年（一九五六）に名古屋で復興された。「桜人」は、名古屋の民謡が宮廷社会の中で大陸伝来の音楽の様式で編曲され、主に平安京で歌唱・演奏された。平安期から名古屋で伝承されてきた曲ではないことには、注意が必要である。

「桜人」は、名古屋市指定無形文化財となっており、保持団体は「催馬楽桜人保存会」である。保存会の運営母体は、復興時には中部日本雅楽連盟（真宗大谷派・東本願寺系の雅楽団体）であったが、その後、雅音会（天理教系の雅楽団体）に移行し、現在に至っている。

「桜人」は、羽塚堅子（名古屋市中区魚山寺開山／中部日本雅楽連盟）と平出久雄（雅楽研究家／長野県佐久市在住）が中心となり復興された。羽塚に提供された平出所蔵の源家流古譜『催馬楽略譜』を元に、羽塚が平出に助言を求めて復興作業が進められたと考えられる。使用された『催馬楽略譜』は、幕末から明治にかけての笛の大家である山井景順の写本である。オリジナルは鎌倉初期の源資時（綾小路資時）の写本である。

「桜人」は、名古屋市の無形文化財に二回指定されている。初回指定は昭和三十一年、再指定は昭和四十九年である。なお、名古屋市教育委員会文化財保護室の保管書類では再指定は昭和五十一年となっている（差異の経緯は不明）。両指定とも、文化財保護法の改正に連動する形で行われ、中部日本雅楽連盟が保存会の運営母体となっている。「桜人」が復興された年と初回指定の年が同年であるのは、復興と指定が、名古屋市の関係者主導で行われたことによる（当時、名古屋市文化財調査保護委員会委員をつとめていた国文学者の尾崎久彌が、指定期日に間に合うよう、復興を支援した）。

保存会の運営母体が雅音会に移行した時期は、当時の資料から、昭和五十年から昭和五十四年頃と推測できる。運営移行の理由の一つとして、保存会で活動する中部日本雅楽連盟のメンバーが少なくなり、演奏が難しくなったことがあげられる(1)。

普及・伝承のための新たな取り組み

催馬楽桜人保存会では、名古屋市立大学の阪井芳貴教授（令和五年三月退任）が顧問として指導した学生サークル「名古屋市博物館サポーターMARO」と市民学びの会「アユチ雅楽会」との連携により、普及・伝承のための取り組みを行っている。具体的には、保存会の演奏に学生と市民が歌唱で参加するコラボレーションである。保存会は、名古屋にゆかりの歌詞を持つ催馬楽の一曲「桜人」が、名古屋市民の貴重な財産であると考えており、稽古で演奏技術を保持しながら、公開等による文化的活用に努めている。保存会と阪井教授の合意のもと、平成二十八年（二〇一六）より、名古屋市博物館サポーターMAROとアユチ雅楽会が「桜人」の歌唱に参加して、文化的活用の新たな取り組みに協力している。最初のコラボレーションは、平成二十八年に阪井教授が講師をつとめられた「やっとかめ文化祭」まちなか寺子屋の講座「初めての雅楽」である（会場：名古屋市博物館）。

学生と市民の歌唱参加にあたっては、保存会が中心となって行う稽古や演奏の機会が、学生と市民が意志をもって名古屋市指定無形文化財の普及・伝承に周辺的に関わるための結節点となっている。(2)

また、保存会では、時代考証等の研究を進め、『古今著聞集』の巻第六の故事に基づき、「桜人」の演奏にあわせて「地久の破」の舞を舞う舞台を平成三十年より公開している。

古今著聞集　巻第六　管絃歌舞

大宮右府俊家の唱歌に多政方舞を仕る事

いづれの比の事にか、大宮の右大臣（龍吟抄には堀河右府頼宗なりと云々）、殿上人の時、南殿の桜さかりなるころ、うへぶしより、いまだ装束もあらためずして、御階のもとにて、ひとり花をながめられけり。かすみわたれる大内山の春の曙の、よに知らず心すみければ、高欄によりかかりて扇を拍子に打ちて、桜人の曲を数反うたはれけるに、多政方が陣直つとめて候ひけるが、歌の声を聞きて、花のもとに進みいでて、地久の破をつかうまつりたりけり。花田の狩衣袴をぞ着たりける。舞ひはてて入りける時、桜人をあらためて蓑山をうたはれければ、政方また立ち帰りて同じ急を舞ひける。終りに花の下枝を折りてのち、をどりてふるまひたりけり。いみじくやさしかりける事なり。この事いづれの日記に見えたるとは知らねども、古人申し伝えて侍り。

（新潮日本古典集成『古今著聞集　上』(3)）

舞の装束は、狩衣または襲装束（「地久の破」の舞楽装束）のいずれかを採用している。「地久の破」を舞う時は、楽器の編成も一部変更される。舞のない時の編成は歌（句頭一名・付歌数名）・笏拍子（句頭が使用する打楽器）・笙・篳篥・高麗笛・琵琶・箏であるが、舞のある時は、打楽器の三ノ鼓・楽太鼓・鉦鼓も使用される。

三団体によって行われた主なコラボレーションは、次のとおりである。

◎平成二十八年（二〇一六）十一月六日　やっとかめ文化祭　まちなか寺子屋　講座「初めての雅楽」（会場：名古屋市博物館）（写真1）

◎平成二十九年（二〇一七）十月二十一日　第六三回名古屋まつり　郷土芸能祭（会場：オアシス21）

◎平成三十年（二〇一八）十月二十日　第六四回名古屋まつり　郷土芸能祭（会場：オアシス21）

◎平成三十年（二〇一八）十一月四日　地域伝統芸能全国大会（会場：日本特殊陶業市民会館）

◎令和元年（二〇一九）十月十九日　第六五回名古屋まつり　郷土芸能祭（会場：オアシス21）

◎令和二年（二〇二〇）十二月二十三日　名古屋市立大学×名古屋市文化振興事業団　連携協定締結記念イベント～withコロナ時代の劇場と地域文化～（会場：瑞穂文化小劇場）（写真2）

◎令和四年（二〇二二）十月十五日　第六八回名古屋まつり　郷土芸能祭（会場：オアシス21）

◎令和五年（二〇二三）十月二十一日　第六九回名古屋まつり　郷土芸能祭（会場：オア

写真1　やっとかめ文化祭
（平成28年撮影）

写真2　with コロナ時代の劇場と地域文化
（令和2年 筆者撮影）

シス21）

催馬楽「桜人」の歌詞

「桜人」の歌詞は、一段が夫の言葉、二段が妻の言葉という、男女の唱和体（問答歌）になっている。「桜人」は、『古事記』に類句（言をこそ～と言わめ）があるという言い回しの格調高さと、風俗歌の囃詞（ソヨヤ）を持つという親しみやすさをあわせ持った催馬楽である。

〈一段の歌詞／夫の言葉〉
桜人《さくらびと》　その舟止《ふねち》め　島《しま》つ田《だ》を　十町《とまち》つくれる
見《み》て帰《かえ》り来《こ》むや　そよや　明日《あす》帰《かえ》り来《こ》む　そよや

〈二段の歌詞／妻の言葉〉
言《こと》をこそ　明日《あす》とも言《い》はめ　彼方《をちかた》に　妻去《つまさ》る夫《せな》は
明日《あす》も真来《さねこ》じや　そよや　さ明日《あす》も真来《さねこ》じや　そよや

名古屋で民謡として歌われていた頃は、「桜人」の桜は地名であり、「桜人」は「作良郷に居住する人（船頭）」という意味であった。

名古屋の民謡が宮廷社会に採り入れられ、平安期に平安京で宮廷歌謡（催馬楽）として歌唱・演奏されるようになってからは、「桜人」の桜は花木の桜であり、「桜人」は「桜を見る人、桜を愛でる人」、さらには「花人、美人、麗人」（女性への最大級の賛辞）という意味に変化していった。（4）

名古屋の民謡としての歌詞解釈

歌詞解釈の前に、名古屋の地名等の情景描写が含まれる一段の歌詞の前半部「桜人　その舟止め　島つ田を十町つくれる」を検証する。

作良郷のサクラの語源は、「崩壊地形」「浸食地形」「谷間」「台地の狭間」「低い崖地のある所」である。作良郷は、松巨島（現在の笠寺台地／海面からの高さが一〇m前後、南北が三・三km、東西が一・五kmの南に行くほど幅が狭くなるクサビ形の島状の台地／平安期・鎌倉期頃は浅い海に囲まれていたとされる）の中央部の東側にあたり、作良郷の周辺には、語源の特徴どおりの地形「開析谷（台地が外的な力によって浸食され地層が露出した谷）」があったことが、近年の発掘調査等で明らかになっている。作良郷は、四つの開析谷に囲まれた場所と完全に一致している。

「島つ田」は「島の田」の意味であるが、松巨島（現在の笠寺台地）の田と考えることが妥当である。笠寺台地では、奈良時代以前の稲作を証明する遺物が発見されている。伊勢湾沿岸の弥生遺跡からは、共通して、水田遺構は見つかっていないが、稲作を証明する道具類は見つかっている。笠寺台地では、稲作を証明する石包丁が見つかっている。

「島つ田」を名古屋市天白区島田とする説があるが、誤りであると考えられる。「桜人」復興の最大の功労者である羽塚堅子が著書『桜人考』で、この説を採用していることから、引用されることが多くなった。羽塚は、『新撰姓氏録』島田臣の項の「尾張国の島田上下の二県」を牽強付会した『小治田之真清水』（江戸末期から明治初期にかけて刊行された尾張の地誌『尾張名所図会』の付録）の記述「そのかみ此のあたりハ成海・作良の辺より引きつつきたる入江の潦地にて今の立田輪中の如く、其の内の高き地を撰び民居をしめて、四方の水田ヲ船に乗りて作りありきける故、島田と名づけしが、其地いと広くて上下の二県に別れし也」を参考にした可能性が高い。島田臣の「島田」は姓であるので「島つ田（島の田）」とはならない。また、天白区内では、奈良時代以前の稲作を証明する遺物が発見されていない。これらのことから、筆者は「島つ田」を天白区島田とする説をとらない。

歌詞では、夫が桜人（作良郷に居住する船頭）に「島つ田」まで乗せていって欲しいと依頼している。桜人（作良郷の人）と呼びかけていることから、夫は作良郷ではない場所に居住する人物と考えられる。当時は熱田神宮の南あたりの海岸と松巨島を結ぶ海路（あゆち潟の舟運）があったことや耕作規模等から、夫は「松巨島で十町の田を耕作・管理する熱田神宮近くに居住の比較的身分の高い男性」と想定できる。南北朝期の熱田社領目録には作良郷の記載があることから、「島つ田」は熱田神宮の社領であった可能性もある。南北朝期・室町期頃の書写と推定される『熱田講式』の熱田講和讃には「松巨ノ嶋ニ宮人ハ、日日ノ官幣忙シ」とある。また、当時の風習から、夫は、収穫前の番や物忌みのために田に泊まることもあったと考えられる。(5)

名古屋の民謡としての歌詞解釈は次のとおりである。

〈一段の歌詞解釈／夫の言葉〉

作良郷の船頭さん、その舟に乗せてくれ（を止めてくれ／を進めてくれ）

わたし（夫）は島の田（松巨島の田）を十町ほど作っている

その田を見まわって帰って来るよ　ソヨヤ

明日には帰って来るよ　ソヨヤ

〈二段の歌詞解釈／妻の言葉〉

あなたは言葉（口先）でこそ、明日と言うのでしょう

遠方に、わたし（妻）から去って向こうに行くあなた（夫）

明日も本当は来ないでしょう、ソヨヤ

明日（明後日）も本当は来ないでしょう、ソヨヤ

平安京の宮廷歌謡としての歌詞解釈

「桜人」の歌詞解釈は、名古屋の民謡として解釈した場合と、平安京の宮廷歌謡（催馬楽）として解釈した場合とで異なる。

平安京で歌唱・演奏される時には、名古屋の地名であることは意識されず、花木の桜が強く意識されていた。「桜人」は花のように麗しい女性の意であった。

一段の歌詞の「桜人」は、船頭への呼び掛けではなく、麗しい女性への呼び掛けである。麗しい女性が、妻を指しているのか、他の妻を指しているのかは曖昧である。

また、二段の「妻去る夫」の解釈も、「遠方に、わたし（妻）から去って向こうに行くあなた」「向こうの方にも、他の妻がいるあなた」のどちらともとれる曖昧な表現になっている。

これらの曖昧さが、二段の歌詞で「うまいことを言って、他の妻の所に行くんでしょ。田の見まわりなんて、口実だわ」というニュアンスを醸し出すことになり、「桜人」の魅力となっている。

平安京の宮廷歌謡（催馬楽）としての歌詞解釈は次のとおりである。

〈一段の歌詞解釈／夫の言葉〉

麗しい人よ（と女性を想って歌い、そして船頭に声を掛ける）
その舟に乗せてくれ（を止めてくれ／を進めてくれ）
わたし（夫）は島の田（海辺の田）を十町ほど作っている
その田を見まわって帰って来るよ　ソヨヤ

明日には帰って来るよ　ソヨヤ
〈二段の歌詞解釈／妻の言葉〉
あなたは言葉（口先）でこそ、明日と言うのでしょう
向こう方にも、他の妻がいるあなた（夫）
明日も本当は来ないでしょう、ソヨヤ
明日（明後日）も本当は来ないでしょう、ソヨヤ

「桜人」は、名古屋の民謡としての歌詞解釈、平安京の宮廷歌謡（催馬楽）としての歌詞解釈に関わらず、収穫に先立つ夫婦の問答歌という縁起の良さを持っている。「桜人」の歌唱・演奏には、五穀豊穣と子孫繁栄の予祝としての意味合いもあったと考えられる。

平安京で歌唱・演奏された季節と場面

「桜人」は、『催馬楽略譜』の記載「此哥春哥也花此可詠之」のとおり、主に春、桜の季節に歌唱・演奏された催馬楽である。「桜人」が平安京で歌唱・演奏された場面を資料・文学作品等から紹介する。(6)

【古今著聞集】藤原俊家は、平安京の内裏の桜が満開で気分が高揚し、扇を笏拍子のかわりに打って、「桜人」を数回歌った。その歌声を聞いた多政方が桜の下で「地久の破」を舞った。

【古事談】藤原頼長（藤原師長の父）が、内裏の近衛殿の控室に仕えている時、朝議の場で「桜人」を歌う人がいた。師長が歌声を聞いて「誰だろう。とても趣が深い」と言われた。頼長は「近寄って聞いてみたらいい」と言われた。その時、資信卿は「朝議の場で歌を歌うなど、もっての外。聞いてはいけない」と言われた。それで、師長は聞くために近寄ることはなかった。

【源氏物語／乙女・少女】唱歌に堪能な殿上人があまた控えている。「安名尊」を謡いあげて、次に「桜人」である。

【源氏物語／椎本】昔から伝来の、音色などもまたとなくすぐれた弾き物の数々を、わざとらしくはなく用意してあるので、一行の人々は次から次へとお弾きになり、壱越調の調子で「桜人」を演奏なさる。

【御遊抄】一一〇七年三月六日、天皇が両親に拝謁する朝覲行幸で「桜人」が演奏された。

催馬楽の成立・廃絶・復興と「桜人」

最後に、催馬楽「桜人」の理解の一助として、催馬楽の成立・廃絶・復興についてまとめる。(7)

雅楽は、日本列島古来の歌舞と、五世紀から九世紀にかけて徐々に伝来した大陸や朝鮮半島の楽舞を源流に、平安期に大成した。催馬楽は、歌物と呼ばれる雅楽の一種で、諸国に伝わる民謡が宮廷社会に採り入れられ、大陸伝来の音楽の様式にならって編曲された宮廷歌謡である。

催馬楽は、平安前期に成立し、平安中期に隆盛した。催馬楽の語源の説としては、「諸国から朝廷へ貢物を運ぶ時にうたわれた歌で、馬をかり催す意から」(『梁塵愚案抄』)などがある。催馬楽の文献上の初見は、『日本三代実録』の貞観元年(八五九)十月二十三日の記述で、この年に薨去した広井女王が催馬楽を得意とし多くの弟子がいた、とするものである。

催馬楽の旋律、リズムは器楽的であり、歌詞の各音節を長く引きのばし、ユリ・ツキなどの装飾的音型が多く用いられる。どの曲も、必ず句頭(歌の主席、笏拍子を持ち、これを打ちながら全体をリードする人)の独唱で始まり、この部分は無伴奏、自由リズムである。これが終わると、斉唱・合奏となるが、斉唱が始まる個所を「付所」といい、以下は拍節が明確になる。

催馬楽は、宴席・年中行事・人生行事の折節または日常でも歌われ、安定的な位置を得た。催馬楽には、天地を動かし、荒れる神を和ませ、国を治めて民を恵む歌、という側面もあったとされる。

『楽家録』には、催馬楽六一曲（律二五曲、呂三六曲）が記載されている。名古屋にゆかりの歌詞を持つ催馬楽は「桜人」のみである。

催馬楽は、雅楽と同様、応仁の乱により衰退し、室町期に廃絶した。

桃山時代に雅楽の復興が始まり、世の中が安定した江戸時代には、廃絶した催馬楽の六曲（律二曲、呂四曲）が復興した。昭和期に入り、昭和五年に宮内庁楽部が四曲（律二曲、呂二曲）を復興した。その後、昭和三十一年に名古屋の中部日本雅楽連盟が呂に属する「桜人」を復興した。

「桜人」の復興は、民間の雅楽団体が成し遂げたという点で画期的であった。

注

（1）　名古屋市教育委員会社会教育課『名古屋市の無形文化財』（一九七一年）、羽塚堅子『桜人考』（魚山寺、一九七五年）、平井久雄「山井景昭氏雅楽蔵書目録」（『東洋音楽研究』第九～一三号、一九五一年三月～五四年九月）、蒲生美津子「林謙三先生と平出久雄先生のこと」（『東洋音楽研究』第四八号、一九八三年九月）、林謙三「催馬楽における拍子と歌詞のリズムについて」（『奈良学芸大学紀要』第八巻一号、一九五九年）、尾崎久彌『名古屋芸能史』（名古屋市教育委員会、一九七一年）、伊藤嘉宏『星の笏拍子』（私家版、一九九五年）

（2）　俵木悟『文化財／文化遺産としての民俗芸能—無形文化遺産時代の研究—』（勉誠出版、二〇一八年）

（3）　新潮日本古典集成『古今著聞集　上』（新潮社、一九八三年）

（4）　藤原茂樹編『催馬楽研究』（笠間書院、二〇一一年）、日本古典鑑賞講座『日本の歌謡』（角川書店、一九五九年）、新編日本古典文学全集『神楽歌・催馬楽・梁塵秘抄・閑吟集』（小学館、二〇〇〇年）、木村紀子訳注『催馬楽』東洋文庫七五〇（平凡社、二〇〇六年）、佐佐木信綱監修・賀茂百樹増訂『増訂　賀茂真淵全集　巻十』（吉川弘文館、一九三〇年）、武田祐吉編『神楽歌・

催馬楽』（岩波文庫、一九三五年）、大竹貞治『国文学参考 神楽催馬楽通釈』（大同館書店、一九三五年）、現代用語の基礎知識編集部『日本のたしなみ帖 桜』（自由国民社、二〇一五年）

（5）『角川日本地名大辞典 23 愛知県』（角川書店、一九八九年）、日本歴史地名大系 23 愛知県の地名』（平凡社、一九八一年）、『日本地名大辞典 第四巻』（日本図書センター、一九九六年）、吉田東伍『増補 大日本地名辞書 第五巻 北国・東国』（冨山房、一九〇二年）、吉田茂樹『日本地名語源事典』（新人物往来社、一九八一年）、佐伯有清『新撰姓氏録の研究 考證編 第二』（吉川弘文館、一九八二年）、中根洋治『愛知の地名―海進・災害地名から金属地名まで―』（風媒社、二〇一二年）、久野園吉『松巨嶋』（一九七二年）、二村又介『埋もれたる ちがまの郷』（私家版、一九九一年）、片山鍾一『七千年の生活の歴史が残る 松巨島』（私家版、二〇〇二年）、新修名古屋市史編集委員会編『新修名古屋市史 第八巻 自然編』（名古屋市、一九九七年）、名古屋市南区役所編『南区誌 区制七十年の歩み』（名古屋市南区役所、一九七九年）、『名古屋市見晴台考古資料館研究紀要』第五号（二〇〇三年）、名古屋市見晴台考古資料館『特別展 なごやの遺跡～笠寺台地』（二〇〇二年）、名古屋市見晴台考古資料館『見晴台遺跡ガイドブック（第二版）』（二〇一五年）、楢崎彰一編『東海考古の旅―東西文化の接点―』（毎日新聞社、一九八九年）、上村喜久子『尾張の荘園・国衙領と熱田社』（岩田書院、二〇一二年）、池田長三郎編『熱田風土記 上巻』（久知会、一九八〇年）、神道大系編纂会編『神道大系 神社編一九 熱田』（神道大系編纂会、一九九〇年）、宇野隆夫『荘園の考古学』（青木書店、二〇〇一年）

（6）新日本古典文学大系『古事談・続古事談』（岩波書店、二〇〇五年）、山田孝雄『源氏物語の音楽』（宝文館出版、一九三四年）、新編日本古典文学全集『源氏物語』（小学館、一九九六・九七年）

（7）芝祐靖監修『図説 雅楽入門事典』（柏書房、二〇〇六年）、押田良久『雅楽鑑賞』（文憲堂七星社、一九六九年）、小野亮哉監修『雅楽事典』（音楽之友社、一九八八年）、遠藤徹構成『別冊太陽 雅楽』（平凡社、二〇〇四年）、星旭『日本音楽の歴史と鑑賞』（音楽之友社、一九七一年）、吉川英史『日本音楽の歴史』（創元社、一九六五年）、塚原康子『明治国家と雅楽―伝統の近代化／国楽の創成―』（有志舎、二〇〇九年）

サバの姿ずし——名古屋市守山区志段味地区の郷土料理

野田雅子

はじめに

名古屋市守山区志段味地区には「サバずし」と呼ばれている郷土料理がある。これはサバを尾頭付きのまま調理するサバの姿ずしのことであり、[1]作った後は輪切りにして食べる豪快な家庭料理である。このすしは、村社諏訪神社（諏訪社）での秋祭り[2]の時に作られてきたものである。この地区一帯は農業が盛んであるため、秋の収穫に感謝するお祭りは大切なものである。志段味地区は四世紀前半から七世紀にかけて造営された古墳群もあるほど古い歴史をもつ地域であるが、昨今では生活様式や魚の仕入れ方などが変化したり、新しく流入してきた人の増加などもあったりして、この料理を作る家庭はなくなってきている。加えて核家族化も伝統の断絶という意味では拍車をかけていると思われる。そこで、この「サバの姿ずし」（写真１）の誕生の背景やレシピ等を後世に残すために記録しておきたい。

写真１

聞き取り調査

地元での聞き取り調査は、二〇一四年九月に行った。

話者について

鈴木紀子（旧姓 野田） 大正十四年（一九二五）～令和四年（二〇二二）

代々志段味村の村長、庄屋や政治家などをしていた野田家に生まれる。金城女子専門学校付属高等女学部（現金城学院中学校高校）、日本女子体育専門学校（現日本女子体育大学）卒業。父實は守山市議会議員（現名古屋市守山区）(3)であり、志段味農協の組合長でもあった。卒業後は名古屋に帰り、結婚するまでの二年間は高校の体育教師として奉職。夫は医師で志段味診療所の所長だった。勉学で上京した以外の人生は志段味で過ごしているため、志段味地区の生き字引のような存在であった。筆者の義理の伯母でもある。

話者の語るサバずしについて（ここでいうサバずしとは全てサバの姿ずしのこと）

かつては、村のお祭りと小学校の運動会が合同で開催されており、その時にはこのサバずしを作って持っていき、運動会の会場で家族で食べた。運動会は景観の良い庄内川の川べりで行われ、年に一度の楽しい行事だった。サバずしをたくさん作った家は隣近所にも分けたり、知り合い同士で交換して食べ比べたりしていた。サバずしのサバは秋祭りの頃になると、一塩にして樽に詰められたサバを行商人が各家庭や地域に売りに来ていた。農協ができてからは、祭りの時期になると一塩にしたサバをそこで売っていた。私は経験がないが、まれにサバにあたって食中毒になる人がいるので、気を付けて調理していた。サバずしは、この秋祭りの時だけ作り、お正月やお彼岸等の他の行事には作らない特別な食べ物だった。ただ当家では秋祭りの時期以外でも良いサバが手に入ると行事に関係なく作ったり、知人からいただいたりしていた思い出深い料理である。この作り方は家庭により伝授されていったり、戦後は生活改善運動の中で行われていた女性たちへの料理講習会があったりして広まっていった。ただ最近はどの家庭も作らなくなったり、一塩にしたサバも売っていないようになった。我が家も家族が減ったり、材料が手に入らなくなったりしてしばらく作っていない。

サバの姿ずしの作り方

①背開きで一塩になったサバを手に入れる。腹にすし飯を詰めるので、一般的な腹開きにはなっていない魚であること。
②サバの塩を酢で洗い水気を切っておく。そのままでは塩辛すぎるため。
③全体をそのまま甘酢に漬け一晩おく。味加減は家庭による。
④翌朝、甘酢からサバを取り出し、表面の薄皮をきれいにはぐ。
⑤すし飯を小さな丸型に数個作り、腹に横に並べて詰める（写真2）。
⑥魚の形をもとに戻し、食品用ラップフィルムできっちりと包んだ後、さらし布などでしっかりとぐるぐる巻きにする（写真3）。そして一晩以上寝か

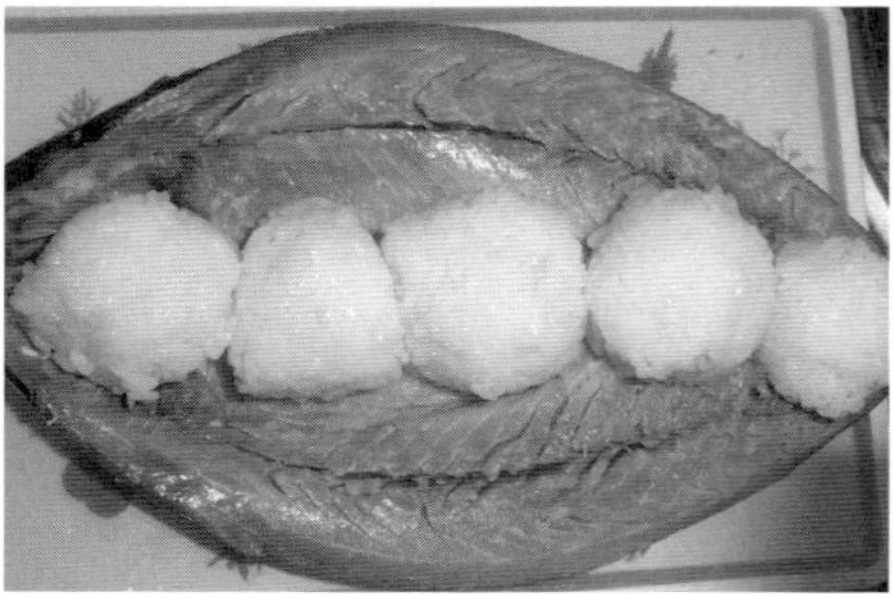

写真2

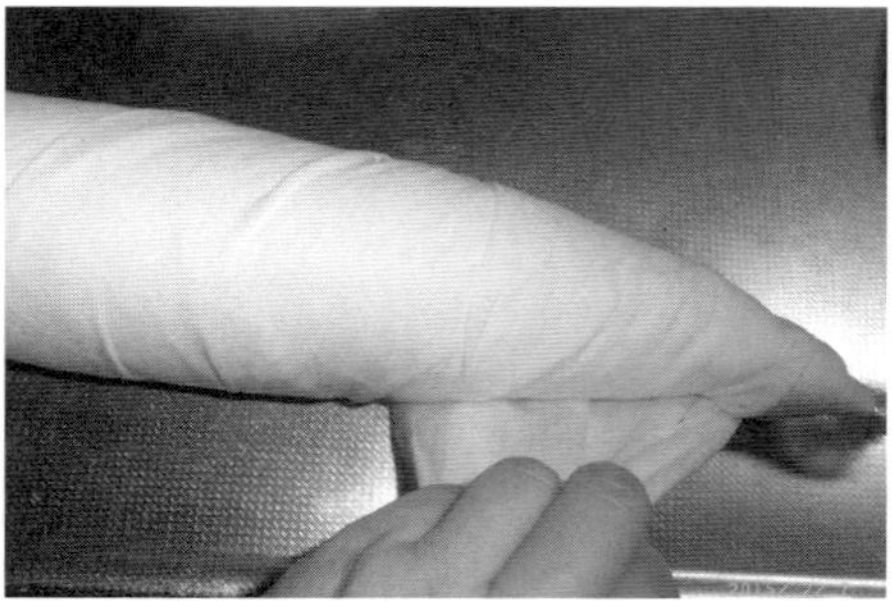

写真3

せる。かつてはラップは使わず、竹の皮で包んで縄で縛り、庭の柿の木などの幹に三尺帯などで縛り付けておいた。

⑦適当な食べ頃になったら包みから外して、輪切りにして食べる。

※制作過程の映像は、二〇一五年二月に名古屋市博物館により筆者宅で収録され、特別展「名古屋めしのもと」（二〇一五年十二月十二日〜二〇一六年二月十四日）において映像コーナーで公開された。この展示会の担当学芸員は長谷川洋一氏であった。

考察

名古屋市守山区志段味地区は海に面しているわけでもなく、魚を食べるということになると主には庄内川(4)などに生息する川魚であった。かつてはウナギも獲れたと聞く。海魚のサバは当然ながらこの地域には生息していないのでどこからか入手する必要がある。入手する方法として考えられるのは二つある。まず一つは名古屋市南部にある漁師町の下之一色から来る行商人がこの地域にやってきたことが考えられる。下之一色では昭和二十年代には一二〇〇人以上の漁師と四〇〇隻を超すほどの漁船を有する大規模な漁師町を形成していた(5)。戦後の復興の下で活発に様々な売り買いがあったのであろう。増えていった行商人たちは細分化もされ、料亭などを顧客にするリョウリヤイキと、個人宅をまわるアキナイの二業態が生まれ、最盛期には男女合わせて四〇〇人以上がいたといわれる。戦後は国鉄中央線(6)を使って岐阜の下呂温泉にまで行商に出かけていたので(7)、中央線沿線にある志段味地区にもそのアキナイが来ていたと推察できる。もうひとつは、福井から京都につながる鯖街道や鉄道(8)で行き来していた日本海のサバが何らかの形で入手できたのではないかということである。特に戦後は公共交通機関や幹線道路の敷設や整備がされ、行商人による魚の流通が拡大していったので、秋祭りの大切な行事に尾頭付きの縁起の良い「サバの姿ずし」が流行したのではないかと考える。本論では志段味地区の郷土料理という視点だが、志段味地区の周りの地域である春日井市や瀬戸市においてもこのサバの姿ずしが作られていたので、当時の行商人の販売力を感じ取れる。

ところで、魚とすしの関係を見てみる。実はすしの起源は日本ではない。今ではすしが世界中に広まり、日本が発祥のように思われている風潮もあるが、篠田統や石毛直道による研究によれば、東南アジアの国にルーツを持つことがわかっている。(9) 東南アジアの気候と魚の関係を示した石毛・ラドル(10)によれば、東南アジアの地域は雨季と乾季があり、雨季には池沼状態になる水田において捕獲された魚を、乾季にも食べられるように保存しておくのだという。日本への伝来は、少なくとも奈良時代にはあったとされ、ちょうどそのころは律令制をはじめとした中国（唐）の文化が盛んに流入した時期と重なる。篠田によれば、隋から唐の時代は中国におけるすしの勃興期であるという。(11)

すしには大きく分けて二つの作り方があり、一つは「なれずし」、もう一つは「早ずし」という。なれずしは、古来からある製法で魚を塩やご飯などとともに発酵させたものである。早ずしとは江戸時代に始まり、酢を使って早く味を酸っぱいものにする調理法である。現代ではこちらのほうが回転ずしなどにもあるほど一般的である。このような発酵時間を待たずにすぐ食べられる早ずしは、人口増加でにぎわう江戸の町に瞬く間に広まり、江戸近海で獲れる魚で握るものは江戸前ずしなどと称され、立ち食いすし屋もできていくほどの人気になった。(13) 詳しくは、日比野光敏氏が記している。(12) すしの形状は、尾頭付きの魚を開いて内臓を取り出し、空いた腹に飯を詰める姿漬けのすしと、切り身漬けのすしと大別される。サバやアジ等のように比較的小型の魚は尾頭付きの調理が可能である。

すしといえば、尾張徳川家とは浅からぬ縁があるので付記しておきたいのだが、尾張徳川家から将軍家への献上品には長良川などの河川の恵みであるアユをなれずしにする「アユずし」がある。尾張藩は他の大名家と比較しても群を抜く献上量であったことから、尾張藩がいかに河川を大切にし、アユを思い、そしてアユを獲る鵜匠たちを大切に育ててきたかがわかる話である。長良川の鵜飼は平成二十七年に国重要無形民俗文化財に指定され、鵜匠たちは宮内庁式部職として世代を繋いでいる。またアユずしも平成二十二年に岐阜市重要無形民俗文化財の指定を受けている。志段味地区にも庄内川があるが、アユのなれずしは伝承されてはいない。

志段味地区のサバずしは酢を使うので早ずしの部類になる。人によっては、ぐるぐる巻きのままの状態で何日間かおき、かなり発酵してから頭も丸ごと食べるという人もいるので、こうなればなれずしの部類にも入るであろう。

まとめ

時代の変遷とともに次第に作られなくなっていく郷土料理を思い、それを記録として残せればと思ってみたが、筆者としても作り伝えていかなければならない料理だと思った。郷土料理は伝承され続けていくものもあれば、食材の生産事情や人口問題など様々な影響で消滅していくものもある。人はより美味しいものをできれば簡単に手に入れたいと思うものであるが、家事労働に費やす時間が少なくなり、外食や中食が増えていくことも料理の継承を脅かすもので仕方のないことであろう。

この志段味地域でのサバの姿ずしは、大正時代以後に家庭で作られるようになったもので、戦後の食生活改善運動の効果もあってこの地域に広がっていったと思われる。そして日々の質素な生活の中から解放された娯楽ともいえる祭りの食になり、一家集団で楽しむ運動会と秋祭りの賑わいの中で形成されていった郷土料理ということもできる。魚一匹をその姿のまますしに作る技術は、何かの型を必要としたりせずに家庭にあるものだけで調理できる利点もある。現在ではこのサバの姿ずしを作る機会も少なくなっているが、このように書き留める事ができたことに感謝したい。今回は触れなかったが、アジずしや箱ずしも伝承されている。これらは特に志段味地域のみということはなく、尾張地方全域にある郷土料理ということがいえるが、また別の機会に調査していきたいと思う。

注

（1）『東春日井郡史』（東春日井郡役所、大正十二年）七七二〜七七五頁によれば、村社とは社格のこと。志段味地区には他に、無格社一社、村社貨帛料供進指定社二社がある。
（2）前掲『東春日井郡史』によれば、例祭日十月十五日とある。
（3）守山区は昭和三十八年二月十五日に旧守山市と名古屋市が合併してできた。
（4）名古屋市立志段味東小学校や名古屋市立志段味中学校の校歌には庄内川のことが玉野川と歌われている。
（5）『名古屋の漁師町 下之一色』（名古屋市博物館特別展図録、二〇〇五年）一〇頁
（6）国鉄中央線（現ＪＲ中央線）の名古屋〜多治見の開通は明治三十三年（一九〇〇）。
（7）前掲『名古屋の漁師町 下之一色』七〇頁
（8）サバ列車ともよばれる。
（9）日比野光敏『すしの事典』（東京堂出版、二〇〇一年）一〇頁
（10）石毛直道、ケネス・ラドル『魚醤とナレズシの研究―モンスーン・アジアの食事文化―』（岩波書店、一九九〇年）
（11）前掲『すしの事典』一二頁
（12）同書
（13）魚を開く方法は、背開きと腹開きの二種類がある。

日本・アジア——民俗・信仰・ことば

幕末におけるコレラの蔓延と狼信仰

長谷川恵理

はじめに

二〇二〇年代は、疫病と共に始まったといっても過言ではない。新型コロナウイルス（COVID-19）は、二〇一九年の十二月初旬に、中国の武漢にて第一例目の感染者が報告されてから、瞬く間に世界中へと広がった。渡航禁止例やロックダウン、ワクチン接種などの対策が各国で行われるなか、コロナ禍という未曾有の事態に人々は恐怖と混乱に陥った。画期的な治療方法が見つからない未知の疫病に対して、「コロナに効く」とまことしやかに語られる、根拠のない情報や迷信に人々が縋《すが》る事例も散見された。例えば、花崗岩がインターネットのフリーマーケットで高額販売され、納豆やヨーグルトなどの発酵食品や正露丸が買い占められた。そして、「アマビエ」という江戸時代の瓦版に描かれた妖怪が、疫病退散の象徴としてクローズアップされるやいなや、ＳＮＳを中心に広がり、キャラクター化し多くの商品が製作された。その流行には行政も注目し、「STOP 感染拡大 COVID-19」の啓発ポスターにアマビエを採用し、無料配布を行っている。(1)

このような未知の疫病に対して、恐怖と混乱から民衆がパニックを起こし、神仏の御利益に縋り、疫病退散の象徴として特定のキャラクターを持ち上げるのは、今回が初めてではなかった。かつて、江戸時代末期にコレラが海外より日本に到来した際も、人々は様々な信仰に縋ったのだ。なかでも、埼玉県秩父にある三峯山が展開する「狼信仰」が注目された。三峯山のオオカミが、「コレラに効く」という霊験が語られ、オオカミを象った御眷属札をもとめて、人々が殺到した。それは関東近郊だけでなく、はるばる三河国（現愛知県）からもその札を求めた記録も残されている。しかし、なぜコレラに対してオオカミが求められたのだろうか。

本稿では、一節にてコレラの日本上陸および、その時代背景について述べ、二節にて三峯山の狼信仰とコレラ流行の関わりについて事例を踏まえながら考察していきたい。

一　コレラの日本到来と幕末の動乱

コレラとは

国立感染症研究所によれば、経口感染症の一つであり、コレラ菌で汚染された水や食物を摂取することによって感染する。経口摂取後に胃の酸性環境で死滅しなかった菌が、小腸下部に達し、菌が産生したコレラ毒素が細胞内に侵入して病態を引き起こす。感染すると一日以内の潜伏期の後、下痢を発症する。重症の場合、米のとぎ汁状の白い水様便となり、一日一〇リットル以上に及ぶこともある。病期中の下痢便の総量は体重の二倍になることも珍しくなく、それにより高度の脱水症状を起こし、皮膚の乾燥、意識消失などの症状が現れ、低カリウム血症による痙攣が認められることもある。(2) コレラはインドのガンジス川流域下ベンガル地方の風土病であり、ヒンドゥー教の巡礼の際に伝播することが知られていた。ところが、十八世紀頃からイギリスによるインド進出および支配が行われ、貿易と戦争によって、コレラは蒸気船に乗って世界中へ伝播し、十九世紀末までに五度のパンデミックを起こした。(3)

日本に初めてコレラが上陸したのは、文政五年（一八二二）である。この時のコレラは、西日本を中心に現在の静岡県を東限とし、関東で蔓延することはなかった。しかし二度目の上陸である安政五年（一八五八）では、乗組員に感染者のいたミシシッピ号が長崎へ入港すると、航路と陸路を介して全国各地へ広がった。

当時の江戸には、麻疹、疱瘡、インフルエンザなどの感染症がすでにあったものの、コレラは発症から死亡までのサイクルが短く、人々は大いに恐怖した。コレラ流行以前から、感染後すぐに死亡する謎の病を、ころりと死ぬことから俗称として「ころり」と呼ぶ風習があったが、この度のコレラは、まさしく「三日ころり」であった。そのため、コレラ上陸以後は、ころり＝コレラと認識されるようになった。[4]「虎狼狸」や「狐狼狸」とする当て字も使われ、[5]後述するが獣のイメージが持たれていた。その他の呼び方として、病の症状から暴瀉病とも呼ばれていた。しかし、幕末の江戸を混乱させていたのは、感染症だけではなかった。

幕末の動乱と天変地異

嘉永六年（一八五三）に、ペリーが黒船で来航して以降、幕末は激動の時代を迎える。翌年に日米和親条約が締結されると、長く続いた鎖国が終わった。その翌月に京都御所炎上、六月には伊賀上野地震、十一月には東海・南海で地震が相次いだことにより、安定を願って「嘉永」から「安政」へと元号が改元された。しかし安政二年にはマグニチュード七の安政江戸地震が発生する。この地震の際には、民衆は地震発生原因をナマズに求め、そのナマズを鹿島明神が退治するような「鯰絵」が江戸では流行した。[6]その翌年からアメリカはハリスを派遣し、貿易のため、日本と通商条約締結の交渉を始めるが、この対外政策および十三代目家定の継嗣を巡って、徳川慶福を推す南紀派と、徳川慶喜を推す一橋派に政情は分裂した。南紀派は譜代大名が名を連ねる一方で、一橋派は水戸藩主を筆頭に外様大名らで構成されていた。水戸では、徳川斉昭らを中心に水戸学が発達しており、国学及び尊王攘夷の思想を強めていた。安政五年四月に、大老に南紀派の井伊直弼が任じられると、同年六月に、勅許なく幕府の独断でハリスと通商条約を結んだ。そのような幕府に、朝廷と一橋派はますます反発した。そして七月には将軍家定は死去し、南紀派の推薦した家茂が将軍を継いだ。八月には勅許のない条約締結により孝明天皇が水戸藩へ幕政改革を命ずる戊午の密勅が起こった。幕府を無視した動きに井伊直弼は、九月に一橋派や尊王攘夷思想の人間ら百人以上を弾圧する安政の大獄を始めた。コレラ感染者を乗せたアメリカ軍艦のミシシッピ号が長崎に寄港したのは、同年五月であった。幕府が将軍継嗣や条約を巡って対立しているまさにそのとき、全国ではコレラが猛威を振るい始めていたのである[7]。

一八五三年六月	浦賀にペリー来航
一八五四年三月	日米和親条約締結
四月	京都大火
六月	伊賀上野地震
十一月	安政東海地震（四日）、安政南海地震（五日）、豊予海峡地震（七日）
一八五五年十月	安政江戸地震
一八五六年七月	安政八戸沖地震
八月	台風による暴風と高潮被害
一八五八年四月	井伊直弼が大老へ
五月	**ミシシッピ号が長崎へ寄港（コレラ流行）**
六月	日米修好通商条約締結
七月	十三代目将軍徳川家定死没
八月	戊午の密勅
八月	**三峯山の御眷属拝借が一万疋到達**
九月	安政の大獄

当時のコレラに対する治療法は、オランダ海軍医ポンペの指導による、生モノや生水を控える予防法と、キニーネやアヘンなどの治療薬であった。幕府も「芳香散」という桂枝（シナモン）や乾姜（ショウガの根）などを調合した漢方薬を配ったが、どちらもコレラに対しての実効性はなかった。その間も、日々死者は増える一方であり、焼き場は火葬しきれない死者の入った樽であふれかえっていた。

また、初代歌川広重をはじめとして、落語家や俳人、歌舞伎役者などの著名人もコレラで亡くなっていた。このように、身近な人間から誰もが知っている著名人までもが次々と感染後すぐに死亡する恐怖から、人々は救いをもとめて、迷信や神仏に縋るようになっていった。

コレラと狐憑き

安政五年に出版された『しに行き　三日轉愛哀《ころり》死々』では、その裏表紙に当時の人々が縋った迷信が掲載されている。

中央の葉は、「八つ手の葉」[8]であり、左下は「にんにくの黒焼き」[9]である。中央右の二行にわたって文章が書かれたものは「みもすそ川」[10]である。これら三点は、江戸の町で、コレラ除けとして一般的なものとされていた。しかし、それでも死者の増加の止まらないコレラに対して、さらに人々が縋ったのが、中央左にある狼の姿が書かれている「三峯山の護符」である。後述するが三峯山の発行する「眷属札」には、当時からさまざまな現世利益が喧伝されていたが、オオカミの護符の効能がコレラと結びつけられた理由を述べるには、先に狐とコレラの関係性について説明する必要がある。

当時はまだ、ウイルスや細菌という概念はなく、病は鬼神や疫神、狐やその他妖怪によるものとされることもあった。そのため、コレラに対しても、徐々に狐の仕業だという流言がなされていった。仮名垣魯文

図１　『しに行き　三日転愛哀死々』　表紙および見返し
国立国会図書館デジタルコレクション

（一八二九〜九四）によって書かれ、安政五年九月に出版された『安政箇労痢流行記』(11)にも、以下のように病の原因を狐とする記述が複数うかがえる（傍線は筆者による）。

資料1

当八月中旬、佃島漁沙《りょうし》何某なる者に、野狐《やこ》取りつけるにぞ。近隣の者馳《はせ》あつまり、神官・修験の祈りを乞ふて、さまぐ\と攻《せめ》ける故にや、狐、彼者の躰を抜出《ぬけいで》外の方へ逃去《にげさる》を、在《あり》あふ人々追欠《おひかけ》［駆］て是を捕へ、即時に打殺してければ、長たる者のはからひにて彼狐の死骸を焼捨て烟《けぶり》となし、其辺《そのほとり》に三尺四方の祠を建て霊を祭《まつ》り、すなはち尾崎《をさき》大明神と崇めけるとぞ

資料2

八月十八日の事なりとかや。数寄屋《すきや》町、大虎〈家主書役兼道具屋なり〉と申者の裏、煙管《らを》のすげかへ渡世の者、俄に異病躰《いびょうてい》にて、同じ長屋の者寄合《よりあひ》、「野狐の付けたるにや」と大勢取巻《とりまき》問ひけるに、病人の申には、「某、左様の者に無之。京都より御用向《ごようむき》有、鉄砲州《てっぽうずい》稲荷社へ使《つかひ》の者なり。此御用、我等ども四ツにて承り候処、二ツは道中小田原にて犬の為に命を落し候へ共、急なる使故、帰りに敵《あだ》を報はんと思へり。右左《とかく》に食に餓たれば、此処へは来りし」よし。やがて飯をぞ食しける。其間《そのま》、種々《いろいろ》と問ひ懸しに、「我、八ツ狐と申者なり。今度、野狐に付れざるには、八狐親分三郎左衛門と書、門戸に張べし」と咄し終り、すつと立ち、押《おさ》へ居たる四、五人をふり倒し、表の戸を蹴破り馳出《はせいだ》す故、僉々《みなみな》跡を追ふたりしに、水谷《みづたに》町角の稲荷の拝殿の前にて、「頼申《たのまう》」といふぞとみへしが、打倒《うちたほ》れ、正躰《しやうたい》無きをつれてかへりて、全快のよし（後略）

資料3

死せざる者も数多あり。其療治かたを尋るに、彼の身躰《みうち》なるふくれし処をしかと捕へ、又痕［後］先を結《ゆひ》などして、狐付《きつねつき》を責《せむ》るか如く、「いざ退くか、退かずは斯《かく》の如し」と刃《やいば》を当てれば、忽地《たちまち》悩みの愈《いゆ》るもあり。また、其処を突貫《つらぬ》き、血を出して助るあり。或は、其処より黒気《こくき》たち、光りを放ち散じたりなど、実に不思

議の事ともなり。

資料1では、漁師にとり憑いた野狐を神官・修験の祈禱により体外に出し、それを撃ち殺した後に、尾崎大明神として祀ったというものだ。「野狐」とは神格化されていない下級の狐妖怪と考えられており、人を化かし、とり憑くと考えられていた。「尾崎（オサキ）」もまた、関東地方では狐の憑き物を指す言葉である。神として祀ることで、怨霊化して更なる被害を出すことを防ごうとしたのだろう。資料2でも、煙管のすげ替え職人が異様な症状になった際に、周囲は「野狐がとり憑いている」としており、ここでも病＝狐憑き（狐の仕業）という思考がされている。とり憑いた狐が自らの出自を語るのも、狐憑き話ではよくある展開である。京都の使いという表現は、稲荷の総本山が京都伏見稲荷であり、神使が狐であるからだ。注目したいのは、四匹いた狐のうち二匹が「犬に食われて」落命したという表現である。このように狐の天敵が犬や山犬（狼）[12]であることは一般的な認識であった。[13]資料3では、体に発生した「瘤」に狐が侵入している。管狐《くだぎつね》はしばしば、人の身体に爪の先や脇腹などに穴をあけて体内に侵入し、その部分が瘤となると考えられていた。[14]現代の知識ならば、瘤とはおそらくリンパの腫れやできものであり、それが発生するほどに、免疫や抵抗力が弱まっていた人間だからこそ死亡率が高かったと考えられるが、当時の人間にとって、視覚的・触覚的に分かりやすい原因不明の瘤に対する不安が、そのような迷信と結びついたのだろう。さらにコレラ症状の悪化により、患者が興奮状態や錯乱、痙攣を起こす様子もまた、狐にとり憑かれたという解釈に繋がりやすかったのだろう。

令和の現代において、狐はなかなか出会うこともなくなった野生動物であり、「狐がとり憑く」という表現はすでに過去のものとなってしまっている。しかし江戸時代においては、まだまだ狐は身近なものだった。そして、狐は単なる野生動物ではなく、美女に化け、人を化かすような妖しい霊的な力を帯びていると、当時の人々は考えていた。

元々野生動物であった狐に、霊的な力があると見られるようになったのは、中国文化の影響である。[15]日本でも平安時代あたりから狐は妖獣視されるようになっており、また、インドで愛欲の神とされていたダキニ天が密教を通じて日本へ入ってきた際に狐と習合したことから、狐は「人を魅了する」という属性を附与された。そこから、願いを叶える「ダキニ修法」が中世武士の間で広まりを見せ、中国の妖狐思想をうけ、狐が絶世の美女に化けるという物語も創られていった。[16] また、東寺密教僧が稲荷山で山岳修行をおこなっていたことから稲荷と狐も習合していった。中国からやってきた九尾の狐とも結びつけられる玉藻の前や姫路の刑部狐、安倍晴明の母とされる葛葉狐など、名前を持つ狐も創作されており、江戸時代には『義経千本桜』の源九郎狐のように浄瑠璃や歌舞伎にも登場するほど、「人間に化ける狐」はキャラクター化されていた。

また同様に、「人にとり憑く狐」も多く語られるようになっていく。人にとり憑く狐は、大きく分けて「家筋」に憑くものと、「個人」に憑くものがある。

家筋につく場合はいわゆる、「狐持ち」「オサキ持ち」「狐筋」と呼ばれ、血筋を媒介にして狐が受け継がれると考えられており、婚姻などの差別を受けていた。[17] 家筋にとり憑いた狐は、その家を裕福にするため、他所の家から金銭を盗み、その家筋以外の者へ不幸をもたらす。ある家の願いが叶って幸福になるということは、その一方で不幸になる者がいるという考えが根底にあった。こうした言説は、江戸時代における養蚕や商品作物の発達、貨幣経済の浸透に深く関係がある。旧家ではない新興農民や商人で、富を獲得した家筋に対する羨望や嫉妬があった。「あの家が急に発展したのには、何か悪い手段（外法）を使ったに違いない」と悪のイメージがなされたのだ。前述の「ダキニ修法」に加えて、商人たちが商売繁盛を願って、屋敷神として稲荷を祀っていたことも、その思想に影響を与えていただろう。不幸に対して、狐の所為にする説明体系があったのである。

狐が「個人」にとり憑く場合は、精神疾患の説明体系として利用されたものである。狐にとり憑かれ精神に異常をきたした古い例は、十世紀初期につくられた『相応和尚伝』[18] に記されたものである。それは八五五年に染殿皇后が狐にとり憑かれたのを密教僧の相応が調伏したという伝記である。狐が個人にとり憑くと、その者の口を借りて、狐が己の出自や要望、とり憑いた理由[19]を語る伝承や、異常な食欲や異常な言動をおこすものである。もちろん、狐憑きに仮託して注目を集め、己の欲求を伝えるような患者自身の詐病もあっただろう。[20]しかし、詐病ではない明らかな異常のケースもあった。[21]中村禎里は、狐憑き症状を以下の五つに分類している。[22]

①心因性の精神疾患
②心因性の身体疾患
③器質性もしくは内因性の精神疾患
④これに伴う身体症状
⑤その他疾病

精神疾患は当時の知識では発生原因が不明であったため、狐にその理由を求めたのであろう。

以上のように江戸時代は、精神疾患に伴う身体的異常や、人々に降りかかる「悪いこと」が狐の所為にされていたため、原因不明の疫病であるコレラの原因も、妖しい狐の所為にされたのである。

そして、そのような狐憑きを落とす方法として用いられたのが、狐の天敵である「犬」[23]であった。イヌ科であり食物連鎖の頂点でもあったオオカミには、より一層の効果が期待された。そのオオカミを神格化した「狼信仰」で有名だったのが三峯山であった。[24]

二　三峯山の狼信仰とコレラ

三峯山の狼信仰

三峯山は、埼玉県秩父市にある妙法ヶ岳・雲取山・白岩山の総称であり、武甲山と両神山と合わせて秩父三山と呼ばれている。現在では三峯神社として親しまれているが、神仏分離前は三峯山観音院であった。中世後期には熊野先達や修験が行場としており、天文二年（一五三三）には聖護院から三峯権現の称号を得て、天台宗の本山派に組み込まれるものの、衰退し無住となっていた。その後、再興を願う三峯村民から請われる形で、享保五年（一七二〇）に多宝寺から日光法印が入山した。[25] 当時の三峯山は、経営基盤となる霞[26]の所有権が二転三転しており、安定した霞の収入に頼れなかった。そのため、新しい財源確保のシステムとして、日光はこの地域でオオカミに対して行われていた民間習俗を三峯山の宗教行事の「オタキアゲ」として取り込み[27]、オオカミをシンボルとした狼信仰を始め、オオカミの護符（御眷属札）を貸し出す「御眷属拝借システム」を創り上げたのである。[28]

この御眷属札の特色は、ただの紙でできた札なのではなく、「狼を借りる」ということである。一年おきのお札交換（オイヌ替え）と守護できる範囲が設定されている。眷属札は箱に収められており、オオカミの分身であるとされ、一「枚」ではなく一「疋」と称して貸し出され、一疋につき約五〇戸の範囲を護ると設定されている。このように、リアルなオオカミのイメージを強く取り込んでおり、生の眷属という呼び方もされていた。[29]

図２　現在の三峯山神社護符

埼玉県秩父市三峰神社
20.2cm × 9.7cm
（撮影者：川田大晶氏）

御眷属札の現世利益は多岐にわたり、農村地域には「猪鹿除け（四つ足除け）」、狼被害の多かった馬産地には「狼除け」、養蚕業者へは「鼠除け」、人口密集地域や江戸では「盗難除け」と「火難除け」、狐憑きに対しては「狐落とし」が期待されていた。[30] 眷属信仰によって富を築いた三峯山は、自山の観光地化をすすめており、都に引けをとらない料理や温泉が整備されていた。[31] 寺格上昇のために、莫大な費用をかけて文化六年（一八〇九）には上級貴族である花山院家との猶子関係を結び、文化十三年には、正月に寺社が江戸城で将軍へ挨拶を行う際に、単独かつ輿に乗っての登城が認められるほどの特別待遇であった[32]。このように地方寺院とは思えないほどの財力と権力を持っていたのも、御眷属拝借によるものだったのである。

この御眷属拝借は、日記や随筆にも書かれるほど広く知られており、ここでは勘定奉行や南町奉行を歴任した旗本である根岸鎮衛（一七三七〜一八一五）によって書かれた『耳嚢 巻之三』[33]を紹介したい（傍線は筆者による）。

武州秩父郡三峯権現は、火難・盗難を除脱し給ふ御神にて、諸人の信仰いちじるし。

右別当は福有《ふくゆう》にて僧俗の家従・随身夥しく、無頼・不当の者にても今日たつきなく歎きて寄宿すれば差置ける由。多くの内には盗賊などありて、金銭など盗取りて立去んとするに、或は乱心し或は腰膝不立《たたず》、片輪などになりて出る事不叶《かなわず》。住僧は勿論随身の僧俗も、右在山の内金子を貯《たくわえ》出んとするに必《かならず》祟りありて、一銭も持出る事叶はず。酒食に遣い捨る事は強て咎めもなきよし、彼山最寄の者語りぬ。且又右三峯権現を信じ盗難・火難除の守護の札を附与する時、犬をかりるといふ事あり。右犬を借る時は盗難火難に逢う事なしとて都鄙の申習《もうしならい》し事なり。

或人、「犬をかり候といえど札を附与斗也《ばかり》。誠の犬をかし給う事もなるべきや。神明の冥感《みょうかん》目にさえぎる事を」頼みければ、別当得其意《そのいをえ》祈念して札を附与なしけるに、彼者下山の時一つの狼跡へ成先へ成附來る故、始めて神慮の偽なきを感じ、狼を伴い帰らんの怖しさに、立帰りてしかゞの訳をかたり、「疑心を悔て札斗受けたき」願いをなしける故、別当また其趣を祈りて附属なしければ、其後は狼も目にさえぎらずありしとや。

このように、江戸だけでなく地方にも三峯山の狼信仰の人気が著しいことや、三峯山がとても裕福であるがその金を盗もうとすると祟りがあること、御眷属の霊験を試そうとした男に起こった恐怖譚が書かれており、狼信仰の効き目の強さが語られている。

コレラ除けと狼信仰

コレラは安政五年の五月に長崎に寄港したミシシッピ号から感染が広がった。そこからわずか三ヶ月後の八月には、三峯山の御眷属拝借数は一万疋に達した。それ以前の嘉永四年の記録では一年間の拝借数が九千番に達していないことからも、[34]この年の狼信仰への期待値の高さがうかがえる。そして御眷属拝借を願ったのは、関東近郊だけではなかった。三河国吉田（現愛知県豊橋）の神主であった羽田野常陸敬雄による『萬歳書留控』[35]には、コレラ流行に対して三峯山の御眷属札拝借を行った記録がある（傍線は筆者による。旧字旧仮名表記は改めた）。

> 午七月頃より江戸駿河甲斐遠州辺迄も俗ニコロリと申奇病流行ニて人数多死去又長崎ニても同病ニて人数多死去す、此病蛮名コレラ〈又コレラモルラ、転筋霍乱ナド云フ、長崎ニては印度霍乱トモイフ〉といふ病にて異国船よりうつり候噂ニて追々近辺へ流行来候（中略）尚又武州秩父郡三峯山の御祓ならびに御犬拝借を願ハんと〈使百度久右衛門〉八月廿日出立、九月五日帰着、同七日勧請ならびに八幡宮ニても九日迄二夜三日之祈禱執行ス

このように、村民から願われるかたちで、八月二十日に三峯山へ御眷属札拝借に出立し、九月五日に帰着、九月七日から九日にかけて勧請、祈禱が執行された。以降は、八月十九日に祭礼が行われている。三峯山には、「御眷属拝借指南」というルールがあり、札を持ち帰ってからの取り扱い方や祭礼の日付などが厳しく定められていた。

また、高橋敏は『江戸のコレラ騒動』[36]の中で、豆州田方郡桑原村（現静岡県田方郡函南町）の名主による『森年代記』や駿河国富士郡大宮町（現静岡県富士宮市）の酒造業を営む横関家九代目の日記である『袖日記』において、三峯山から御眷属拝借がなされた事例を紹介している。さらに、『森年代記』では、コレラを「アメリカ狐」となぞらえ、その狐によって日本人が取り殺されるとの風聞がたっているため、三峯山の御犬（狼）を借りたとある。『袖日記』でも、コレラの原因を管狐としており、その管狐は異国の回し者によって数千が船に乗せられ、海辺から放たれたという噂があり、コレラが異国によってもたらされたという認識が、当該地域にあったことを

指摘している。

このように、コレラは海外から悪意を持ってもたらされたものと噂されていた。

実際に、コレラはアメリカ軍艦ミシシッピ号から日本で蔓延したため、あながち間違いではない。まして、日米和親条約によって伊豆半島の下田が開港しており、異国船および異国人の姿を見る機会が多かったため、そのような風聞がより語られやすくもあっただろう。

嘉永六年のペリー来航より、国内の情勢は異国への対処を巡って対立していた。天皇を通さずに行われた幕府の独断での条約締結は、異国の武力による外圧も大きく、天皇および水戸藩を中心とした一橋派の大名や攘夷志士たちは、ますます異国を敵とする見方を強めていった。その最中に、アメリカ軍艦ミシシッピ号より発生したコレラによる疫災は、政治不安の強まりと比例する形で死者を増やしていった。そのため、多数の死者を出す恐怖のコレラを、人にとり憑き不幸をもたらす「狐」になぞらえ、その狐は、異国からもたらされたものだとする言説から「アメリカ狐」との呼び名が生まれる結果となった(37)。アメリカが日本を滅ぼすために、邪悪な狐を放ち未知の凶悪な病を吐き散らしたのだという妄想を発生させ、一般庶民にまで異国は敵であるという攘夷思想が拡大していった。幕末に起こった立て続けの天変地異、開国や将軍の死去、政情不安そして疫病の蔓延という社会不安は、人々の妄想を掻き立て、仮想敵なる「アメリカ狐」という妖怪を創り出す土壌となっていた。そして、人々を不幸に陥れる妖怪狐を倒してくれるのは、三峯の御犬様であるとして、人々はオオカミに縋ったのだ(38)。

しかし、江戸幕府が倒幕され、明治政府へと転換するやいなや、日本は攘夷ではなく列強諸国に並ぼうと、積極的に西洋思想を取り入れる方針へと急転換した。西洋思想を取り入れた結果、欧米にならってオオカミを害獣とし、乱獲駆逐していった結果、明治三十八年（一九〇五）に、奈良県鷲家口にて捕獲された若い雄狼の記録を最後に、日本のオオカミは絶滅するのである(39)。

以上のように、オオカミがシンボル化し、狼信仰がコレラと結びつけられた背景は、幕末の開国による情勢の混乱や相次ぐ天災、それ以前から行われた狐による不幸の説明、開国による未知の疫病の流行と、それに伴う攘夷思想に代表されるような社会不安の高まりが、複雑に絡み合ったものだったのである。

注

（1）厚生労働省「新型コロナウイルス感染症について」（https://www.mhlw.go.jp/stf/seisakunitsuite/bunya/0000164708_00001_old.html）。二〇二三年十一月十五日閲覧。

（2）国立感染症研究所ホームページ「コレラとは」（https://www.niid.go.jp/niid/ja/kansennohanashi/402-cholera-intro.html）

（3）見市雅俊『コレラの世界史』（晶文社、一九九四年）。第一次（一八一七〜一八二四）、第二次（一八二九〜一八三七）、第三次（一八四〇〜一八六〇。第一波と第二波があった）、第四次（一八六三〜一八七五）、第五次（一八八一〜一八九六）である。なお、西洋医学ではコレラの原因は長らく悪い空気によって発生する瘴気説が唱えられていたが、一八八三年にコッホによって原因がコレラ菌であると確認されると、アメリカやヨーロッパの諸都市では、都市の保健衛生や公衆衛生を徹底させる動きが活発化した。そのため、コレラは近代化や帝国主義の関わりと密接に関わっている（佐々木昭夫訳、W・H・マクニール『疫病と世界史 下』中公文庫、二〇〇七年）。

（4）今井秀和「コロリ表象と怪異」（篠原進・門脇大・今井秀和・佐々木聡『安政コロリ流行記――幕末江戸の感染症と流言』白澤社、二〇二一年）。

（5）もともと「虎狼」とは、残忍さや非道さを表す中国語が日本に伝わった熟語であった。それが人を化かす「狐狸」と混ざり、「虎狼狸・狐狼狸」となったと考えられる。

（6）普段は地底にいる大鯰は鹿島大明神が押さえつけているが、特に十月神無月の季節は八百万の神々は出雲大社に集結するため、その隙をついて鯰が体を揺さぶったり暴れたりすることで地震が起こりやすいという地震伝説があった。地震発生直後は、鯰が妖怪退治の構図が好まれた。梵字や呪い歌が描かれており、護符としての役割もあった。余震が落ち着いて復興が始まると、鯰絵は滑稽味を含んだものに変化していく。例えば、擬人化された鯰が土木・建築業・職人達の接待を受ける構図では、それら業種は地震特需で儲かったという背景も関連していた（村松彩乃「鯰絵研究」『哲学会誌』三二、二〇〇八年）。なお、日本列島を取り囲んでいるとされた巨大動物は、竜、蛇、大魚といろいろな説があったが、それを大鯰として広めたのは松尾芭蕉であり、芭蕉の念頭には『竹生島縁起』があった（宮田登『民俗学への招待』ちくま新書、一九九六年）。

（7）安藤優一郎『江戸幕府の感染症対策――なぜ「都市崩壊」を免れたのか』（集英社、二〇二〇年）。

（8）八つ手の葉は、天狗の持つ羽根団扇と同型であり、魔よけに効果があると考えられていた。葉の付け根に結び付けられているのは赤紙・杉の葉、唐辛子である。赤と疫病の例としては「疱瘡絵」がある。疱瘡神は赤色を嫌うため、「疱瘡絵」は赤く描かれていた。

（9）食用とするのではなく、強い臭気によって病を遠ざけるという考え方である。この当時、細菌やウイルスは発見されておらず、病は疫神や、後述する狐（妖怪）によるものと考えられていた。

（10）「いかでかはみもすそ川の流れくむ人にあたるなえきれい（疫癘）の神」と書いた紙を門口に貼った。みもすそ川とは伊勢神宮の内宮内を流れる川であり、清めのイメージを持たれていた。

（11）前掲注（4）に同じ。

（12）山犬（ヤマイヌ）とオオカミを別種とするか否かは書物によって異なる。また中国から「豺」の知識と漢字が入ってきたが、豺は日本には生息しないドールであったため、ヤマイヌがあてられた。またオオカミと山に住みついた野犬との混同や、さらに両者の混血種も考えられる。さらに、地域によって方言としてのオオカミの呼び名も異なる。このような名称問題の複雑さに関しては、菱川晶子『狼の民俗学――人獣交渉史の研究 増補版』（東京大学出版会、二〇一八年）やブレット・L・ウォーカー著、浜健二訳『絶滅した日本のオオカミ――その歴史と生態学』（北海道大学出版会、二〇〇九年）に詳しい。

（13）平安初期に書かれた『日本霊異記』にも、女性に化けた狐が犬に吠えられて正体を現してしまう話（巻上―二）や、狐にとり憑かれたことで病気になる話（巻下―二）が収録されている。狐憑きや狐の天敵が犬であることは、平安初期の時点ですでに知られた俗信であると言える。

（14）人見必大による『本朝食鑑』（島田雄飛釈注『本朝食鑑5』平凡社、一九八一年）の狐の項目にも、「人が傷寒・発狂を病み、あるいは毎にあれこれ思いわずらい、心を労して発病したり、死産の後に怪を作したり、夜に嬰児を忤ったりする類の多くは、狐妖の所為、鬼の所業である。（中略）狐の精が皮膚の間に入って瘤塊状になった場合は、能くこれを察する者が強く握出して。そこに針および小刀を刺すと馮きは去る」とある。この表記以外にも、狐の媚惑や女性に化ける話や、稲荷の神使であること、狐を使役する術者による「飯綱の法」についても記されており、江戸時代に狐がどのようなイメージを持たれていたかを、うかがい知ることができる。

（15）特定の色（白・黒など）をもつ動物を瑞祥とみなす思想が中国から日本に伝播した。中国ではさらに九尾の狐など妖怪化した狐観念へ発達し、四世紀に書かれた志怪小説『捜神記』では、狐が人に変化する狐伝説も書かれている。
(16) 日本における狐のイメージ形成については、中村禎里『狐の日本史――古代・中世びとの祈りと呪術』(戎光祥出版、二〇一七年)や笹間良彦『ダキニ信仰とその俗信』(第一書房、一九八八年)に詳しい。
(17) 明治期や戦後の憑きもの研究は、これらの迷信による差別をなくすための研究が目立っていた。代表的なものに、石塚尊俊による一連の研究や、小松和彦『憑霊信仰論――妖怪研究への試み』(講談社、一九九四年)、谷川健一編『日本民俗文化資料集成7 憑きもの』(三一書房、一九九〇年)。
(18) 「天台南山無道寺建立和尚傳」(塙保己一編『群書類従 第四輯』経済雑誌社、一八九三年)。
(19) 殺された恨みや、祠の建立を求めるものなど。
(20) 刃物による脅しや恫喝、物理的な打撃など、患者への危害によって狐が落ちたケースには詐病も含まれていたと考えられる。
(21) 宗教者によって狐憑きの診断がされることによって、自己暗示状態となり、患者自身が知っている狐憑きの症状を呈するケースも否定できない。
(22) 中村禎里『狐付きと狐落とし』(戎光祥出版、二〇二〇年)二七七頁。
(23) 現在、ニホンオオカミはすでに絶滅しており、明治三十八年(一九〇五)奈良県鷲家口で捕獲された若い雄狼が最後の記録である(上野益三「鷲家口とニホンオオカミ」『甲南女子大学研究紀要』五、八九~一〇八頁)。
(24) 三峯山のほかに、狼信仰を持つ山には「武州御嶽山」「春埜山」「甲州御嶽」などがある。狼信仰の導入には、国学ブーム、資金調達、コレラ流行などの理由があり、それぞれの山との影響や関係性などの整理や体系化は、今度の研究課題である。
(25) 「三峯村名主太右衛門等願書書写」および「三峯山観音院記録下書」(『三峯神社史料集1』)。
(26) 霞とは、修験道においてその範囲内での配札や祈禱、配下の支配が認められた地域のことであり、霞の大きさは山の経営とも直結する。
(27) 『新編武蔵風土記稿 巻の二六四』「三峯山」の項には「此山犬のことを於犬とよべり、毎月十九日に寺より白米一斗五升づゝ炊て、山の内なる兼て設ある仮屋に出して興ること、古より今も替らず、又子を乳するときは、産立とて酒赤飯などを興て、最も大切にすと云り」とオタキアゲについての記述がある。
(28) 「三峯山観音院下書」にて、日光法印の記述部分は以下である。傍線は筆者による。「当山御眷属之由来を尋るに、昔去ル修験者両人願望有て秩父郡中壱丁毎に山神宮造立せん迚、此山に来る處に、深山霊地最勝也とて、此所に足を止め、秩父の総社として山神宮二社建立いたし勧請し給ふ由、是より狼二疋宛雲採山に住し、其の眷属八萬餘疋有之由、人々不思議のおもひを成し、日光法印の代に至て甲州辺にて、悉信仰あって拝借之札、当代より始ル」。
(29) 札は「御眷属箱」に納められた上で貸し出されるが、その箱には小さな穴がついており、オオカミが呼吸するための穴であると説明される(川田大晶「近世における三峯山参詣の実態と特質――代参講一山組織に注目して」『儀礼文化』七、二〇二〇年、一二一～一三七頁)。
(30) 民間では、狼頭骨も魔除けとして用いられていた。所持するだけでなく、頭骨の一部を削り取り、煎じて飲ませることもなされていた(『神になったオオカミ――秩父山地のオオカミとお犬様信仰』埼玉県立川の博物館、二〇一七年)。
(31) 津田大浄『十方庵遊歴雑記』(江戸叢書刊行会編『江戸叢書十二巻 巻ノ三』一九一七年)。
(32) 横山晴夫編『三峰神社史料集1』『三峰神社史料集2』(続群書類従完成会、一九八四年、一九八六年)。
(33) 長谷川強校注『耳嚢 上』(岩波書店、一九九一年)。
(34) 横山晴夫「三峰信仰とその展開」(五来重編『山岳宗教研究叢書 十四 修験道の美術・芸能・文学I』名著出版、一九八〇年)三八〇～四〇三頁。
(35) 羽田野敬雄研究会編『幕末三河国神主記録――羽田野敬雄『萬歳書留控』』(清文堂出版、一九九四年)。
(36) 高橋敏『江戸のコレラ騒動』(角川ソフィア文庫、二〇二〇年)。
(37) 他にコレラと異国が結び付けられた例として「イギリス疫兎」の呼び名もあり。これは日英修好通商条約締結の際にイギリスから贈られた蒸気船エムペラー号に、疫病をまき散らす兎が載せられていたという噂による名称である(高橋敏、前注書)。
(38) 狐だけでなく、コレラ(ころり)は「虎狼狸」や「狐狼狸」と当て字された結果、頭が虎、体が狼、狸の玉袋をもつキメラ型の妖怪と想像されたものもある。それらの妖怪に対しても、三峯山は四つ足除けや狐落としの霊験をもっていたため、効果は同様に期待されていた。なお、明治十九年作の浮世絵、木村竹堂「虎列刺退治・虎列刺の奇薬」では、まさにそのキメラ妖怪が描かれている。明治十九年は、明治時代最大のコレラ流行の年であり、死者は十万人を超えた年である。
(39) ニホンオオカミの絶滅原因は複数の要因が絡み合っている。江戸時代の新田開発による餌となる鹿の減少および、人里と狼の生息地域の接近があり、人里におりたオオカミが狂犬病に感染し、狂暴化したオオカミによる被害報告が増加した。追い払うための鉄砲許可をもとめる文書も増加する。明治期になると、懸賞金をかけた狼狩りが盛んに行われた。また、人里に接近したため、イエイヌとの交配もおこり、純血種が減少したという理由もある。オオカミの番は恒常的なため、繁殖能力が低いことも絶滅要因となった(遠藤公男『ニホンオオカミの最後――狼酒・狼狩り・狼祭りの発見』山と渓谷社、二〇一八年。千葉徳爾『オオカミはなぜ消えたか――日本人と獣の話』新人物往来社、一九九五年)。

「迷子」もしくは「道草」

樫内久義

風に誘われて旅に出たが、途《みち》に迷った。しかたなく引き返したものの想いは旅路を彷徨《さまよ》ったまま。これを道草と呼んでいいものだろうか。いつか求める地に辿り着けるのだろうか。

一 「灯火」そして「祈り」――院生時代を振り返って

阪井先生にご指導を仰いだ院生時代を振り返るにあたって拙作を二つ紹介させていただく。

灯火

灯火のいいところは　手渡しできるところ
私の手にした灯火は　あなたに手渡すことができる
ひとつから　ひとつ　またひとつ　小さな灯が分けられていく
灯火のいいところは　遠くからも見えるところ

心からっぽのとき　あたたかに招いてくれる
灯火のいいところは　どんなにちいさな灯でも
多くの人に手渡せるところ
風に吹き消されてしまっても　また分けてもらえるところ
灯火のいいところは　瞳に映ったわたしを確かめられるところ
手にした炎で　お互いを確かめ合えるところ

いまではすっかりジブリパークの所在地として知られる長久手が瀬戸とともに会場だった「愛・地球博」が始まる二年前の平成十五年（二〇〇三）、名古屋市立大学大学院人間文化研究科の門を叩いた。きっかけは単純に、「学びたい」という思いからだった。社会人として短くはない年月を過ごし、不惑を直前に控えていたころのことだ。

学びたいと思ったものは、それまで全く学んでこなかった分野だった。社会人として働くなかで出合った。そのため、大学院で研究者を目指す人をはじめ、専門分野を追究する人たちとは学識および意識が、さぞかし劣っていたことだろう。その「程度」の学識、意識ゆえ、入試の面接では、「教科書で学んできたんですか」と高校教師である私にとって絶妙な一言をちょうだいした次第だ。試験官の指摘は、あながち的外れではなかったが。面接の最後には、「ここ（日本文化コース）には、（あなたが研究しようとしている分野の）専門の教員はいない」とも言われた。他に意図があったとは思うが、「できれば引き受けたくない」というメッセージにも捉えられる言葉だった。

そんな異端な社会人を引き受ける「貧乏くじ」を引いたのが阪井先生だった。

阪井先生のイメージは、冒頭で紹介した灯火だ。はるか遠くに輝く星のような存在ではなく、傍らで手元、足元を照らす存在。いつでも手が届き、すぐそばにいる存在だ。どんなときも柔和な表情で迎え、研究テーマについて、授業内容について的外れなことを口にしても穏やかに軌道修正を促してくれた。はるか遠くに目指す存在ではなく、共に考え、語り合える身近な存在であった。

先生と私は、それぞれ、沖縄、キリスト教と研究対象を異にしていたが、沖縄について学ぶことは、自身の研究にとって示唆深かった。その一つが「祈り」だ。

祈り

最も美しく
最もかなしい
人の営み

院生一年目に履修していた「日本歴史・民俗研究B」の期末レポートで沖縄に関する感想を述べた。一部、引用する。

当授業で最も印象に残ったことばは「沖縄の人々は祈るしかなかった」というものである。台風を代表とする抗い難い自然の圧倒的な力。豊かな恵みを与えてくれる一方で容赦なく襲い掛かる自然の猛威。それを前にして沖縄の人々は抗う術を持たない。彼らは祈るしかなかった。だからこそか、彼らには神が存在している。その神は生活から遊離した遠い存在ではなく、生活の中に現実味をもって存在しているのである。彼らにとって神は畏れ多いものの、近しい存在なのである。沖縄の人々は信心深い。豊穣と生活の安定を賜る神々への感謝の心を忘れず、祭りを行う。舞踊、音楽、歌は祭りのために生まれた。祭りの観客は神である。神に見せるために人々は踊り続け、祈り続ける。祖霊を尊び、感謝の心を忘れない。彼らの存在を身近に感じ、彼らによって結ばれた家族の絆を大切にする。現代の都会に多く見られる「生活の喪失」は見られない。

祈りをはじめ信仰について考える私に、沖縄の人たちの祈りについて触れられたことは意義深かった。大げさかもしれないが、それは衝撃に近いものだった。なぜ衝撃的であったかというと、祈りが生活のなかで「生きている」からであった。沖縄の人たちにとって、祈りは切実なものである。かつてすべての日本人にとって切実であり、生活のなかで生きていたように、沖縄では現在も「生きている」のだ。それは自らの研究にとって大きな示唆となった。

「空虚だ」。現代の日本人にとって、祈りは、信仰は、宗教は、虚しい。生活のなかにおいて祈りは、信仰は、宗教は、ほとんど温度を失ってしまった。沖縄では、神は「生活から遊離した遠い存在ではなく、生活の中に現実味をもって存在している」。それに対して、現代のほとんどの日本人にとって神は生活から遊離した遠い存在になってしまっている。そう感じたのだった。

二　キリスト教受容における「情趣」の働き——日本人の美意識を手がかりに

二つの視座

日本人の宗教意識について考えるにあたりキリスト教を手がかりとした。外来宗教であるキリスト教の日本人による受容形態を検証することは、日本人の宗教意識を明らかにするのに有効と考えた。そして、その検証の過程で見いだした一つのテーマは「日本文化としてのキリスト教」というものだった。日本人において、キリスト教は宗教というより、むしろ、それ以外の「文化」として受け容れられているとの考えによる課題設定である。

信仰の問題は、究極的には個人の問題である。それゆえ、キリスト教に限らず、他の宗教においても、個人による脚色は避けられない。自らを信者と認める者が、その教えを本来の教えとして正しく理解しているのかは判断しがたい。そもそも、宗教は「理解」するものであるのかという問いも生じる。

キリスト教は、伝来以来、四七〇年以上を経ても宗教として日本人に広く受け容れられたとは言い難い。しかし、宗教以外の分野ではキリスト教由来の文化は日本人の生活に浸透している。芸術、教育、行事などの分野においてキリスト教の影響は少なくない。もちろん、仏教や神道においても、年中行事の形で、習俗慣習の形でそれぞれに由来する習俗は多い。しかし、信者として把握される数が仏教および神道に比べ圧倒的に少ないキリスト教の日本人の生活面における影響力は他の二つの宗教に対して小さくはない。そのように日本の文化において一定の影響力をもっているキリスト教だが、日本人にとって、それはどのような存在であり、また、何がキリスト教をそのような存在としているのか。それが具体的な研究テーマである。

マタイによる福音書の「種を蒔く人」のたとえの話には次のような箇所がある。

種を蒔く人が種蒔きに出て行った。蒔いている間に、ある種は道端に落ち、鳥が来て食べてしまった。ほかの種は、石だらけで土の少ないところに落ち、そこは土が浅いのですぐ芽を出した。しかし、日が昇ると焼けて、根がないために枯れてしまった。ほかの種は茨の間に落ち、茨が伸びてそれをふさいでしまった。ところが、ほかの種は、よい土地に落ち、実を結んで、あるものは百倍、あるものは六十倍、あるものは三十倍にもなった。耳のあるものは聞きなさい。

（マタイによる福音書13・3–9）

果たして、日本という「土地」はいかなるところであるのか。

遠藤周作の『沈黙』の一節に次のような箇所がある。

「この国は沼地だ。やがてお前にもわかるだろうな。この国は考えていたより、もっと怖ろしい沼地だった。どんな苗もその沼地に植えられれば、根が腐りはじめる。葉が黄ばみ枯れていく。我々はこの沼地に基督教という苗を植えてしまった」

（『沈黙』新潮文庫、二〇〇四年、二三一頁）

これは、幕府に捕らわれた宣教師であるロドリゴに、かつて彼の上長であり、今や背教者となったフェレイラが、日本ではキリスト教が広まらず、一見、広まったと思えても、実は、それは日本人の勝手な解釈によって本来のキリスト教とは全く異なるものとされてしまったものであることを語る場面である。

日本人はキリスト教という上着を自らのサイズに作り直して羽織っているのではないか。遠藤周作が幼児洗礼によってキリスト教という上着を羽織らされたときは、サイズの合わないだぶだぶの洋服を着せられていると述べた。しかし、伝来から長い年月が経つ間に、日本人はキリスト教という洋服を自らの好みに合う様式にアレンジし、また、サイズも身体にフィットさせた。上着である以上は、別のものと簡単に着せ替えることができる。つまり、日本人は自らの解釈によってキリスト教を変容させたのではないか。

日本人にとってのキリスト教を考える過程で、二つの大きな視座から捉えるようになった。

一つは、キリスト教に限らず、日本人にとっては、神は、日常ではなく、特別な場面においてのみ必要となる、もしくは、感じられる存在であるというものだ。また、信仰面でも、特定の宗教における熱心な信者でなければ、身近なものでなく、特定な場面に限定されて見受けられる営みであるという視座だ。

この視座には、先に述べた、キリスト教を独自の解釈により日本人サイズ、もしくは日本人色のキリスト教（山本七平は「日本教」と呼んだ）に変容させてしまったという受容形態も含む。

もう一つは、美意識や価値観をはじめとする日本人の「情趣」が、キリスト教を遠ざけているという視座だ。

前者は、院生時代を中心としたテーマで、後者は、それ以後、着手したテーマだ。

前者は修士論文で取り上げたので、本稿では後者についてのみ扱う。

情趣

論考で用いた「情趣」とは、「好み」や「気分」に近い感覚である。何かしらの行動の動機を問われたときに、

「何となく」とか「何処となく」としか表現しえない心理状態である。思考とは異なり、また、ときに生命に関わる根源的な感情、「憤怒」「悲嘆」「憎悪」「狂喜」等の極めて激しい感情を指さない。その感覚を生じさせるのに明確な起因を必要としない、極めて曖昧であるが、捨てがたい感情とでも言うべき性質の感覚を指す。もちろん程度によるが、「感情」は抑えられる。しかし、「感覚」は抑えられない。抑えられないというより、抑える対象ではない。あくまでも個人的、主観的なものであり、善悪をはじめ、他者による客観的な評価の対象外にある心理である。

人が何らかの行動を起こす場合に、「気分」と表現されるような情趣的な動機は見逃せない。最も注目すべきは、「気分」は、妥協が許されないという点である。

そのような性質を持つ「気分」「感覚」を個人レベルでなく、同じ風土に培われた文化に暮らす人々を対象に拡大した心理が「情趣」である。要するに日本人の「好み」である。それを文化形成、異文化受容において注目すべき視座の一つとした。

文化を形成する様々な要因を、その地域性を中心として考えるとき、「風土」という用語が最も包括的な概念として採り上げられよう。「風土」は単に地理的な環境を指すのではなく、他の多くの文化形成要因を含む上に、それらの要因から生じた更に細分化した要因までもが、言わば有機的に関係し合った文化形成の土壌として捉えられる環境である。

日本のモンスーン気候を背景とした自然環境は四季に留まらず、豊かな森林とそれらを育む河川、高峻な山地、豊饒な海、広大な平野等の景観も変化に富む。多様な自然景観は季節ごとに異なった趣を纏い、日本人の原風景とも呼べる美しさを湛える。そのような自然環境のもと生まれ、育まれた生活様式、習俗をはじめあらゆる文化事象は特有である。宗教も例外ではない。日本の宗教事情として、しばしば指摘される日本において絶対的一神教が育ちにくいということの要因も、日本特有の「風土」にあるのではないか。
山折哲雄は、イスラエルを旅してエルサレムに入ったときの印象を次のように述べている。

なぜ三つもの厳格な一神教の聖地が、よりによってこの狭い地域にひしめいているのでしょうか。その答えは、風土にあります。イスラエルではどこに行ってもどこを眺めても、荒涼たる砂漠しか目に入ってきません。この地上に頼るべきものは一つもない、ということが実感として迫ってくるのです。とすれば、唯一の絶対的な価値はどこに求めればいいのか。最終的には、天上のはるか彼方に求める以外にないのです。一神教の成立する背景は、まさにこの砂漠にあるということを、私は理屈においてではなく、実感したのです。

そんな体験をしてイスラエルから帰国し、日本列島の風土にふれたとき、私は本当にほっとしました。あの安堵感は、ちょっと言葉にならないくらいです。地上には山々がなだらかな稜線を見せている。そこに緑したたる樹木が生い茂っている。豊かな海がある。きれいな川が流れている。魚が泳いでいる。草木は四季それぞれに花を咲かせ、葉を茂らせる。そんな日本列島が、私には極楽にも浄土にも見えました。

このような風土のなかに住んでいた昔の日本列島人は、荒涼たる砂漠に住む民とはちがって、何も絶対的な価値の源泉を天空のかなたに求める必要はありませんでした。地上そのものが仏の住む世界であり、神の住む世界であり、人間の住む世界であり、そして御先祖様が息づいている世界だったからです。これが、まさに万葉人が生き、そして信仰していた世界です。今も山川草木に豊かさと安らぎをおぼえるわれわれの感覚は、日本の風土が万葉の時代から千数百年たっても基本的にはそう変わってはいないこと、そして、そこにわれわれの精神的な核があるということを、示しています。

（山折哲雄『日本のこころ、日本人のこころ』日本放送出版協会、二〇〇四年、一七・一八頁）

「山川草木」の日本の風土は、豊かな恵みを日本列島に住む人々に与え続けてきた。豊かな恵みを与えてくれる森や川、山は、全て感謝の対象となる。また、そこには絶望がない。そこに生きる人々は、この世に絶望感を抱かなかった。それに対して、「荒涼たる砂漠」の風土の民にとり、この世は常に絶望に満ちた世界であった。彼らは、救済を求めるが、現実の世の中は絶望の世界でしかないので、それを、はるか天上に求めた。自分の生きる時代に救われなかったならば、次の世代は救われることを、また、その世代が救われなかったなら、また、次の世代が救われることを祈ったのである。その祈りは切実であった。それに比べて、豊かな風土に暮らす「日本列島人」にとっての祈りは、この世の恵みに対する感謝であった。彼らの祈りは、感謝の祈りであり、砂漠の民の絶望感に満ちた現実からの救済を求める祈りではなかった。また、恵みを与えてくれる「神」は、森に、川に、山に住んでいた。それら、「神」が住む世界は、先祖が暮らしていた世界でもある。そして、今、自分たちが暮らしている世界でもある。日本の風土を基底とする、そのような生活を通して生まれた「神観」は、「唯一」ではなかった。

そのような「神観」も結局は日本の風土で培われた我々の情趣によって生まれたものであり、唯一神を信仰するキリスト教に対する反応においても、自ずと働いていると考えられる。

文化事象は人の営みである。人の営みである以上、それは最終的には、文化を形成する集団を構成する個々人の個性に収斂される。しかし、文化を形成する以上、個人間にはある程度の共通認識が存在しなければならない。年中行事や人生儀礼などは、個人レベルではなく、地区、地域から始まり、地方と範囲は広がり、最終的には国単位で行われる。対象範囲の広がりは、その文化の共通認識としての受容度の高さを示す。年が明けての初日の出を心待ちに待つ人々の姿から元日を迎える心情は、初日の出に対する日本人の共通認識を表している。それは日本人の情趣である。

折口信夫は、古から受け継がれてきた慣習（しきたり）について次のように述べている。

明治中葉の「開化」の生活が後ずさりをして、今のあり様に落ちついたのには、訣がある。古典の魅力が、私どもの思想を単純化し、よなげて清新にすると同様、私どもの生活は、功利の目的のついて廻らぬ、謂は仮〻むだとも思はれる様式の、由来不明なる「為来り」によつて、純粋にせられる事が多い。其多くは、家庭生活を優雅にし、しなやかな力を与へる。門松を樹てた後の心持ちのやすらひを考へて見ればよい。日の丸の国旗を軒に出した時とは、心の底の「歓び」――下笑ましさとでも言ふか――の度が違ふ。所謂「異教」の国人の私どもには、何の掛り合ひもないくりすますの宵の燈に胸の躍るを感じるのは、古風な生活の誘惑に過ぎまい。

くりすますの木も、さんた・くろうすも、実はやはり、昔の耶蘇教徒が異教の人々の「生活の古典」のみやびやかさを見棄てる気になれないで、とり込んだものであつたのである。

(折口信夫「古代生活の研究 常世の国」『新学社近代浪漫派文庫24折口信夫』新学社、二〇〇五年、九七・九八頁)

由来不明かつ利もなく無駄とも思える「為来り」は、「心の底の『歓び』」とも言えるほどの、「日の丸の国旗を軒に出した時」とは、度が異なるほどの「歓び」を与えると述べている。折口は、「生活の古典」という言葉を用いて、「古風な生活の誘惑」が、由来も分からず、利ももたらさない慣習を「歓び」をもたらすとしているが、その「誘惑」である心のたなびきが「情趣」である。

また、その「情趣」が、「生活の古典」に限られてはいるが、「『異教』の国人の私どもには、何の掛り合ひもないくりすますの宵の燈に胸の躍るを感じる」と、異文化に対しても働いていると述べられているのも興味深い。

日本人の美意識

言語学者の大野晋は『日本語の年輪』の「まえがき」にあたる章の中で、日本語と「ヨーロッパ語」を比較し、その双方に欠けている言葉について触れている。

> もちろん、日本語の方がいつも言葉の数が多く、ヨーロッパ語の方がいつも少ないというのではない。ヨーロッパ語にあって、日本語に欠けている言葉もある。例えば、英語には、「自然」という言葉がある。ネイチュア nature がそれである。このネイチュアにあたる言葉は、日本語では「自然」という他、何も言いようがない。中国語やヨーロッパ語から借り入れたものではない、もともとの日本語をヤマト言葉と呼べば、ヤマト言葉に「自然」を求めても、それは見当たらない。何故、ヤマト言葉に「自然」が発見できないのか。
>
> それは、古代の日本人が、「自然」を人間に対立する一つの物として、対象として捉えていなかったからであろうと思う。自分に対立する一つの物として、意識のうちに確立していなかった「自然」が、一つの名前を持たずに終ったのは当然ではなかろうか。（中略）
>
> 「自然」が「人間」に対立する一つの物として捉えられなかったのは、日本民族においては、深い遠い由来を持つ事柄である。だから、「自然」という中国語を学んだ後でも、長い間、日本人は「自然」を一つの物と見る考え方を身につけずに来た。それは、単に遠い歴史の時代だけでなく、現代の日本人の間でも、根強いことのように見える。
>
> （大野晋『日本語の年輪』新潮文庫、二〇〇〇年、一二頁）

引用文末の「それは、単に遠い歴史の時代だけでなく、現代の日本人の間でも、根強いことのように見える」との見解だが、それは「自然」に関してだけに限らない。

美術史研究家の高階秀爾は、大野の『日本語の年輪』に述べられた日本人の美意識を表す言葉に対する見解を用いながら次のように述べている。

> それでは、今日の「美しい」にあたる言葉、つまり「美」を意味する言葉は、昔は何であったかというと、大野によれば、それは「くはし」（奈良時代）、「きよし」（平安時代）であった。「きよし」は、現代でも「清い」というそのままの言葉が残っているように、本来は汚れのない、くもりのないという意味である。奈良時代

の「くはし」は、今日でも「香ぐわしい」という言葉に残っているが、後に「詳し」となることからも明らかなように、こまかい、あるいは微細なという意味であったらしい。そのほか、今日きわめて広く用いられている「綺麗」という言葉は、室町時代頃から登場したが、これももともとは、汚れのない、清潔なという意味であったという。（中略）

言葉の歴史の分析から得られるこのような特色は、おそらく今日にいたるまで続いている日本人の美意識の特質を物語るものとしてきわめて興味深い。

（高階秀爾『日本美術を見る眼—東と西の出会い』岩波書店、一九九一年、四頁）

高階の引用文の最後でも大野と同様に、「昔」の日本人の物の見方（ここでは「美意識」）が現代（「今日」）まで引き継がれていることが述べられている。

では、昔から現代にいたるまで引き継がれてきた美意識とはどういうものか。大野の分析をもとに考えてみる。

「綺麗」は室町時代に、すでに「綺麗ずき」などと使われ、汚れのないこと、清潔なことの意味をもっていたが、今日では「美しい」に近く使われ、やがて「美しい」を追い出して、そのあとに坐りそうな気配を示している。してみると、美を表わす言葉は、クハシ（細）、キヨラ（清）、ウツクシ（細小）、キレイ（清潔）、と入れ代って来たことになる。日本人の美の意識は、善なるもの、豊かなるものに対してよりも、清なるもの、潔なるもの、細かなものと同調する傾向が強いらしい。これは中国では「美」が「羊」の「大」なるもの、「麗」が大きな角を二本つけた立派な「鹿」の意味から転じたことを思うと、日本語の大きな特色といえると思う。

（大野晋『日本語の年輪』二九頁）

「美」を表す言葉に時代により意味の変遷が見られることを語りながらも、大野は日本人の美意識が「善なるもの、豊かなるものに対してよりも、清なるもの、潔なるもの、細かなものと同調する傾向が強いらしい」と述べている。また、大野は同書で、それら「清（潔）なる」ものや「細かな」もの以外の「美」として、「かすか」

「ほのか」「わび」「さび」などを挙げている。そして、それらを「かすか」と「ほのか」については、『かすか』とは、今まさに消えていこうとするその薄さ、弱さ、頼りなさであり、『ほのか』とは、そのうしろに多くのものがありながら、その片はしだけが弱く、薄く、わずかに示されている場合にいう」(同書三四頁)と述べ、「わび」と「さび」については、『わび』とは、貧しさに徹して、それに耐え、世俗の騒ぎから離れた美である。『さび』が孤独に徹し、寂寥を美にまで高めようとするものであるのに対して、『わび』は、貧しさ、簡素さに徹した美しさを目指している」(同書四一頁)としている。

大野は、日本人の美の意識を「善なるもの、豊かなるものに対してよりも、清なるもの、潔なるもの、細かなものと同調する傾向が強いらしい」とし、それと異なる美の意識として中国の意識を紹介したが、高階は、西洋の美意識を挙げた。また、「わび」「さび」についての日本人の美意識についても、「否定の美学」という言葉を用いて見解を述べた。

言葉の歴史の分析から得られるこのような特色は、おそらく今日にいたるまで続いている日本人の美意識の特質を物語るものとしてきわめて興味深い。その特質とは、第一に、「うつくし」がもともと愛情表現を意味する言葉であったことから明らかなように、きわめて情緒的、心情的であるということであり、第二に「くはし」「きよし」に見られるように、日本人は、「大きなもの」「力強いもの」「豊かなもの」よりも、むしろ「小さなもの」「愛らしいもの」「清浄なもの」にいっそう強く「美」を感じていたということである。このことは、西欧の美意識の根となったギリシャにおいて、「美」が「力強いもの」や「豊かなもの」と結びついていたのと、対照的であると言ってよいだろう。

事実、ギリシャ人たちにとっては、美は、真や善と同じように理想化された価値であり、人間よりも上位の存在である神に属するものであった。したがってそれは、当然他の理想化された価値である善や力や智慧と容易に結びつけられる。ギリシャ神話の世界における「美のコンテスト」とも言うべきパリスの審判の物語において、「美」を競うヘラ（ジュノー）やアテネ（ミネルヴァ）が、パリスに富や力や智慧を約束する話は、このことを暗示しているであろう。そして、実際の芸術作品を見ても、たとえばギリシャの彫刻のうち、男性をモティーフとしたもののほとんどが、神々か英雄でなければオリンピック競技の優勝者のようなスポーツ選手の像であったということは、ギリシャ人たちにおいては、「美」への憧れがそのまま「力」への憧れと自然に重ね合わされていたことを物語っている。端的に言って、ギリシャの彫刻の美しさは、何よりも力強さに対する讃美によって支えられていたのである。

（高階秀爾『日本美術を見る眼―東と西の出会い』四〜六頁）

「小さなもの」「縮小されたもの」と並んで、「清らかなもの」「清浄なもの」に美を見出す日本人の感受性も、また数多くの美術作品のなかにその反映を見出すことができる。伊勢神宮に見られるような、何の飾りもない白木造りの建物や、何も描かれていない画面の余白を重要視する美学は、まさしくそのようなものであろう。もともと「きよら」というのは、汚れやくもりのない状態のことである。つまりそれは、何か良いもの、豊かなものがあるという積極的な状態ではなく、余計なもの、うとましいものがないという消極的な状態である。それは、いわば「否定の美学」と言ってもよい。多彩な色彩を拒否して墨一色にすべてを賭けた水墨画や、派手な装置や動きを極度に抑制した能の舞台に、逆に豊かな、奥深い美を見出す感受性は、まさしく「きよらか」なものを美しいと見た上代人の感性を受け継いでいる。

（同書一三・一四頁）

高階は西欧人の美意識の「根」となっている『美』が『力強いもの』や『豊かなもの』と結びついていた」ことと対照的に弱小な対象（存在）と結びつくものとして日本人の美意識を捉えた。また、「何か良いもの、豊かなものがあるという積極的な状態ではなく、余計なもの、うとましいものがないという消極的な状態」、すなわち、「足し算」ではなく、「引き算」ともいえる否定的で消極的な美的感覚を日本人の美意識として指摘した。

以上の大野と高階の日本人の美意識についての分析を整理してみる。彼らが指摘する日本人の美の対象は次のようなものであった。

「くわし」 細かいもの
「きよし」 清いもの
「綺麗」 清潔なもの
「うつくし」 小さいもの
「かすか」 薄いもの・弱いもの・頼りなさ
「ほのか」「うしろに多くのものがありながら片はしが」弱いもの・薄いもの・わずかなもの
「わび」 貧しさ・孤独
「さび」 貧しさ、孤独(に徹した)寂寥

これらの特徴の共通する性質は、弱小であり、数量的に少ないというものである(「清いもの」「清潔なもの」というのは、余分なものがない状態もしくは、ある程度の物質的な欠損を表すものであり、「少ない」という性質がもたらす美意識である)。

これら美意識を表す言葉に近いものとして「愛するもの」に対して用いられていた古語に「かなし」「いとし」などの言葉があるが、これらも本来は「愛する」対象の自らの愛情の物足りなさ、もしくは、対象そのものの弱さなどに起因する感情であった。すなわち、日本人の美意識は、伝統的に、弱いもの、小さいもの、少ないもの(足りないもの)などの物理的、数量的に小さく少ないものにより呼び起こされる傾向が強いことがわかる。

院生時代の二〇〇四年にキリスト教に対するイメージのアンケート調査を実施した。東海地方に住む一八歳以上の五四八名が対象であったが、そこでキリスト教の「距離感」「大きさ」「深さ」に関して質問した。

その調査結果は次のとおりであった。

距離感

遠い　四九％（「とても遠い」二二％、「遠い」二七％）

どちらともいえない　三二％

近い　一七％（「とても近い」五％、「近い」一二％）

その他　一％

大きさ

大きい　五六％（「とても」二九％、「かなり」二七％）

どちらともいえない　三三％

小さい　七％（「とても」二％、「かなり」五％）

その他　三％

深さ

深い　五七％（「とても」二六％、「かなり」三一％）

どちらともいえない　三三％

浅い　七％（「とても」三％、「かなり」四％）

その他　三％

「距離感」の調査結果からは、キリスト教が日本人にとって身近な存在でないことがわかる。

二〇一八年に全国一八歳以上の国民二四〇〇人を対象としてＩＳＳＰ国際比較調査（宗教）が実施されたが、「親しみを感じる宗教」の質問（選択式）においてのキリスト教の割合は一一％、仏教は五〇％だった。その結果からも日本人にとってキリスト教は親しいとはいえない存在であることがわかる。

「大きさ」および「深さ」に関する調査の結果は極めて似通っている。双方とも「大きい」「深い」と答えた回答者の割合は六割近くであった。それに対して、「小さい」「浅い」と答えた回答者の割合は双方とも七%と、「その他」の三%を除くと最も低い割合であった。大きさと深さに関する調査は、共にキリスト教のイメージ上での存在の大きさを問うものであり、その結果は、キリスト教が日本人とって「大きい」ものであることを示している。

この結果は、日本人が小さなものに心を惹かれ、それに美を感じるという大野および高階の考察と無関係ではないだろう。キリスト教が日本において遠ざけられる要因の一つに日本人の美意識が関わっているのではないだろうか。

おわりに

「たなびき」の先

日本人に共通する「情趣」があるというのはロマンなのかもしれない。「日本人の心」というものが存在し、その「たなびき」は同じ方向に向かっている。そのような心象風景を描き続けてきた。そして、様々な文化事象や価値観に「日本人の」という観念を冠して様々な文化事象に関して思いを巡らせてきた。盆休みと年末年始の休み恒例の人情映画を観て涙した時代の景色は、折口のいう「生活の古典」となりうるのか。人はなぜ、「懐かしく」思うのか。懐かしく思う対象が、失われつつあるもの、あるいは、すでに失われてしまったものであるからか。

永遠ではなく、やがてかそけく消えていくもの、大野、高階が指摘した小さなものに向けられる心のたなびきは、日本人特有のものではないかもしれない。本来はキリスト教と無関係であった「くりすますの木」や「さんた・くろうす」を「昔の耶蘇教徒」が「異教の人々の『生活の古典』のみやびやかさを見棄てる気になれ」ずにキリスト教文化にとり込んだように。

先の人情映画が海外において評価されたとしたら、それは「生活の古典」としてか、それとも異文化としての珍しさゆえのものか。文化に関する考察の旅は果てが見えない。

「迷子」もしくは「道草」

自らの「旅」をしばらくぶりに振り返ってみた。一時期は「ライフワーク」などと謳った「日本文化としてのキリスト教」に関する研究からはすっかり遠ざかってしまった。

研究テーマに魅力を感じなくなったわけではない。たぶん、途に迷ったのだ。もともと地図のない旅。進むべき途を見失い、立ち止まっている。もし、いまの状況が「道草」であれば、その間にもしかしたら思いがけない発見があるのかもしれない。そして、また旅が続けられるのかもしれない。あとは、ただ、自身のセレンディピティに頼るしかない。

参考文献

遠藤周作『沈黙』（新潮文庫、二〇〇四年）

大野晋『日本語の年輪』（新潮文庫、二〇〇〇年）

折口信夫『新学社近代浪漫派文庫24折口信夫』（新学社、二〇〇五年）

高階秀爾『日本美術を見る眼―東と西の出会い』（岩波書店、一九九一年）

I・ベンダサン『日本教徒』（文藝春秋、一九九七年）

山折哲雄『日本のこころ、日本人のこころ』（日本放送出版協会、二〇〇四年）

NHK放送文化研究所（二〇一九年）「日本人の宗教的意識や行動はどう変わったか～ISSP国際比較調査「宗教」・日本の結果から～」(https://www.nhk.or.jp/bunken/research/yoron/20190401_7.html)

「有田陶祖の神」になった李参平

李　廷

韓国の国立古宮博物館には、近代陶磁器が約一五〇〇点所蔵されている。そのうち日本製は約一三〇〇点確認されている。そしてこの半分に当たるおよそ六〇〇点が現在名古屋市の則武《のりたけ》に本社がある「ノリタケ」(株式会社ノリタケカンパニーリミテド)の製品である。残りの陶磁器は有田焼で有名な佐賀県に本社がある「香蘭社」の陶器である。(1) それらの陶器は、日本近代の芸術品として注目されており、近年、優れたデザインに対する研究や近代の陶器の輸出による日本の経済効果に関する研究が活発に進められている。しかし、韓国の古宮博物館に所蔵されている数多くの陶磁器は芸術品として高い価値があるにもかかわらず、何年にどのようなルートで朝鮮の皇室にもたらされたのかは全く明らかになっていない。古宮博物館でも様々な調査をして背景を調べているが、証拠になるような手がかりはつかめない状況である。そのため、貴重な価値がある陶磁器をいまだに収蔵庫に保管したまま公開できないでいると考えられる。それは、日本の近代芸術品の観点から見ても残念なことである。また、韓国にとっても近代の食器文化や皇室食器文化、さらには、食器を通して他の国などとの交流を知るきっかけを失うことになる。今まで非公開であったため、これらに関する先行研究も見当たらない。これらの作品の入手経路やその歴史的背景が、韓国における過去の国家機密を有する側面を考慮すると、研究および公表に慎重を期する必要があることも当然である。しかしながら、その背景を研究することは戦前の韓国の皇室と日本の皇室との関係、日韓の貿易、日本植民地時代の日本企業の韓国進出など、未解明の歴史的事実を多方面にわたり明らかにし大きな意味をもつものと考える。

それらの陶磁器がいつどのようなルートで朝鮮の皇室にもたらされたかを調査するにあたり、二つの仮説を立てた上で検討を試みた。

〈仮説1〉昭和十五年（一九四〇）、韓国は日本の植民地であり輸出の概念ではなく、日本国内の流通品として扱われた可能性。

〈仮説2〉現存する食器が高級品に属するもので日本でも一部の皇族のみが使っていたデザインであるため[2]、大韓帝国皇太子妃で大正九年（一九二〇）大韓帝国の最後の皇太子であった李垠（栄親王）と結婚をした日本の皇族である梨本宮妃が嫁入り道具として持っていた可能性。

これらの仮説を検証する過程において、韓国と日本の架け橋となった、江戸時代初期に佐賀藩主の鍋島家により日本に来日した李参平（?～明暦元年〈一六五五〉、日本名　金ヶ江三兵衛）という朝鮮人陶工にたどりつくこととなった。

はじめに

日本の陶磁器産業は千年以上にわたって伝承されており、地域の歴史や文化を色濃く反映し、長い歴史と伝統をもつ地場産業の一つである。瀬戸、美濃、信楽、京都、有田のように数世紀を経て脈々と受け継がれる産地が全国に点在している。日本最初の磁器は佐賀県有田で焼成された。日本初の磁器が焼成された有田は、四〇〇年におよぶ歴史と伝統が培った技と美、景観を感じることのできる磁器のふるさとといわれている。

有田町統計情報によれば[3]、平成三十年（二〇一八）現在、人口約二万人の小さな町である。この地は、すでに江戸時代初期から磁器の産地としての地位を確立し、世界にも磁器の生産地として名をとどろかせた。四〇〇年にわたる有田焼の歴史は朝鮮人陶工の李参平が元和二年（一六一六）に泉山《いずみやま》磁石場《じせきば》で白い磁石鉱を発見したのがきっかけである。その李参平の功績をたたえ、明暦四年（一六五八）、有田町を見下ろす高台に陶山神社《すえやまじんじゃ》が建てられた。そこの神社に祀られ神となったのは李参平であり、有田焼「陶祖」と呼ばれている。町のシンボルである陶山神社からは有田町が一望でき、桜や紅葉の名所としても親しまれている。そして陶山神社の大鳥居や、狛犬、大水瓶、灯籠、お守りなどが磁器で作られている。

このことについて、明確な事実が載せられている辞書、事典が李参平をどのように記述しているか調べた。『日本語大辞典』には、「日本最初の白磁染付を焼成、有田焼の始祖とされる」[4]と表記されている。また『広辞苑』では「江戸初期の陶工（中略）肥前で良質の土を発見し、日本磁器の端緒をひらいた」と書かれている。[5]『平凡社大百科事典』には「伊万里焼の創始者といわれる朝鮮人陶工。日本名を金ヶ江三兵衛といった。文禄・慶長の役（一五九二〜九八）で、朝鮮へ出兵した後に佐賀藩主となる鍋島直茂が日本の宝にしようと連れ帰った陶工の一人」[6]と彼のことがさらに詳しく扱われている。

李参平は、豊臣秀吉の朝鮮侵略で連れ帰った数多い朝鮮人陶工の一人である。事典に簡略に記載されている内容をもとに、本稿では李参平の生涯、時代背景、連行された有田で「陶祖」として神にまで祀り上げられた業績を考察する。本稿を通して江戸時代の日韓の交流史への理解を深め、研究テーマである近代日本磁器の朝鮮皇室への流入の背景を少しでも明らかにすることが目的である。また、日韓の平和と友好を保つきっかけになることを願うものである。

一　時代背景

日本では長い歴史をかけて陶器窯の集約化が進み、六古窯(7)（信楽、備前、丹波、越前、瀬戸、常滑）となった。しかし、「文禄・慶長の役」の後に興った上野、高取、肥後、薩摩、萩の各窯は朝鮮半島からの渡来の陶工による創成であるという(8)。豊臣秀吉は天正十八年（一五九〇）に全国統一を達成した。その後、東アジアの統一を目指したが、その要はアジア文明の発祥の地である中国大陸の征服であったため、地理的に有利な位置にある朝鮮半島に布石を打ったのである。それによって文禄元年（一五九二）～慶長三年（一五九八）にかけて行われた朝鮮侵略は、その年号をとって「文禄・慶長の役」と呼ばれ、韓国ではその干支をとって「壬辰・丁酉の倭乱」と呼ばれている(9)。

文禄元年の四月、豊臣秀吉は中国の明征服の第一歩として、朝鮮に兵を出した。一万八〇〇〇の豊臣軍勢が釜山に上陸し、釜山城を攻撃し、「壬辰・丁酉の倭乱」の火蓋が切られた。釜山に上陸して二〇日目に漢城（ソウル）に至り、六〇日足らずで平壌城を落とし、北限の咸鏡道に至ることになった。この戦い以前、朝鮮では約二〇〇年にわたり戦争のない時代を過ごしていたことに対し、日本側は戦国時代を経て戦いに熟達しており、その差は明らかであった。

しかしながら、朝鮮の各地で義兵たちが決起し戦って、豊臣軍勢も大きな打撃を受けた。また、明から援兵も送られ豊臣軍と戦った。朝鮮・明の連合軍の反撃によって文禄二年一月に豊臣軍は退却することとなった。その間、明の強い要望で豊臣秀吉との講和会議が大阪城で続いていたが、決裂した。そのとき戦いは小康状態を保っていたが秀吉は再攻撃を命じた。それが「丁酉倭乱」（慶長の役）である。

慶長二年の一月、小西行長と加藤清正は一四万の大軍を率いて釜山に上陸した。朝鮮も軍を新たに整備し、また明と連合して応戦したので、一次侵略の時より豊臣軍の攻撃は難しかった。翌年まで続いた戦いは豊臣軍が現地での寒さや飢餓に苦しめられ、さらに李舜臣の活躍によって敗戦が色濃くなったことや秀吉の死によって撤収した。豊臣の軍勢が撤退し、七年間の戦いは終わった。このとき、大勢の陶工や工芸の匠が日本に連れ去られた。(10)

「壬辰・丁酉の倭乱」は陶磁器戦争ともいわれる。そのことについて寺島宗俊は次のように述べている。

朝鮮出兵は焼き物戦争や茶碗戦争ともいわれる。文化略奪で最大の標的となったのが高麗茶碗であり、窯業技術者集団の連行であった。西国の大名らはわれ先にと陶工狩に走り、韓国側では「李朝の陶磁器生産は一頓挫をきたした」といわれるまでの大きな打撃を与えた。秀吉の茶の湯好きはよく知られるところで、大名らが天下人の趣味趣向に無関心でいられるはずがなかったのだ。利休ら「御茶道八人衆」を頂点とする茶の湯は武家の嗜みであったし、茶室はもう一つの隠れた政治の舞台ともなっていた。そんな風潮が茶器への執着を生み、朝鮮の陶磁器が重宝がられた。日本は当時まだ磁器を作る技術をもっておらず、それだけに、李氏朝鮮の白磁や青磁は貴重品であり、数奇大名の垂涎の的であった。朝鮮に出兵した武将らは庶民の日用雑器、路傍にころがる磁器の破片までも争って奪い合い、陶工と知れば根こそぎ捕らえたといわれる。(11)

また、以上の朝鮮出兵は陶磁器戦争といわれることを裏付けうる史料を見てみる。大阪城の天守閣に所蔵されている豊臣秀吉朱印状にはこのように書かれている。

熊被仰出候朝鮮人捕置候内に細工仕者ものぬいくわん手之間候女於在之者可進上之候可被招仕御用候家中をも改可有相越候也(12)

この朱印状を現代語訳すると「この度朝鮮人を捕虜とした中に、技術者や縫官（裁縫の技術者の意か）、手先が器用な女がいたら、御用に召し使うので、進上せよ。家中も改めてよこすように」となる。ここでは、特に縫製技術者が求められているが、「技術者」の中には、当時朝鮮が進んだ技術を持っていた製陶に関わる技術者＝陶工もいたであろう。

古伊万里焼や薩摩焼、平戸焼、有田焼などがこうして日本に連行された朝鮮の陶工によって始められ、あるいはその名が知られるようになったことは、よく知られるところである。本稿での李参平もその時期に、佐賀藩主の鍋島家によって日本に連行された朝鮮人陶工の一人であったと考える。

二　李参平の経歴

李参平が朝鮮の出身で豊臣秀吉の「壬辰・丁酉の倭乱」に応じて出兵した鍋島によって日本に渡り、有田の地で陶祖の地位を得た背景については、多くの研究者や先人たちによってその功績に関しての調査がなされた。(13)しかし、確たるものが少なく、混同されることもあった。李参平の韓国での出身地・生年・渡来の過程・日本名(金ヶ江三兵衛)などについて、ここで史料を見ながら整理をする必要があると考える。

まず、李参平の経歴について参考になるものとしては、多久家に提出した文書の写しがある。

皿山金ケ江三兵衛高麗ゟ罷越候書立

覚

一、某事、高麗ゟ罷渡、数年長門守様江被召仕、
今年三十八年之間、丙辰之年ゟ有田皿山之様ニ
罷移申候。多久ゟ同前ニ罷移候者十八人、彼者共も
某子ニ而御座候。皆ゝ車拘申罷有候。野田十右衛門殿
内之唐人子供八人、木下雅楽助殿かくせい子供

二人、東ノ原清元内之唐人子三人、多久本皿屋
之者三人、右同前ニ車拘罷有候。
一、某買切之者、高木権兵衛殿移（衍か）内之唐人子四人
千布平右衛門殿内之唐人子三人、有田百姓之子
兄弟二人、伊万里町助作合十人。所ゝら集り
申罷居候者百廿人、皆ゝ某万事之心遣仕申上候。已上。
巳四月廿日　　有田皿屋
三兵衛尉　印[14]

この史料は佐賀県立図書館に所蔵されている「多久家有之候御書物写[15]」であり史料の内容は次のようである。そこには「某事、高麗より罷渡り、数年長門守様え召仕えられ、今年三十八年の間、丙辰の年より有田皿山の様ニ罷り移り申し候」と書かれている。なお、李参平は朝鮮[16]から日本に渡来してから数年間は、多久長門守（安順[17]・多久邑主、永禄五年〈一五六二〉～寛永十五年〈一六三八〉）に預けられ、丙辰の年（一六一六）から有田皿山に移住して今年で三八年になるとのことである。そして、多久から一八人が移住して全員がやきもの細工の技術者である。各地から集まって来たものが一二〇人で、すべてが三兵衛の支配下にある。

これを見ると、当時、李参平は指導的な地位であったことが考えられる。また、署名に「三兵衛尉」と「尉」をつけているのは、彼がすでに高い身分にあったことを示している。文章の最後に書かれた日付の「巳四月廿日」の巳年は、元和二年から数えて三八年後の承応二年（一六五三）である。これが現在定説となっている。そしてこれは、金ヶ江三兵衛が、元和二年に有田皿山に移り住んだことの裏付けとなる史料である。

また、「乍恐某先祖之由緒を以御訴詔申上口上覚」には次の記述がある。

乍恐某先祖之由緒を以御訴詔申上口上覚

某先祖之儀者、忝茂慶長年中、太閤公高麗
御征伐之砌御当家 御両殿様彼地江暫
被為遊御詰、色ミ責口御工夫之節、
　日峰様御勢、山道不相知所江被御行懸、
御案内仕候者も無之処遙之向江纔之
小家壱ケ所相見候故、御家来方御立寄
宜道筋被相問候得者、其家ゟ唐人三人
罷出申教候得共、申口漢語ニ而難被相分候
へ共、手様抔仕候故、大形ニ差分リ、其筋
へ御掛リ被責入、其末大勢相続キ、御合戦之処、

（中略）

長州様より其後宿在付下女等下し給り、夫婦之睦を
いたし、釜焼方重ニ相働、細工方其外相教
候処ゟ、地方之者ハ素り、他方ゟ居付候者迄致習、
人家多相成、漸ミ繁栄之地と相成、其内上幸平山
中樽奥江も百軒程之釜登相立候処、余り
片付候場故相止、其後は村ミ所ミ江釜を移し
申たる由。右百軒釜跡、于今畠地ニ相成居

候義、諸人存之前御座候事。
一、右唐人三平、子を設候は其先祖金ケ江
三兵衛ニ而御座候。元来金ケ江と申所之者故
名字金ケ江と名乗、[18]

この史料は、文化四年（一八〇七）に、三兵衛から数えて六代目の子孫惣太郎と久四郎が分家に対して陶石採掘権紛争中、訴訟を起こす過程で作成された記録を多久家に提出した文書である。その中には「右唐人三平、子を設候は某先祖金ケ江三兵衛ニ而御座候」という一文が出てくる。また金ヶ江家に伝わる古文書に李氏と記載があったことなどから、明治になって「李」と、三兵衛を「参平」と表記し合わせて「李参平」という名前にした。その後、文書に記されている日本名「金ヶ江三兵衛」が李参平と同一人物とされるようになった。この表現を最初に使ったのは谷口藍田であり、明治十九年（一八八六）に著した『陶器沿革史序』の中で「発源於李三平始鑿白石礦」という表現をしているが、参平の朝鮮での本当の姓名は確かではない。さらに、翌二十年に久米邦武が著した『有田皿山創業調子』の中にも「李氏三平」という表現が見られることによって、[19]「李参平＝金ヶ江三兵衛」説が定着していったものとみられる。しかしながら史料ではそもそも、李参平という名前が本名であるのかも定かではない。残る史料からはっきりしているのは、朝鮮から来た陶工の中で鍋島藩に帰化し、姓を鍋島藩に認められて、金ヶ江三兵衛を名乗った人物がいたということである。

ここで、この史料の全般的な内容を探ってみる。『有田町史』に李参平が渡来した背景について書いてあるところを要約すると次のとおりである。

慶長年中に豊臣秀吉が朝鮮に出兵したとき、鍋島直茂も軍勢を引き連れて朝鮮に渡った。鍋島軍は攻め口を工夫するとき、山道で案内する者もなかったところ、はるか向こうに小屋が見えた。家来が立ち寄って道

をたずねたら、朝鮮人三人が出てきて道をおしえた。言葉は通じなかったが、身振り手振りでその道筋から攻め入り大勝利をおさめた。

その後、戦いが終わり、鍋島の軍勢が日本に帰国するとき、乗船場で、道案内をした三人を召し呼ばれ御褒美の言葉をくだされた。その上三人の名前と住所と職業をたずねられた。二人は農業を営んでいると答え、あとの一人、参平という朝鮮人は土から陶器を作っていると答えた。すると、このたび山道を案内したからには、日本軍が撤退した後、土地の残党から報復を受けるかもしれない。ひとまず日本へ引き越し、陶業を続けてはどうかとのべたので、その言葉に従って当地へ渡ってきた。

そのとき、多久長門守に預けられて、有田郷の乱橋に住んで開墾を行った。その朝鮮人の住所は、朝鮮の金ヶ江という所の出身である。その当時、皿山は深山で人家は少なく、わずかな田畠を耕作して農業を営んでいた。その末、参平は内命を受けていろいろ見回っていたところ、現在の泉山に陶石を発見した。そして、水と薪に便利な天狗谷に窯を築き、絵かき、細工の技術を子孫に教え、しだいに繁栄した。藩主は功績を慰労し下女を下され、夫婦になった。その内に一〇〇軒ほどの登り窯を築いた。その朝鮮人の三平（参平）は元金ヶ江という出身なので名字を金ヶ江と名乗り、私の先祖の金ヶ江三兵衛である。[20]

このことによって、現在も研究者の間では、李参平は連行されたのか、それとも自らの選択だったのかの論争が多くある。三杉隆敏は、彼は単なる一介の陶工ではなく、陶工集団の長であったこと、磁石鉱を見つける能力があったこと、金ヶ江を名乗り、子孫の繁栄の下地を作るなど有能者であったことなどから、李参平は、その集団移住の交渉を自ら買ってでたのであろうと主張している。さらに、九州には朝鮮半島から以前より陶工が移住してきて唐津焼などを焼いていたので、そこで、秀吉の出兵の時、李参平を知ったのではないかと語っている。[21]

反面、尹龍爀は、この史料は、李参平の死亡後一五〇年が経過してから作成されたこと、日本に二〇〇年以上定着していた子孫によって特別な目的で作成されたことなどを考慮する必要があると主張している。採掘権の紛争と関連して提出したことで、先祖の李参平が日本に渡来した実情を書いて、たとえば拉致などのことを書いて藩主に提出できるのかということに疑問が残ると主張した。(22)

また、日本軍によって連行された可能性について、村山武も、現地に残しておくと日本軍の案内をした咎で罰せられるから連れ帰ったという説が真実の可能性もあるが、主たる理由は、大名たちが自領の産業奨励と自らの楽しみのために、やきものの生産技術を導入したと考えられるとも述べている。(23)

確かにこの史料は、李参平の子孫がお互いに採掘権を主張する中で訴訟を起こした際に多久家に提出した記録である。日付の卯九月は文化四年で、李参平が死亡した明暦元年から約一五〇年経過していることを注意しておかなければならないと考える。

有田町の龍泉寺の過去帳に、李参平は明暦元年に没したと記録があり、墓標も残っている。(24)また有田磁器の祖とされる、李参平の墓もある。昭和四十一年には、天狗谷窯の近くで三兵衛のものと思われる石碑が発見された。次いで同過去帳において、三兵衛が明暦元年八月十一日に没した記録が発見され、伝承と文献の中の三兵衛が磁器の創始にかかわった李参平と同一人物か否かは明らかではないが、実在の人物であることが確認された。(25)また、その石碑には「月窓浄心、上白川三兵衛霊明暦元年乙未（一六五五）八月十一日」とあり、戒名「月窓浄心居士」の「窓から月を見つめながら故郷が恋しくなる」という訳からは、一生故郷に戻ることができなかった想いが伝わってくる。また戒名から仏教徒であったことも考えられる。

また、彼の出生年については、いまだに史料が見つからなかった。しかし、李美淑の論考では、李参平は元和二年三十八歳で白磁石鉱を発見、承応四年七七歳で死亡したと書かれている。(26)また、イ・ジョンテの論考では、李参平の出生年を一五七九年と表記しているのが複数の箇所で見つかった。(27)それらの論考に出処や根拠は記載されていなかったが、尹龍爀の『公州、歴史文化論集』を参照していると考えられる。(28)『公州、歴史文化論集』一九〇頁には李参平の生没年を一五七九年から一六五五年と明記していて、その根拠として、前掲した李参平が多久家に提出した文書から「某事、高麗より罷渡り、数年長門守様え召仕えられ、今年三十八年の間、丙辰の年より有田皿山の様ニ罷り移り申し候」を引用している。

尹龍爀は、史料中の「今年三十八年の間、丙辰の年」の部分を、三八歳から陶器を生産し始めた時期として訳している。それを基準として元和二年を三八歳と設定し、李参平の生まれた年を推算したと考えられる。このことは再び『公州、歴史と文化コンテンツ』にも記載してあり、「李参平は元和二年（一六一六）に三十八歳であったことを基準に計算すると、出生は天正六年（一五七九）で、死亡した承応四年（一六五五）には七十七歳であった」と述べている。(29) 尹龍爀は韓国での影響力が非常に大きく、論文の中で引用される件数も非常に多いことを考えると、今回の発見で李参平に対する韓国国内での認識は一変するであろう。

出身地に関して史料に出ている部分は、三箇所である。まず、先に述べた、李参平の子孫が多久家に提出した文書の中にこのように書いてある。「元来金ヶ江と申所之者故名字金ヶ江と名乗、釜焼方へ手伝仕候者数人被相撰」。この一文を訳すると「元来金ヶ江という所の者であるから名字を金ヶ江と名乗り、窯やきの仕事を手伝っている者のなかから数人を選び」となり、出身地を金ヶ江と記録している。

また、訴訟に不満を持った徳次郎が再度訴え出たため、佐賀本藩から多久家に来歴を提出するようにし、それに対する答えの史料は次のようである。

口上覚

此方被官金ケ江清五兵衛
由緒致御達候様被仰達
候之趣承知仕候。先祖
三兵衛儀元来朝鮮人ニ而

日峰様彼国御出陣之砌
三兵衛儀御道御案内仕
尽忠節候付、御帰朝之節、被
仰聞候者御導等仕候末
ニ付而者、打洩候朝鮮人ゟ
殺害ニ逢候儀も難計
因茲、御供可被
召連旨被
仰出、御請申上候ニ付、長門守
同勢内召連、日本渡海
仕候。右之者李氏ニ而御座
候得共、金ケ江島之者ニ付
在名を相唱、金ケ江三兵衛と
被　召成候。然処、言語
等をも難相通
御国風ニ一和不仕儀共有之
御用立候通無御座候付、(30)

この史料中に「右之者李氏ニ而御座候得共、金ケ江島之者ニ付在名を相唱、金ケ江三兵衛と被……」とあり、出身が金ヶ江島なので金ヶ江としたと記録している。最初に訴訟した際の史料では金ヶ江だったものが、この史料では金ヶ江島になっていることも検討が必要であると考える。

そして、次の史料は、姓を変更した理由を小物成請役所に聞いたところである。この史料も金ヶ江になっている。

口達覚

此方被官金ケ江清五兵衛
元祖三兵衛儀、於朝鮮住
居仕居候在所之名を苗
字ニ被相附候由御座候。尤、於
彼国、金ケ江島と申所
有之候哉、金江島と申地名
ニ而茂御座候哉、其文字を金ケ江と
為被相附ニテ可有御座歟、
其後之儀分明相知不申候。
御尋ニ付、此段御達仕候。以上。[31]

以上を見ると、李参平が死亡して約一五〇年が過ぎた後、子孫が書いた文書に金ヶ江または金ヶ江島との記録がある。この記録だけで、李参平の出身地が朝鮮のどこであるかを判断するには無理があると考えられる。しかし中島浩気は、根拠を提示せずに、忠清南道公州鶏龍山であると推定した。[32]また、井垣春雄も「彼は中部朝鮮の忠清道錦江地方出身」[33]と記している。はっきりした史料が見つからなかったにもかかわらず、韓国内でも公州出身であると一般的に考えられている。このことについて片山まびは、中島が本を出版した時、韓国では忠清南道公州市鶴峯里《ハッポンリ》の窯跡だけが発掘されていたため、そのように推定した可能性が高いと考えられるとした。そして、公州には錦江という川があり土山に陶器が製作された記録があるので可能性は十分あるとも主張した。(34)

しかし片山は、目積み方式が公州地方と有田焼では異なることを提示し、公州出身であることに疑惑を抱いていた。むしろ韓国で同じ目積みの技術を使っていた全羅道や慶尚道との関連性を主張した。これに関する今までの歴史的な研究で明らかになった朝鮮人連行者の出身地も、同じく全羅道や慶尚道であることから可能性が高いと主張している。(35)

以上のことを見ると、李参平の韓国での出身地については様々な説があるが、決定的な情報がないため、いまだ論争中である。そのため、これから納得できる検証が必要であると考える。

三　日本磁器と有田陶祖・李参平

やきものの分類にはいろいろあるが、『やきもの文化史』では、「土器」「炻器」「陶器」「磁器」といった流れに分類されている。(36)ただ、日本ではやきもの全体を「土もの」「石もの」と二つに分けている。この場合、土器、炻器、陶器が土ものであり、磁器が石ものである。なお、磁石（カオリン）を砕いて材料とする磁器以外はすべて粘土、または陶土によるやきものであるといった把握である。

また出川哲朗は、九州において十六世紀の末に唐津焼が出現するまでは、古瀬戸のような高火度焼成の施釉陶器は生産されていないと言っている。「九州は室町時代までは、瀬戸や常滑・備前などの窯業地に比べると後進地であった。しかし文禄・慶長の役を契機として、朝鮮半島から陶業技術が導入され、各地に窯業が起こった。唐津焼（佐賀県）・有田焼（同）・平戸焼（長崎県）・波佐見焼（同）・高取焼（福岡県）・上野焼（同）・薩摩焼（鹿児島県）などは十六世紀末から十七世紀初頭にかけて始まった窯業である。唐津焼や薩摩焼などの陶器に対し、有田焼・平戸焼・波佐見焼は磁器の製品であり、当時は肥前（佐賀県・長崎県）以外では磁器の生産はまだ行われていなかった。肥前は日本磁器発祥の地であり、とくに有田は良質の陶石（磁器の原料）に恵まれたため、肥前磁器の中心的な産地として発展してゆく」としている。[37] つまり、日本の中世まで窯業生産をリードしてきた瀬戸・美濃焼に対し、肥前の磁器生産は近世の新しい幕を開けたとも言える。

日本の磁器の誕生は他国に比べ、かなり遅かった。九世紀には猿投窯が、十三世紀には瀬戸窯が中国磁器を模倣していたが、結局日本では磁器を作ることができなかった。日本の陶磁器・茶道史研究家である矢部良明は「あれだけ色々なことをやった桃山の美濃窯でも磁器を焼こうとした形跡はないし、もう日本人陶工が自発的な技術革命で磁器を生むには無理だったに間違いない」と述べ、唐津焼の陶工李参平が有田に白磁鉱石を見つけて、元和二年に初めて白磁を焼いたのがその始まりとした。[38] 日本の磁器は、一六一〇年代に佐賀県有田町において創始された。有田で製作された磁器は、近隣の伊万里港から国内各地に出荷されたため、当初から「伊万里焼」の名で親しまれた。[39] こうした点から見ると、肥前地域（現在の佐賀県と長崎県の一部）で焼いた肥前焼、伊万里焼、有田焼と呼ぶものは、結局同じやきものであると言える。

以上から、陶器と磁器はどう違うのかというと、色や見た目などいろいろ見分ける方法があるが、原料の違いが一番大きいと考えられる。その点から見ると、李参平が泉山で磁石を発見して磁器の焼成に成功したことから、有田はやきものの中心になり、日本の磁器の出発点となった。そのため、李参平が有田焼の創始者であることは認めざるを得ないと考える。村山武によれば、彼が陶器を作る一方、領内に陶土を探して歩き、平戸藩領（長崎県）で同国人の陶工が焼いていたおそらく平戸唐津系を見た。それは素朴な陶器であったが、李参平の目的は母国で焼成されていた磁器を作ることであり磁石を探していたのである。苦労に苦労を重ね、有田川の上流にある泉山で磁石を発見し、領主の許可を得て一族一八人が天狗谷に移ったのが、日本陶器上、記録すべき年となった元和二年である。[40] この年は、日本の磁器史や、有田焼にとって忘れてはいけない年である。

李参平が磁器の焼成に成功すると、この新しい堅固なやきものは、間もなく多くのひとの関心の的となり、陶器から磁器への流れは有田を中心に火のように広がっていった。その後、一六四〇年代に有田で生産された磁器が世界に進出し、有田磁器は日本を代表する伝統文化としてその名を高めた。その後の事についてここではこれ以上取り上げないが、有田磁器に李参平が寄与した功労は確かなことである。

そして現在、有田はやきものの町であり、香蘭社、深川製磁など有名な製作会社がある。「有田の陶器市」は、毎年四月二十九日から一週間開かれる。町内一円にわたって店が並び、いつもは静かなやきものの里も、このときは大いににぎわいを見せる。人出は九州を中心に、全国から約一二〇万人が押し寄せ、磁器製品の安さ、豊富さ、そして独特の活気に毎年多くの人々でにぎわい、有田の人々にとっては一年の中で最も忙しく、楽しみな時期である。[41] 最近では、国内だけでなく外国からの観光客も増えている。

写真１　陶山神社（2018年 筆者撮影）

町の中央の有田公園には陶山神社があり、やきものの大鳥居と手水鉢は明治初期に造られた大作である。一段高い丘の上には陶神・李参平の碑が立っている。[42]

有田焼陶祖の神社は有田特有の風情があり、陶磁器製の奉納物が多くある大変ユニークな神社である。[43] 陶祖・李参平碑や鳥居、狛犬をはじめとした名工たちの技が光る陶芸品の数々が鎮座し、有田焼の窯元・商人および有田住民をあまねく守護する神として祀られている陶山神社は、韓国人に広く知られていて、李参平が亡くなって三六〇年以上経った現在も、有田には多くの韓国人が訪ねて様々な民間交流も活発に行われている。このことは、朝鮮出身の陶工李参平が、他国有田の泉山で磁石を発見した結果、磁器の焼成に成功し、陶祖として祀られていることによる。加えて、李参平が日本の磁器、すなわち有田焼に及ぼした影響力が大きいことを認めたとも考えることができるであろう。次の節ではその日韓の交流について述べる。

四　現在の日韓に対する李参平の影響力

李参平は有田の泉山陶石の発見者であり、数多くの無名の朝鮮人陶工の代表者であった。日本の磁器生産は彼のことを言わずに語れないほど、日本の陶器史においてもその名は忘れられない存在である。陶山神社も韓国出身の陶工李参平が陶祖として祀られていることを前面に押し出している。[44] そのために韓国からの旅行者で有田町を訪れる人も多く、有田と韓国は日韓交流のシンボル的な存在とも言われている。

特に、李参平の出身地の有力な説として認められた公州市と、有田は特別な関係を結ぶようになっている。昭和二年公州市鶴峯里で韓国最初の窯跡が発掘された。そして、平成二年に国の文化財として指定された。それをきっかけに有田の町民たちが募金を集め、同じ平成二年十月二十六日に高さ七・五mの李参平の記念碑を公州市に建立した。

有田町にも陶祖・李参平碑がある。磁器誕生三〇〇年を記念して、大正六年に建立されたものである。この記念碑の前で毎年五月に有田陶祖祭が開かれているが、公州の記念碑はその意味を継承して、故郷に戻ることができなかった李参平の故郷に建立されたのである。

『毎日新聞』によると、有田町民、町、県が計六九〇〇万円を寄付した。[45] 公州に建立した碑はあくまでも李参平の功績を称えた感謝の印であった。しかし、その碑文をめぐっては議論があった。問題になった碑文は、「壬辰・丁酉の乱」のときに「来日し」という文であった。「壬辰・丁酉の乱」ではなく「壬辰・丁酉の倭乱」に直すべきであると主張し、「来日し」ではなく「連行され」と訂正しなければならないとの声があがったのである。二〇年余りの議論の末に結局、平成十八年五月韓国で別の李参平碑が建てられ、既存の碑文も修正し、解決された。

そして、平成十八年十月五日、公州市鶴峯里に李参平公園が造成された。以前平成二年に建立された李参平碑も一六年ぶりに移転された。一六年前の経験を活かして、再び失敗を起こさないよう、李参平研究会を設立した。李参平研究会の会員を中心として、有田町と韓国陶磁器文化振興協会、また公州市実務担当者との十分な協議を通して、実現した成果であった。李参平碑の移転式と公園竣工式には、有田町長山口隆敏、深川祐次有田商工会議所会頭、一四代李参平金ヶ江省平氏など七名が出席した。

そして、韓国の公州市では、国際交流コンテンツとして李参平に関する研究を進め、平成十七年有田陶器師招待展をはじめ、シンポジウム、国際陶芸展など多様な国際交流に力を入れて成果も出している。(46)

また有田町でも、毎年五月四日に陶祖祭が開かれ、韓国はもちろん海外から多数の観光客が訪れている。李参平が磁器焼成に成功後四〇〇年が過ぎた現在でも有田町の文化や経済を支え、李参平の肉体は亡くなっているが、その足跡は今も生き続けている。

おわりに

従来の解釈では、朝鮮の陶工李参平が、有田の泉山で元和二年に磁石を発見したことによって有田焼は焼き始められていると、これが長い間の定説である。陶磁器に関心を持っている人に李参平の名はよく知られている。しかし詳細はあまり明らかではない。

十六世紀末、豊臣秀吉は二度に亘り朝鮮出兵を行った。その時、秀吉は不思議な命令を下した。「捕虜の中から陶工を連れて帰れ」というのである。(47) いわゆる「壬辰・丁酉の倭乱」が陶磁器戦争ともいわれる背景である。

秀吉は、風流な人で、特に茶の湯を好んでいた。日本の茶の世界で有名な千利休は、秀吉の茶の先生であった。

そのころは、日本のやきものはあまり発達していなかったため、朝鮮の優れた陶工を連れてきて高麗茶碗を焼かせようとしたのが、いわゆる陶磁器戦争といわれる所以である。こうして、多くの陶工たちが日本へ連行され、多くは九州に住んで、やきものを作った。李参平もこのとき日本に連行された陶工の一人であると考える。

李参平の経歴については、彼の死亡後一五〇年が過ぎて子孫によって作成され、多久家に提出した文章の写しがある。その中に「李参平は朝鮮征伐のときに日本のみかたをして、道案内をし、鍋島軍が大勝利を収めたので、大きな手柄をたてた」と伝えられている。李参平は連行されたのか、それとも自らの選択だったのかの論争が現在も多くある。史料は、李参平の子孫がお互いに採掘権を主張する中で訴訟を起こした際に多久家に提出した記録である。日付も文化四年で、李参平が死亡した承応四年から約一五〇年経過していることを考えると、果たして信頼性があるのかということにも注意しておかなければならないと考える。しかし、李参平の名に「三兵衛尉」と「尉」がつけられているのは、彼がすでに高い身分にあったことを示していることからみると、ある程度、自分の意志が反映されていたのではないかと考えられる。

当時朝鮮には身分制度があり、陶工の身分は一番下の地位であった。身分は次の代に世襲になり、いくら素晴らしい技術を持っていても食べ物に苦労し、春から秋までは農作業をして生活を営んで、やっと冬になると、農業を休む合間に陶磁器を焼いたと考えられる。朝鮮の陶工らは、そこでは希望がなく、技術者を待遇してくれる日本が希望の場所であったのではないかと推測される。事実、李参平が渡来してきたときに各地から集まって来た者一二〇人は、すべてが参平の支配下にあった。そして、功績によって、子孫は代々御切米を頂戴していた。このことからも筆者も当然迷わずその道を選択するであろう。

韓国放送大学日本語学科の教授であり、二〇一八年八月に名古屋大学での一年間の在外研究を終えて帰国したイ・キョンス教授は、筆者と話すなかで李参平について考え直した内容を勤めている大学の新聞に寄稿した。記事の最後の部分を訳すと次のとおりである。

もし、日本に連行されなかったらどうだったのか、韓国でも陶祖と祀られて芸術の魂をあらわせたのだろうか？　当時日本に連行されなかった陶工らも多くいるはずなのに、なぜ李参平のような人物が出てこなかったのだろう。出てこなかったのではなく、そんな人物が出てくる雰囲気ではなかったのではないか？　ひょっとすると、日本に連行されたことは李参平にとって幸いであったのかもしれないと思うと複雑な気持ちになる。

筆者も同じ心情であり、批判する前に、彼らの立場を理解し、韓国人でありながら日本で有田焼の生産体制を作り上げ、有田焼の陶祖にまでなった李参平を誇りにすべきだと考える。

낙산草堂

일본 도자기의 신, 조선 도공 이삼평

몇 년 전, 방송대 일본학과 졸업생이 일본 원서를 번역해보고 싶다면서 연구실로 찾아왔다. 일본에서 아리타(有田) 도자기의 시조로 추앙받는 조선 도공 이삼평에 관한 책이었다. 책을 훑어보니 내용이 만만치 않았다. 일본어 실력은 물론이고 한국과 일본 사이에 얽힌 역사적 배경과 도예와 관련된 전문 지식까지 갖추어야 제대로 번역할 수 있을 것 같았다. 이야기를 나누어 보니 우선 일본어 실력이 좀 부족한 듯해서, 공부를 좀 더 하고 나서 도전하는 게 어떻겠느냐고 조언했는데 그 후로 연락이 없었다.

그리고 나서 몇 년이 지나 우편물을 받았다. 일본학과 졸업생들로 이루어진 '방송대 일본어번역연구회' 소속 회원 몇 명이 『陶工 李参平の生涯 日本磁器発祥』이라는 일본 원서를 공동으로 번역한 책이 들어 있었다. 뜻밖에도 몇 년 전 어느 졸업생이 상담하러 왔던 바로 그 책이었다.

'방송대 일본어번역연구회'는 일본학과 학생들이 졸업 후에도 일본어와의 인연을 이어갔으면 하는 바람에서 2003년에 만들고, 지도교수로 참여해 왔는데 어느새 15년이 지났고 그 세월만큼 회원들의 실력도 일취월장했다. 그 어려운 책을 번역했나 생각하니 뿌듯하고 자랑스러웠다. 반가운 마음에 얼른 읽어보았다. 조선의 도공이었던 이삼평이 임진왜란 당시 일본에 끌려간 때부터 시작하여 도자기 기술을 발전시키고 사망하기까지를 소설 형식으로 풀어나간 책이었다. 번역 티가 별로 나지 않으면서 문장도 자연스러워 실력을 짐작할 수 있었다. 이 책은 '세종도서 교양부문'에도 선정되어 전국의 웬만한 도서관에는 다 비치되어 있을 것이다.

임진왜란 때 강제로 일본으로 끌려간 이삼평은 좋은 도자기를 만들라는 명을 받고 18년 동안 도자기의 원료를 찾아 헤매다가 1616년에 아리타지방에서 질 좋은 고령토를 발견하여, 일본 최초로 백자를 만들어 일본은 물론 유럽에까지 일본도자기 붐을 일으켰다. 아리타에서는 이삼평을 도조(陶祖)로 받들어 신사에 모시고 '도자기의 신'으로 추앙하여 기념비를 세우고 해마다 그를 기리는 도자기 축제도 열고 있다. 이삼평가(家)는 초대부터 이름을 물려주며 가업을 이어 현재 제14대 이삼평까지 400년이 넘도록 일본의 명품 도자기 가문을 이어오고 있다.

도자기를 빼놓고는 아리타를 말할 수 없다. 도자기 산업이 번창하지 않았다면 조그만 산골 마을인 아리타는 어쩌면 현재 일본에서 문제가 되고 있는 '지방 소멸'의 길을 걷고 있을지도 모른다. 이삼평이 아리타의 운명을 바꿔놓은 셈이다.

만약 이삼평이 일본으로 잡혀가지 않았다면 어땠을까. 한국에서도 도자기의 신으로 추앙받으며 예술혼을 불태울 수 있었을까. 당시에 일본으로 끌려가지 않은 도공들도 많았을 텐데 왜 한국에는 이삼평 같은 인물이 나오지 않았을까. 아니, 나오지 않은 게 아니라 나올 수 없는 풍토였던 건 아닐까. 어쩌면 일본으로 끌려간 게 일본은 물론 이삼평 자신을 위해 다행일지도 모른다 생각하니 마음이 착잡하다.

이경수 일본학과 교수

写真２　「日本陶磁器の神　朝鮮陶工李参平」
（『韓国放送大学新聞』2018年10月22日付）

参平は佐賀藩主の鍋島に仕えて、やきものを作った。出来上がったやきものを献上したところ、鍋島直茂はたいへん喜んで、褒美に嫁を世話した。以後、参平は金ヶ江参平と名乗ったのである。

その後も、参平は母国で焼成されていた磁器を作ることを目的として磁石を探し、苦労に苦労を重ね、有田の泉山で白磁石を発見したのが元和二年のことである。参平は領主の許可を得て一族一八人を引き連れて天狗谷に移り、そこで日本で初めての美しい磁器を焼くことができたのである。参平が良質の磁石を発見してから有田はやきものの中心になり、日本の磁器の出発点となった。このあたりのやきものは近くの伊万里の港から積み出されたので、伊万里焼と呼ばれている。

現在、有田町の中央にある有田公園には陶山神社があり、一段高い丘の上には陶神・李参平の碑が立っている。陶祖・李参平碑や鳥居、狛犬を始めとした名工たちの技が光る陶芸品の数々が鎮座し、李参平は有田焼の窯元・商人および有田住民をあまねく守護する神として祀られている。磁器発展の功労者で中心的存在であったあるじを慕い、その死を嘆き悲しんで御霊を祀った陶山神社は、明暦四年八月、有田皿山代官の命により、伊万里市大里二里町鎮座の郷社、八幡宮からご分霊をもらって現在の地に創建された。

李参平が日本で磁器焼成に成功してから四〇〇年が過ぎた現在も、李参平の日本と韓国に及ぼした影響は非常に大きい。李参平というつながりを持って、日韓両国では、日本から李参平の故郷を訪ねて記念碑を建立したり、有田の陶祖祭に韓国の李参平研究会が参加をしたり、まさに四〇〇年を乗り越えての交流が行われている。

近くて遠い国といわれる日本と韓国は、歴史上いい事ばかりではなかった。しかし、こうした日韓関係史にあって様々な人が友好的な関係を築くために非常に力を尽くしてきた。友好的、もしくは、そうでなかった時期を繰り返しながらも古くから密接な関係を持っていた両国は、二十一世紀の現代でも、日韓間を往来する人の数が飛躍的に多くなっている。また日本に住んでいる数多くの在日の人や、韓国に暮らしている日本人の数も増える傾向にある。そんななか共生できるよう、両国はお互いに理解し協力して生きていかなければならないと考える。

朝鮮人で有田陶祖として神になった李参平をつながりとし、これからも韓国と日本の友好関係をさらに深めていくことを望む。

注

（1）韓国古宮博物館チェ・ナレ氏のご教示による（二〇一六年十二月十日）。
（2）ノリタケ社渡邊潤氏ほか三名のご教示による（二〇一六年十一月二十九日）。
（3）『平成三十年 有田町統計書』（佐賀県有田町、二〇一九年）三頁
（4）『日本語大辞典 第二版』（講談社、二〇〇〇年）
（5）『広辞苑 第三版』（岩波書店、一九八四年）
（6）『平凡社大百科事典 第一五巻』（平凡社、一九八五年）
（7）昭和三十年代に古陶磁研究家の小山富士夫が提唱した用語で、その時点で知られていた平安後期から室町時代に至る古窯は全国に六ヶ所であるという意味であった。その後の発掘調査で陶窯は続々と発見されたがすべて廃滅してしまっており、六古窯は今日でも活動を続けている。矢部良明監修『カラー版 日本やきもの史』（美術出版社、二〇〇七年、六三頁）
（8）出川哲朗他編『増補版 アジア陶芸史』（昭和堂、二〇一二年）二〇九頁
（9）東アジア学会編『日韓の架け橋となった人びと』（明石書店、二〇〇三年）一四頁
（10）金両基『物語 韓国史』（中央公論新社、一九八九年）二六六〜二七三頁
（11）寺崎宗俊『肥前名護屋城の人々—秀吉の朝鮮侵略四百年—』（佐賀新聞社、一九九五年）二二六頁
（12）現在、同内容の朱印状が十通あまり確認されている。それぞれ宛先が異なることから、秀吉が朝鮮出兵に際し従軍した諸大名にむけて一斉に発したものと推定されている。
（13）有田町歴史民俗資料館の資料によれば、有田の始まりや金ヶ江三兵衛について書かれたものは、古いものでは『鍋島直茂公譜』や『鍋島勝茂公譜』などに、「日本の宝」にするため「焼物上手にする者六・七人召し連れられ」帰国したとあって、慶長の役の際に日本に連れて来られた朝鮮の人々によってやきもの（磁器）作りが始まったことが記されている。その後、史料の中では金ヶ江三兵衛に関する記事は途絶するが、明和七年（一七七〇）『御屋形日記』の「申上口上覚」に再登場する。そこには「元祖金ケ江三兵衛と申す者」の功績によって、子孫の我々は代々御切米を頂戴していたが、財政逼迫でその拝領が叶わなくなった、とある。しかし、先祖が頂戴していた御判物の写しもあることであり、多久家に対し先祖の功績により再度支援を願い出ていた。また、多久家文書と呼ばれる中に『肥陽旧章録』というものがあり、その中に「皿山金ケ江三兵衛高麗より罷越候書立」がある。これとほぼ同じ文が佐賀鍋島文庫の中の「多久家有之候御書物写」である。有田町歴史民俗資料館『季刊皿山』通巻五五号（平

成十四年九月一日）
(14) 有田町史編纂委員会『有田町史 陶業編一』（有田町、一九八五年）七〜九頁
(15) 前掲『有田町史 陶業編一』七〜一〇頁
(16) 有田町史によると高麗も朝鮮も同じ意味で用いられている。前掲『有田町史 陶業編一』九頁
(17) 多久家と李参平の関係については以下を参照。「秀吉の時代、文禄・慶長の役の二度の朝鮮出兵を終えた佐賀の鍋島直茂、多久安順、後藤家住等は、出兵後の財政立て直しのため陶器の生産拡大を目的として、陶工のグループをそれぞれ連れ帰り、多久領内に留められていた李朝の陶工李参平が、元和二年（一六一六）有田の泉山に陶石を発見し、上白川の天狗谷に築窯して白磁焼成に成功したのが日本における磁器の創業であると伝えられている」。山辺眞一「有田町の陶磁器—製造業から新たな展開—」（九州地域計画研究所『よかネット』№15、一九九五年五月）九頁
(18) 前掲『有田町史 陶業編一』五六四〜五七二頁
(19) 「金ヶ江三兵衛さんをご存じですか？—李参平という言葉はいつから—」（『季刊皿山』№55、二〇〇二年九月）三頁
(20) 前掲『有田町史 陶業編一』一一〜一八頁
(21) 三杉隆敏『やきもの文化史—景徳鎮から海のシルクロードへ—』（岩波新書、一九八九年）一五五〜一五六頁
(22) 윤용혁（尹龍爀）『공주역사문화론집（公州、歴史文化論集）』（韓国：서경、二〇〇五年）二〇五頁
(23) 村山武『やきもの紀行—物語・日本陶磁史—』（廣済堂出版、一九九一年）一七〇頁
(24) 前掲『有田町史 陶業編一』一一頁
(25) 『平凡社大百科事典 第二九巻』五一〇頁
(26) 李美淑「日本九州地域の朝鮮被虜社沙器匠研究」（江原大学校博士論文、二〇〇八年）八七頁
(27) 이종태（イ・ジョンテ）「국제교류 콘텐츠로서의 이삼평에 대한 연구（国際交流コンテンツでの李参平に関する研究）」（公州大学校修士論文、二〇一七年）一頁
(28) 前掲윤용혁『공주역사문화론집』一九〇〜一九六頁
(29) 윤용혁（尹龍爀）『공주，역사와 문화콘텐츠（公州、歴史と文化コンテンツ）』（공주대학교출판부（公州大学出版部）、二〇一六年）七三頁
(30) 前掲『有田町史 陶業編一』五九二〜六〇〇頁
(31) 前掲『有田町史 陶業編一』五八四〜五八五頁

（32）中島浩気著、永竹威編『肥前陶磁史』（肥前陶磁史刊行会、一九五五年）、片山まび（혼다 마비）「壬辰倭亂前後의朝日陶磁比較研究（壬辰倭乱前後の韓日陶磁比較研究）」（ソウル大学校博士論文、二〇〇三年七月）一五一頁より再引用
（33）井垣春雄『李参平の事』（日本陶磁協会、一九七一年）一一頁
（34）前掲片山論文、一五一頁、一九四頁
（35）前掲片山論文、一五一頁、一九四頁
（36）前掲三杉『やきもの文化史』二三頁
（37）前掲出川他編『増補版 アジア陶芸史』二一九頁
（38）矢部良明『日本やきもの史入門』（新潮社、一九九二年）七七頁
（39）前掲矢部監修『カラー版 日本やきもの史』九四頁
（40）前掲村山『やきもの紀行』二四五頁
（41）http://www.arita-toukiichi.or.jp/toukiiti/
（42）前掲村山『やきもの紀行』二四三頁
（43）http://arita-toso.net/
（44）前掲東アジア学会編『日韓の架け橋となった人びと』三一頁
（45）「李参平記念碑 移転式典 有田町長ら七人が出席 韓国・公州市／佐賀」（『毎日新聞』佐賀版、二〇一六年十月八日付）
（46）前掲イ・ジョンテ論文
（47）前掲寺崎『肥前名護屋城の人々』二二六頁

日本とモンゴルの犬に関することわざについて

包　英春

はじめに

筆者が日本語・日本文化に関心を持つようになったきっかけは、小学生の時（平成四年）、故郷の草原で『離別広島的日子』というドラマが撮影されたことであった。当時、小学五年生の弟がエキストラとして出演したことに興奮し、放課後撮影現場へ急いで見に行ったことが今も印象に残っている。その年の冬、そのドラマが放送され人気を博した。ドラマのあらすじは、日本の戦争孤児の高娃が内モンゴルで教師として子供たちと触れ合う日々を送るなか、一度は日本に帰国するが、また草原に戻るというエピソードである。もう一つ筆者が日本語・日本文化に興味を持つようになったのは、そのドラマが放送されてから二年後、当時中学二年生であった筆者のクラスメートの李明という女性がドラマの主人公の高娃のように日本人の孤児の孫で、家族と日本へ引っ越したことである。ドラマ『離別広島的日子』を通じ初めて日本を知り、李明の送ってくれた日本での生活の写真を見てから、日本の生活に憧れ、日本に魅了された筆者は、現在大学で教鞭を執り、日本語とモンゴル語、日本文化とモンゴル文化の対照研究を行っている。

十数年前に、大学を卒業した筆者は留学生として初めて日本の地を訪れた。魅了されていた日本文化に接する楽しさや日本語で意思疎通ができる喜びに包まれ、好奇心や新鮮な感覚にあふれていた。その際、当時のドラマを思い出し、調べてみたら日本語では『大草原に還る日』というドラマであったことが初めて分かった。

さて、本稿の本題に入ろう。日本では「犬」に対して、どんなイメージを持つだろうか。モンゴル民族にとって、犬は遊牧生活の中でかけがえのない存在であり、羊の群れをまとめ、狩りに出れば獲物を追い立て、また、家や家畜を害獣から守るなど、さまざまな面から生活を支えてくれる重要な助手である。犬は人類史上、最も古い歴史をもつ家畜の一種であり、人間に最も近い存在であるという事実は、、内モンゴル地域における古代の岩絵や資料にも読み取れる。

モンゴル語に「良馬は遊牧民の宝、良犬は猟人の宝」ということわざがある。犬はモンゴル人の生活に深く関わっている。草原で犬を飼っていない家は一軒もない。したがって、モンゴル人は犬に対して特別な感情を持ち、犬との関係は遊牧民族特有の文化を持っている。モンゴル人にとって、犬は人間の気持ちを理解できる「忠実な仲間」と見なされている。一方で、日本の文献を文化史的な視点から見ると犬は現在のようなただのペットではないことも分かる。犬は人間にとって、価値観を共有する大切な伴侶のようである。本稿はことわざを通して日本人とモンゴル人が犬に対してどのようなイメージを持っているのか、どんな想いを託しているのかについて見ていきたい。

一　考察対象と考察方法

本稿で扱う考察対象は、犬に関する日本語、モンゴル語のことわざである。

日本語のことわざの用例は『動植物諺辞典』と『故事俗信ことわざ大辞典　第二版』を資料にことわざを取り出す。ことわざの解釈は『故事俗信ことわざ大辞典　第二版』『岩波ことわざ辞典』『すぐに役立つ故事ことわざ辞典』に基づいている。一方、モンゴル語のことわざの用例はすべて『蒙古族熟語諺語集』を中心に、ことわざを取り出している。ことわざの解釈は『蒙古語熟語大辞典』『青少年版経典成語注釈』「モンゴル日本語ことわざ比較研究」に基づいている。『動植物諺辞典』の中から動物を素材としたことわざを抽出した上で両言語のことわざを比較した。その結果、『動植物諺辞典』の中で、動物を含むことわざの上位五位は馬、犬、牛、猫、鳥であった。『蒙古族熟語諺語集』の中で、動物を含むことわざの上位五位は馬、虎、犬、魚、鶏であった。動物を含むことわざの中で、犬の出現頻度は『動植物諺辞典』では一六六回、『蒙古族熟語諺語集』では四二七回となり、二位と三位という高い順位を示している。

本稿は日本語とモンゴル語のことわざを「プラスのイメージを持つことわざ」「マイナスのイメージを持つことわざ」「犬に関するモンゴル語特有のことわざ」の三つに分け、ことわざの比較考察を行ってみようと思う。

二　考察

ここで、犬に関する日本語とモンゴル語のことわざについて、「プラスのイメージを持つことわざ」と「マイナスのイメージを持つことわざ」と「犬に関するモンゴル語独特のことわざ」に三分して見てみたい。

プラスのイメージを持つことわざ

日本語にもモンゴル語にも、犬に対して「忠実である」「恩義を感じる」「役立つ」「頼りになる」などの「よい」「プラス」の意味で使用されていることわざが多くみられる。ここで、これらのことわざを「プラスのイメージを持つことわざ」と呼ぶことにする。以下では、日本語の「犬」に関することわざすべてに「J」、モンゴル語のことわざすべてに「M」という符号を付ける。

(日)J①「犬は三日食えば三年忘れぬ」
J②「犬は門を守り、武士は国を守る」
J③「飼い養う犬も主を知る」
J④「犬も歩けば棒に当たる」
J⑤「孫飼わんより犬の子飼え」
J⑥「門の犬」「我が門にて吠えぬ犬無し」「所で吠える犬は無い」

(蒙)M①「ᠨᠣᠬᠠᠢ ᠡᠵᠡᠨ ᠢᠶᠡᠨ ᠭᠣᠯᠣᠳᠠᠭ ᠦᠭᠡᠢ᠂ ᠬᠦᠮᠦᠨ ᠨᠤᠲᠤᠭ ᠢᠶᠠᠨ ᠭᠣᠯᠣᠳᠠᠭ ᠦᠭᠡᠢ」
(犬は飼い主を嫌がらない、人間は故郷を嫌がらない)
M②「ᠨᠣᠬᠠᠢ ᠰᠢᠭ ᠰᠠᠢᠨ ᠨᠥᠬᠥᠷ ᠦᠭᠡᠢ᠂ ᠮᠣᠷᠢ ᠰᠢᠭ ᠰᠠᠢᠨ ᠨᠥᠬᠥᠷ ᠦᠭᠡᠢ」
(犬のような良友がいない、馬のような良伴がいない)
M③「ᠨᠣᠬᠠᠢ ᠭᠠᠯᠵᠠᠭᠤᠷᠠᠭᠰᠠᠨ ᠴᠤ ᠡᠵᠡᠨ ᠢᠶᠡᠨ ᠲᠠᠨᠢᠨ᠎ᠠ」
(犬は狂っても飼い主を知る)
M④「ᠶᠠᠪᠤᠭᠰᠠᠨ ᠨᠣᠬᠠᠢ ᠶᠠᠰᠤ ᠵᠡᠭᠦᠨ᠎ᠡ᠂ ᠶᠠᠪᠤᠭᠰᠠᠨ ᠬᠦᠮᠦᠨ ᠦᠵᠡᠮᠵᠢ ᠦᠵᠡᠨ᠎ᠡ」
(歩きまわる犬は骨をくわえる、歩き回る人は景色を見る)
M⑤「ᠬᠣᠮᠬᠠᠢ ᠵᠠᠯᠬᠠᠭᠤ ᠬᠣᠶᠠᠷ ᠢ ᠲᠡᠵᠢᠭᠡᠬᠦ ᠪᠡᠷ᠂ ᠬᠣᠷᠢᠶᠠᠨ ᠨᠣᠬᠠᠢ ᠨᠢᠭᠡ ᠢ ᠲᠡᠵᠢᠭᠡ」
(貪欲怠惰の二人を養うより番犬を一匹飼え)
M⑥「ᠬᠦᠦᠬᠡᠳ ᠡᠴᠢᠭᠡ ᠡᠬᠡ ᠲᠡᠢ ᠪᠣᠯ ᠪᠣᠬᠢᠷᠠᠩᠭᠤᠢ᠂ ᠨᠣᠬᠠᠢ ᠡᠵᠡᠨ ᠲᠡᠢ ᠪᠣᠯ ᠪᠣᠬᠢᠷᠠᠩᠭᠤᠢ」
(子供は父母がいれば元気で、犬は飼い主がいれば勇敢である)

まず、日本語のことわざの意味を見てみよう。J①では、三日しか飼わない犬ですら飼主に忠義を尽くすのだから、人間はなおさら恩知らずであってはならないという戒めである。J②では、犬が城や屋敷の門を守るように、武士は国を守るのが役割であると述べている。J③では、飼い犬でさえ飼主の恩を知っていると語られている。J④には、二種類の解釈がある。一つ目は、犬も出歩くから棒で打たれるわけで、災難に遭うことがあるという解釈である。もう一つは、積極的に行動すれば思いがけない幸運に出会うという意味で多く使われているという。本稿は後者の肯定的な意味を用いる。J⑤では、いくらかわいがっても孫が養って孝行してくれる望みは少ないから、むしろ犬を飼うほうがましであると述べられている。J⑥では、どんな弱い犬でも自分の家の前では吠えたてる、つまり弱いものも自分の家では威張るという意味である。

次に、モンゴル語のことわざの意味を見てみよう。M①では、犬は飼主を嫌がらない、人間は故郷を嫌がらないと、犬の忠実さが語られている。M②では、犬も馬も人間の良き友であると述べられている。M③は、すぐに恩を忘れるような人間では、犬にも劣るという戒めである。M④では、苦労して何かをやっていればどんなに才能のない者や能力が低い者でも、こつこつと努力しているうちに報われることがあると語られている。M⑤では、貪欲で怠惰な人を雇うよりむしろちゃんと家を守る犬を一匹飼ったほうが良いのではないかという意味が示されている。M⑥では、子供は父母がいれば元気で、犬は飼い主がいれば勇敢だということが述べられている。

日本では犬が飼い主に忠実であることの由来として、犬の祖先がオオカミで、野生のイヌが群れで暮らすことから由来するという(1)。犬が「忠誠」を象徴する動物として登場する伝説は多い。モンゴル族のさまざまな文献でも、犬には「忠実精神」があるということがよく指摘されている。拉希尼瑪の論文「蒙古人対狗的認識」の遊牧民たちへの「忠実な犬」に関するインタビューでは、遊牧民の家の犬は主人にとても忠実であり、事故があれば主人のことをとても心配して対応する。他の人に連れて行かれた犬が、約七五km先から自分の家を見つけて戻って来る。主人の紛失したものを拾ってくれたり、さらには、主人のために命まで失ったという実話も紹介されている。本稿のはじめに紹介したドラマ『大草原へ還る日』の中で、白い犬が意識を失った主人公を畑で見つけ、そして、その主人公の靴をくわえ飼主のところに持ってきてくれ、主人公の高娃を救ったシーンが印象深い。その白い犬は実はとても人の気持ちが分かる牧羊犬であった。このような犬が主人に忠実であるという積極的で肯定的な犬のイメージは、ことわざにもよく用いられている。M②の「犬のような良友がいない、馬のような良伴がいない」のほかに、「良い犬は村の主、良い人は家の主」「良い馬は飼い主を忘れない、良い犬は家畜を噛まない」など多数ある。斯琴巴特爾の「蒙古族狗文化浅談」には「モンゴル人は犬と馬を非常に愛し、良い犬と良い馬の世話は人間への世話にも勝る」という記述がある。(2) 馬はモンゴル人にとって誇りであり、喜びであり、馬を自分の恋人になぞらえる一方、犬は家畜の中で、唯一名前を持ち、家族の一員とみなされていると言える。

マイナスのイメージを持つことわざ

日本語にもモンゴル語にも、犬に対して「無能」「価値がない、価値が低い」「卑しい」などの「悪い」「マイナス」の意味で使用されていることわざが多く見られる。ここで、これらのことわざを「マイナスのイメージを持つことわざ」と呼ぶことにする。

（日）J⑦「犬に小判」「犬に論語」「犬に伽羅聞かす」「犬に念仏、猫に経」
J⑧「飼い犬に手を噛まれる」
J⑨「犬にも食わせず棚にも置かず」
J⑩「年取れば犬も侮る」
J⑪「犬骨折っても鷹の餌食」
J⑫「犬の川端歩き」
（蒙）M⑦「ᠨᠣᠬᠠᠢ ᠶᠢᠨ ᠴᠢᠬᠢᠨ ᠳᠤ ᠤᠰᠤ ᠬᠢᠪᠡ ᠴᠦ ᠰᠡᠭᠰᠡᠷᠡᠨ᠎ᠡ᠂ ᠲᠣᠰᠤ ᠬᠢᠪᠡ ᠴᠦ ᠰᠡᠭᠰᠡᠷᠡᠨ᠎ᠡ」
（犬の耳に水を入れても油を入れても振り出す）

M⑧「ᠲᠡᠵᠢᠶᠡᠭᠰᠡᠨ ᠲᠤᠭᠤᠯ ᠲᠡᠷᠭᠡ ᠡᠪᠳᠡᠨ᠎ᠡ᠂ ᠲᠡᠵᠢᠶᠡᠭᠰᠡᠨ ᠨᠣᠬᠠᠢ ᠭᠠᠷ ᠵᠠᠭᠤᠨ᠎ᠠ」
（育てた子牛が車を壊し、飼い犬が手を噛む）

M⑨「ᠥᠪᠡᠷ ᠢᠳᠡᠵᠦ ᠴᠢᠳᠠᠬᠤ ᠦᠭᠡᠢ᠂ ᠨᠣᠬᠠᠢ ᠳᠤ ᠥᠭᠬᠦ ᠰᠡᠳᠬᠢᠬᠦ ᠦᠭᠡᠢ」
（自分が食べきれないものを、犬にも与えず）

M⑩「ᠬᠦᠮᠦᠨ ᠬᠥᠭᠰᠢᠷᠡᠪᠡᠯ ᠬᠡᠦᠬᠡᠳ ᠨᠣᠬᠠᠢ ᠶᠢᠨ ᠨᠢᠭᠤᠷ ᠪᠠᠰᠤᠨ᠎ᠠ」
（人は年を取れば、子供や犬の笑いものになる）

M⑪「ᠰᠣᠨᠢᠨ ᠬᠤᠯᠢᠭᠠᠨ ᠨᠣᠬᠠᠢ ᠰᠠᠷ᠎ᠠ ᠳᠤ ᠬᠤᠴᠠᠨ᠎ᠠ᠂ ᠰᠠᠮᠵᠠ ᠶᠢᠨ ᠰᠠᠷᠮᠠᠭᠴᠢᠨ ᠠᠭᠤᠯᠠ ᠳᠤ ᠬᠤᠴᠠᠨ᠎ᠠ」
（物好きな犬は月に吠え、猿の子は山に吠える）

M⑫「ᠨᠣᠬᠠᠢ ᠬᠡᠨ ᠦ ᠬᠣᠭᠣᠯᠠ ᠶᠢ ᠢᠳᠡᠪᠡᠯ᠂ ᠲᠡᠭᠦᠨ ᠦ ᠡᠭᠦᠳᠡ ᠶᠢ ᠰᠠᠬᠢᠨ᠎ᠠ」
（犬は誰かの飯を食えば、その誰かの門を守る）

まず、日本語とモンゴル語のことわざの意味について見てみよう。日本のことわざにおいて、J⑦は、犬には小判の価値は分からない、どんなに道理を説いても聞かせても効果がなく、無駄であることのたとえ。どんなに価値のあるものを提供しても、それが分からず、少しも効果のないことのたとえ。J⑧は、日頃目をかけて面倒をみてやっていた人や部下に思いがけず害を加えられることのたとえ。J⑨は、気前よく犬に与えたりもせず、だからといって棚にのせて大切にしまっておくわけでもない。けちなひとのやり方のたとえ。J⑩は、年を取ると、誰からも馬鹿にされるという意味である。J⑪は、犬が苦労して追いかけた獲物を鷹に取られる、苦労して手に入れかけたものを他人に奪われてしまうという意味である。J⑫は、犬が川端で食べ物をあさりながら歩いても何も得られないように、何かを食べたいと考えながらも、何も食べられずに素通りして歩いていくという意味である。。

一方、モンゴル語のことわざの意味を見てみよう。M⑦は、せっかく価値のあるものを提供しても、それが分からずに、そのままに振り出してしまう。提供するものは水でもいいし、油でもかまわない。なんの効果もなく無駄なことのたとえである。M⑧は、援助してくれた人にかえって害を及ぼし、恩に対して仇で返す行為を言う。M⑨は、自分が食べきれないものを犬にも与えず、結局駄目にしてしまうことのたとえ。M⑩は、一般にかつてどんなに優れた人も年を取ると、体力が衰え、みんなからばかにされるようになるという意味である。M⑪は、物好きな犬が余計なことに月に向かって吠え、猿の子は山に向かって吠えるというたとえから、一般に自分に関係のない余計なことにまで首を突っ込んで、干渉するという解釈である。M⑫は、犬は誰かの飯を食えば、その誰かの門を守るというたとえから、誰かから利益を得ればその誰かに従う、おべっかを使うような人を指し、けなす意味を含む。

日本語とモンゴル語のことわざの意味を分析し終え、その異同を見てみよう。M⑦の「犬の耳に水を入れても油を入れても振り出す」に相当する日本のことわざには「犬に小判」「犬に論語」「猫に小判」「牛に経文」「馬の耳に念仏」などがある。日本語のことわざとモンゴルのことわざのいずれも同じく「動物が主人公」で、畜生には価値あるものの値打ちはわからないという発想である。日本のことわざでは動物の「犬」「牛」「馬」「猫」が主人公で、犬、猫に小判を与えても使えない。経文、念仏は尊いが牛、馬の理解を超える。モンゴルのことわざでは動物のロバが登場し、ロバに牛糞を与えても、黄金を与えても価値が分からなく振り出してしまう。「ロバの耳に黄金を入れても牛糞を入れても振り出す」ということわざが、類義のことわざ「犬の耳に水を入れても油を入れても振り出す」より常用されていた。日本のことわざの「小判」「経文」に対し、モンゴル語のことわざには「牛糞」が登場し、モンゴル民族の遊牧生活から生まれたことわざだと言えるだろう。

J⑧とM⑧も同じく信じたものに裏切られることを言う。日頃から特別大事に面倒を見てやって、恩を感じてもいいはずのものから、思いがけない被害を受けたり、攻撃を加えられたり、裏切られたりすることを意味する。

モンゴル語では「飼い犬に手を噛まれる」に相当することわざは次のように多数ある。例えば、「育てた子牛が車を壊し、飼い犬が手を噛む」のほかに「ロバが肥えれば飼い主を蹴る、子山羊は羊角が生えれば母を突く」「牛乳に血、助けに仇」「油に水、恩に血」「恩に仇、愛に恨」「助けに対して水、恩に対して狡猾」「黄金を取って箱を捨て、子を育て母を捨てる」「同情する気持ちに、胸を蹴る」などがある。遊牧民は放牧する家畜群の性質を非常に良く知っている。子山羊は角が生えてしまうと、乳を吸わせて育ててくれた恩ある自分の母の乳房まで、自分の角で突いて痛めることがある。ロバが肥えれば、飼い主を蹴ることがある。父母の恩や愛により育ち、すっかり一人前になったのに、親の恩に報いない人を子山羊やロバになぞらえて示したものである。

J⑨とM⑨、J⑩とM⑩では、共通性があるが、J⑪とM⑪では、各言語独自の捉え方をしている。M⑪の「物好きな犬は月に吠え、猿の子は山に吠える」というモンゴル語のことわざと同義の日本語のことわざには「人の頼まぬ経を読む」がある。

以上のことわざを見てみると、日本語のことわざとモンゴルのことわざでは、ともに隠喩表現が多く使われている。犬の性格、習慣、習性などを借りて、人間と対比させ、犬の良いイメージと悪いイメージをことわざの中に描き、人間性の良さと悪さを表現することが目的である。中には、モンゴル語の犬への悪いイメージから、人間を、特にノヤン（封建領主）を風刺することわざの表現が多数ある。次にそのことわざについて見てみよう。

犬に関するモンゴル語特有のことわざ

『蒙古族熟語諺語集』の中から、犬に関することわざを四二七個抽出し、さらに犬とノヤンを並列的に描いているることわざを抽出して分類と整理をしてみると、四二七の中に一〇六個あり、犬に関することわざの二五％を占めている。では、次のことわざを見てみよう。

M⑬「[illegible]」

（犬は骨のにおいのする場所に集まる、ノヤンたちは出世のにおいのするところに集まる）

M⑭「ᠨᠣᠬᠠᠢ ᠳᠤ ᠢᠲᠡᠭᠡᠪᠡᠯ ᠬᠠᠵᠠᠭᠤᠯᠤᠨ᠎ᠠ᠂ ᠨᠣᠶᠠᠨ ᠳᠤ ᠢᠲᠡᠭᠡᠪᠡᠯ ᠢᠳᠡᠭᠦᠯᠦᠨ᠎ᠡ」

（犬を信じれば噛まれる、ノヤンを信じれば食べられる）

M⑮「ᠨᠣᠬᠠᠢ ᠪᠠᠭᠠᠰ ᠢᠳᠡᠬᠦ ᠪᠡᠨ ᠪᠣᠯᠢᠬᠤ ᠦᠭᠡᠢ᠂ ᠨᠣᠶᠠᠨ ᠬᠠᠬᠤᠯᠢ ᠠᠪᠬᠤ ᠪᠠᠨ ᠪᠣᠯᠢᠬᠤ ᠦᠭᠡᠢ」

（犬は糞を食べるのをやめられない、ノヤンは賄賂を得るのをやめられない）

M⑯「ᠨᠣᠬᠠᠢ ᠳᠤ ᠥᠰᠢᠶᠡᠯᠡᠭᠳᠡᠪᠡᠯ ᠬᠣᠷᠮᠠᠢ ᠦᠭᠡᠢ᠂ ᠨᠣᠶᠠᠨ ᠳᠤ ᠥᠰᠢᠶᠡᠯᠡᠭᠳᠡᠪᠡᠯ ᠳᠡᠪᠰᠢᠯ ᠦᠭᠡᠢ」

（犬に恨まれれば裾がない、ノヤンに恨まれれば出世がない）

M⑰「ᠨᠣᠬᠠᠢ ᠰᠡᠭᠦᠯ ᠢᠶᠡᠨ ᠰᠢᠭᠰᠢᠬᠦ ᠳᠤᠷᠠᠲᠠᠢ᠂ ᠨᠣᠶᠠᠨ ᠠᠮᠠᠯᠠᠯᠲᠠ ᠪᠠᠨ ᠡᠪᠳᠡᠬᠦ ᠳᠤᠷᠠᠲᠠᠢ」

（犬は尻尾を振るのを好む、ノヤンは約束を破ることを好む）

以上のことわざを見てみると、ほとんどがノヤンたちに矛先を向けることわざである。支配階級に属するノヤンが高慢で酷薄、賄賂を得ることが好きな、その搾取者であるノヤンをことわざの中で悪いイメージの犬になぞらえ、人間の汚職政治を批判する社会的側面を反映している。そのなかには、昔から今まで広く使われているものもあれば、古くなって廃れてしまい、新しいものが生まれ、人々の生活の中に根ざし、モンゴル人特有の風俗、習慣を表しているものもある。

おわりに

モンゴル国の詩人チミドが詠んだ「わたしはモンゴル人」という詩がある。それを日本語に翻訳すると以下のようである。

アリガリの煙立ち上る　牧民の家に生まれた私
故郷の草原を　揺りかごだと思う
この人こそモンゴル人
故郷の愛する人よ
生れ落ちたこの大地を　自分の身体のように愛しく思い
産湯にした清らかな川を　母の乳のように懐かしく思う
（中里豊子訳）

詩人ボヤンヒシグは、次のようにいう。

この詩はモンゴル人の郷愁を叙情的に歌ったものであるが、それが決してモンゴル人にとどまらず、生き物として生まれた人間を誇りに思い、かつてあったあの美しい素朴な自然と自分の生命の根源への憧れを表現したところが多くの人に感動を与え、愛される詩となったのである。この詩には人間という生き物が命を育んできたという、生命の始源へのノスタルジア、自然に対する憧憬、讃美、抱擁と甘える情緒が込められているのである。(3)

モンゴル人の中では、「わたしはモンゴル人」という詩を知らない人はいないだろう。小学一年生の時から勉強し、聞き慣れ、歌い慣れたこの詩は、内モンゴルにおいて、令和二年（二〇二〇）秋から実施された「国家統編教材」の強化により、小学一年用モンゴル語教科書（下冊）の十一課から削除され、その代わりに、第一四課「国の国旗と国魂」（令和三年）と入れ替えられている。さらに、令和四年秋に高校一年に入った学生たちの大学入試（原語：高考）科目から、母語のモンゴル語を削除する教育方針が実施されている。このような状態が続けば、モンゴル語を理解し、モンゴル語で話せる人がさらに減少し、いつしかモンゴル語が内モンゴル地域から消えるだろうという危機に直面し、深い悲しみを感じ、母語のモンゴル語をよく勉強しなかったことを恥ずかしく思う。

モンゴル人のことわざは、モンゴル口承文学の中で最も活気に富むジャンルである。ノヤンとノハイ（犬）のように頭韻、脚韻を踏むものが多く、美しい響きを持っている。日本のことわざと共通したものもあれば、独自の捉え方をしたことわざも多い。各言語にはそれが用いられる社会特有の自然風土、生活様式、風俗、習慣、人々の価値観、人生哲学が凝縮されており、非常に興味を引かれるものがたくさんある。残念ながら、勉強不足のため、このような長い経験にもとづく社会生活の規範や生活の知恵の結晶であり、言語の精華であることわざをうまく考察できなかった。その中には思わぬミスもあろうかと思われるが、ご寛恕を請う。

注

（1）馬場俊臣「犬に関することわざ(1)―「犬」をどう捉えてきたか―」（『札幌国語研究』第二四号、北海道教育大学札幌校国語国文学会、二〇一九年八月）より。
（2）斯琴巴特爾「蒙古族狗文化浅談」（『青海民族研究』第二号、青海民族大学民族研究所、一九九八年二月）より。
（3）「わたしはモンゴル人」中里豊子―中里豊子オフィシャルサイト（https://rima.jp/works/）参照。

参考文献

小沢重男『現代モンゴル語辞典』（大学書林、一九八九年）
烏力吉図『蒙古族熟語諺語集』（内蒙古人民出版社、二〇一四年）
薩日娜『青少年版経典成語注釈』（内蒙古人民出版社、二〇一八年）
布林特古斯『蒙古語熟語大辞典』（内蒙古教育出版社、二〇二〇年）
現代言語研究会編『すぐに役立つ故事ことわざ辞典』（あすとろ出版、一九九四年）
高橋秀治『動植物諺辞典』（東京堂出版社、一九九七年）
時田昌瑞『岩波ことわざ辞典』（岩波書店、二〇〇一年）

北村孝一『故事俗信ことわざ大辞典 第二版』（小学館、二〇一二年）
塩谷茂樹「モンゴル日本語ことわざ比較研究」（『大阪外国語大学学術研究双書』第三三号、大阪外国語大学、二〇〇四年）
朱銀花「日、中、韓三国の言語における犬文化の考察―犬にまつわることわざを中心に―」（『歴史文化社会論講座紀要』第六号、京都大学大学院人間・環境学研究科歴史文化社会論講座、二〇〇九年六月）
拉希尼瑪「蒙古人対狗的認識」（内蒙古大学修士論文、二〇一三年）

学びの周辺

蜜月時代を懐かしみ、その再来を願う者から寄せる祝辞…………天久 斉

三〇年来の友人である阪井芳貴さんが、今年度をもって大学を定年退職されると聞いた。市立大学に勤務しているのだから六五歳定年は決まり事とはいえ、いつの間にかお互いこんなに年月を積み重ねてしまったのか、というため息交じりの感慨が去来する。離れた場所で生活して普段めったに会えないことに加え、私が定年のない仕事に就いていることも、この思いが少し遅れて噴き出してきた理由であろう。ご自身が大きな病を経験され、またご家族のことも含めていろいろと大変な時期もあったようだが、とにもかくにも今のお仕事を定年まで全うできたことは喜ばしい。阪井さん、まずはおめでとうございます。そしてまことにお疲れ様でした。

私は一九五九年（昭和三十四年）生まれで、阪井さんより二つ後輩にあたる。沖縄で生まれ沖縄で育ち、沖縄で就職し沖縄で結婚した。学生時代も含めて一度も他府県で暮らした経験を持たない。地元の大学（琉球大学）在学中にアルバイトで始めた今の仕事（古本屋）の面白さに目覚め、卒業後もそのままその店に身を寄せて、今年で四〇年目となる。店の創業は私が勤めだした時から一年早いだけなので、ほぼ店の歴史と同じ歩みを続けて生きてきたことになる。

阪井さんとの交わりはそんなわが店の歴史の四分の三に重なるが、当初はあくまでも沖縄関係の古書を購入してくれるお客様の一人としてビジネスライクに接したとおぼしい。今回あらためて阪井さんにそのあたりのことを確認したくて「最初に当店を利用したのはいつ頃でしょうか？　それは直接のご来店でしたか？　それとも通信販売を通じてのものでしょうか？」とメールで質問を投げかけてみたところ、以下のような回答をもらった。

一番最初は、一九八五年前後だと思います。直接「ロマン書房」に行ったと思います。

当店は一九八一年二月に「ロマン書房」という名前の小さな新刊書店としてスタートしたが、道路拡張工事のためにその年のうちに現在の場所（宜野湾市真栄原）に移転し、店舗面積がかなり大きくなったのを機に古本業に転身。店は年中無休の一四時間営業。アルバイト生も常時五〜六人はいて、那覇のデパートや県内各地のイベントでの出張販売も頻繁にこなし、新聞一面三段広告も

打ちまくるなど、かなり派手に動き回った。一生懸命に流す汗に見合うだけの好景気もあって、教職に就くことが主たる進路だった文学部学生（国文学専攻）の私も、すっかりこの仕事の魅力に取りつかれ迷うことなく居座った。しばらくは上げ潮ムードで突き進んだが、大きな成果を短期間で欲しがる性格の店主は県内のあちこちに支店を作り、はては出版業へも参入。ただいずれも確固たる方針・ノウハウを持たなかったため、失敗を重ねて徐々に体力をすり減らし、目まぐるしい激動の時期を経て一九九七年に店はあえなく倒産。そして店名を「BOOKSじのん」に変えて再出発。同じ場所で営業を続けさせてもらえた幸いもあって、長年かけて築いた「沖縄関係書専門」の信用と実績をどうにかつなぎ留めて現在に至っている。

そんな当店を阪井さんが最初に訪れたのは旧店名時代だったわけだ。開業四年目前後とあれば、まだまだ若くて青い当時のわが店に、阪井さんの購買欲をくすぐるような本はあったのだろうか。まったくプラスイメージが湧かない。思うに阪井さんと本格的なやり取りが始まったのは一九九〇年代に入ってからだろう。そう判断できるのは、一九九一年六月に発行した古書目録『新版 奄美・沖縄学文献資料目録』にまつわる阪井さんとの断片的な光景がいくつか甦るからである。創業一〇年目の節目に出した同書によって、当店は沖縄関係専門古書店として幅広い層に認知されたが、おそらく阪井さんもこの古書目録をきっかけに恒常的な利用者になったに違いない。今回阪井さんから次のようなコメントを引き出すことができたが、この仮説を裏付ける貴重な証言だと思う。

一九九二年十二月二十五日のノートに、ロマン書房で「沖縄教育」一九八号を公費購入したという内容のメモがあります。この記述からは、まだまだ親しい感じは見られません。

これは『新版 奄美・沖縄学文献資料目録』の三五九頁、通し番号六〇七八番に、売価一万三〇〇〇円で掲載されている商品である。一〇〇頁に満たない分量の雑誌ながら、昭和八年に発行された稀少性の高い貴重な資料ということで、私もこの注文を店頭にて受け付けた覚えがある。目録の発刊から一年半後のことだから、よくぞ売れずに残っていたとも言えそうだが、こういう商品に反応してくれるこの方は、今後当店の優良な顧客になってくれるかもしれないという期待も抱いた。ただ阪井さんの書き方を見る限り、せっかくクリスマス当日に店を訪れて高価な買い物をしてくれた客に対し、私はまだよそよそしい距離を保っていたようだ。

同じく『新版　奄美・沖縄学文献資料目録』に掲載された別の高額商品を、別の機会に阪井さんに公費でご購入いただいたことがある。目録の二一二頁、通し番号三三九五番に掲載された以下の商品である。

琉球宗教史の研究　鳥越憲三郎
浄書稿本(?)　一〇万円

一冊一〇万円(!)である。「角川書店刊本の稿本と思われる。緒論を除き孔版で、オリジナル写真を六二枚貼付」と短い解説を付けたこの商品は、沖縄学における この著名な民俗研究書（昭和四十年に市販本刊行）の「稿本」、かつ久高島のノロを撮影したスナップショットを含め「オリジナル写真を六二枚」配した超絶プレミアム度を有しているため、あれからさらに三〇年の経験を積んだ今の私の感覚なら一五万円から二〇万円の価格をつけてもおかしくないと感じる。同書は現在名古屋市立大学附属図書館に架蔵されているはずだ。

実はそんな大逸品ながらなかなか売れなかったこの商品を、目録刊行後の二年後だったか三年後だったか、さきほどの事例と異なりすでにかなり親しく会話をできるような間柄になっていた時期に、阪井さんが勇躍お買い上げくださったのである。あの時の嬉しさと言ったらなかった。「えっ、ほんとですか⁉」と思わず歓声を上げたほどである。この本の価値に対する阪井さんの理解があったのは当然のことながら、きっと私（当店）の仕事を盛り立てたいという大いなるエールでもあったろう。ちなみにこの『稿本　琉球宗教史の研究』を買われた時には阪井さんはどういうメモを残されたのか、是非知りたい。阪井さんの性格からしてそのメモはきっとあるはずで、そこには年月日のみならず、この高額な貴重書を購入することになった経緯や店側の反応についても何からの記載があるのではないかと推察する。

阪井さんの尋常ならぬ「記録魔」ぶりに関しては、ふとした機会に見せてもらったハンディサイズの手帳に小さな文字でびっしりと記入された書き込みから確信したことがある。というのも、そこには購入したり献本を受けたりした本のタイトルなどとともに、何と私と一緒に飲みに行ったスナックの店名まで書き留められていたからで、こんな些細なことまで書き残す必要があるのかとたまげたものだ。あのようにその日その日の出来事を小事も漏らさず克明に記録していたのだとすれば、遠い過去をより具体的に再現するのにはかなり役立つに違いない。実際今回の私のこの寄稿も、事実確認の上で「阪井メモ」の恩恵にあずかっている。

その「阪井メモ」によれば、私たちが最も濃密に付き合ったのは一九九四年後半から一九九五年前半にかけての頃のようだ。阪井さんが国内留学制度を利用して沖縄に半年間暮らしていた時期で、受け入れ先が当店に近い沖縄国際大学であっただけでなく、住居も当店から徒歩一分ほどのマンションだったから、これ幸いとばかりに連日顔を合わせては昼も夜も行動を共にした。単身赴任ではなくご家族もご一緒で、美貌の奥様とも直接お会いし、三人で近くの居酒屋で懇談したこともある。この時期を境にこれまでの単なる「客と店の人」という関係から確実に脱皮して、気心知れた友人の交わりへとステップアップしたのである。

その二年後となる一九九六年後半から一九九七年前半にかけて、阪井さんは同じく国内留学でまたもや沖縄に半年間、今度は一人で滞在した。この時の住まいは沖縄国際大学キャンパス内の宿泊施設だった。先の「店から徒歩一分」に比べれば明らかに条件は悪くなったが(笑)、それでもまだ十分に至近距離ではある。相変わらず連絡を取り合っては頻繁に会ってあちこちへ一緒に出かけた。言わば「蜜月時代パート2」である。

当時の記録を基にしたはずの阪井さんの述懐を以下に紹介する。

九四年九月末から九五年三月末まで、真栄原のマンションにいました。久高島に行ったり、奥武島に行ったり、組踊を観に行ったり、本当にあちこちご一緒しました。そして、よく呑みました!!!

ただ、この時以降、ものすごく濃密度でお付き合いくださっているので、いつのことだかごちゃまぜになっていることがらが多いです。

最も印象に残っている飲み会があります。岡本恵徳先生やかりまたさん、大胡さん、上原孝三さん、粟国さん、儀保さんたちと「あしびjima」で呑んだときです。名古屋出身の宮下律子さんという方がなぜかそこに参加していて大騒ぎになったことがありましたね。ノートを確認すると、九六年九月二〇日でした。

最後の一文がポイントだ。集まった顔ぶれのみならず「九六年九月二〇日でした」と年月日を確定できる点が実に素晴らしい。こういう記録の習慣が私にはまったくないので感心するばかりだ。

なにしろ私も阪井さんもまだ三〇代の血気盛んな時期である。沖縄に住んでいてかつ沖縄関係書専門を謳っている私が知らなかったり関心がなかったりした場所を阪井さんのご希望で一緒に訪ねることも多く、おかげで私も感性が刺激され情報量が増える貴重な経験をさせてもらった。組踊なんて阪井さんのお誘いがなければまず絶対に観に行く機会などなかった。私からは阪井さんが喜んでくれそうな沖縄そばのお店や喫茶店や飲み屋を紹介しては、共に飲み食いしつつたっぷり語り合った。またある時は私が提案し長距離ドライブでやんばる（沖縄本島北部地域）の滝を目指したことがある。駐車した場所からアップダウンの激しい川沿いの道を三〇分ほど歩かないといけないのだが、最後にたどり着いた滝壺を見渡せる地点の流水と山の緑と青い空のコントラスト、そしてそこに吹き渡る風が実に爽快であった。翌日、別の目的でこの日も会うつもりでいたところ、阪井さんから「ごめん、筋肉痛のため動けないので、今日はキャンセル」と連絡をもらったことを懐かしく思い出す（翌日の筋肉痛だから、まだ若い！）。年齢が二つ上で、しかも私よりはるかに沖縄に関する知識をお持ちの阪井さんだが、その態度はまったく威圧的ではなく、むしろ謙虚で穏やかそのもの。怒っている阪井さんを見たことは一度もないし、私の発言にもいつも真っ当に向き合ってくれた。そんな親しみを感じる人と日を置かずに会えることがとても楽しくて、ひとり勝手に義兄弟の契りを交わしたような気分になっていた。

ところで、阪井さんが六五歳を迎える今に至るまで、研究者としての単独の著作を出さなかったことは私から見て摩訶不思議なことである。大学教員をはじめとする研究者や図書館が主要顧客である当店にとって、沖縄に関する学術書を上梓する友人知人は、ある意味商いを助けてくれる存在として感謝と賞賛を惜しまない対象なわけで、すでに彼らの若い時代から研究成果の出版を期待している部分すらある。だから折口信夫が大正時代に沖縄を訪れた際に撮影された写真資料の場所や日付の確定に一時期没頭しているように見えた阪井さんの将来も、かなり漠然とではあるがイメージできていた。こうして沖縄に熱心に通い続け、いろいろな場所を訪ねて多くの人に会い、たくさんの出来事を調べているこの人は、いつか追及しているテーマを本にまとめあげるに違いないと。

しかし、阪井さんはご自身の研究を深めて論文を書きまくり、それを一冊の書物に仕立てて世に問うことよりも、沖縄に関心のある若い学生や院生、はては学外の社会人までを含む数多くの愛知の人々と沖縄を結びつける架け橋のような役割を優先し、それを意識的に担って現在に至ったようだ。その視野はご自身の元々の出自である国文学・民俗学・芸能学の分野だけにとどまらず、広く現代社会全般にまで及ぶ。基地問題で揺れる沖縄の辺野古に団体ツアーの案内役として出向いたりするのはそういう立ち位置を自分で納得しているからにほかならないだろうし、阪井さんが引率して調査のために沖縄に来るゼミ生たちのテーマが、沖縄戦だったり泡盛だったり観光業だったりと多岐にわたるのも、阪井さんの融通無碍ぶりを表していると言えよう。あえて誤解を恐れずに言えば、阪井さんには学問上の「弟子」のような人はいないのではないか。ただもっと広い範疇で良き指針を与えてくれた人物として評価称賛する同僚や後輩や教え子などの関係者はきっと多いに違いない。つまりは私もそんな一人なのである。

毎日のように顔を合わせていた怒濤の壮年期に比べると、ここ最近の私たちの接触はかなり限られている。とはいえ、それでも阪井さんは年に一、二度は必ず沖縄を訪れてくれ、その都度私のお店にも寄ってくれる。ただかつてのようにたっぷり飲み語らう機会がなくなったのは寂しい限りだが……。そんな律儀な「兄」から依頼された今回の論集への寄稿は、阪井さんの交友関係の広さからすると（エリアを沖縄に限っても）私以上の適任者がたくさんいそうななか、あえてご指名を受けた形で非常に嬉しかった。その恩に報いるべく私なりに頑張って書いたつもりだが、あいにく「阪井メモ」に対抗できるような過去を復元できる緻密なデータを持ち合わせていないので、皆さんがより関心を示してくれそうな面白いエピソードを引き出し損ねたのではないかという懸念がどうしてもぬぐえず、それが心残りではある。

そういえばかなり前のことだが、「将来は沖縄に墓を建てて、そこに入ってもいいと思っているよ」と阪井さんは言っていた。そこまで沖縄に入れ込んでいることに驚きもし感動もしたが、あの時の思いはまだ失せてはいないだろうか。もしそれは実現不可になったとしても、今後短期間だけでも沖縄に移住してくれるのであれば、三〇年ぶり（？）の「蜜月時代パート3」の到来となるわけで、六〇代には六〇代なりの、あるいは七〇代には七〇代なりの楽しい過ごし方はきっとあるはず。いずれにせよすべては賢者の「兄」の決断次第だ。熟慮の上で決めていただきたい。こちらからゴリ押しや嘆願めいたことはせず、淡い期待を抱きつつ待つことにしよう。阪井さんの定年後のこれからの人生が幸多いものでありますよう、遠い沖縄の地から祈っています。どうぞお体には十分お気をつけて。

私と沖縄

檜作友里

大学一年生の春、名古屋市立大学での阪井芳貴先生との出会いが、私と沖縄を引き合わせてくれました。

オリエンテーションが終わり、選択科目を決めていく中で、私は阪井先生の担当する沖縄学に惹かれました。それは「大学生になったのだから、飛行機に乗って沖縄に行ってみたい！」という単純な憧れからです。しかし、授業を受けるたび、南国リゾートのイメージとは全く異なる、今まで知らなかった沖縄の歴史や文化に衝撃を受けました。阪井先生の「沖縄に関して、知らないことは罪」という言葉が、無知だった私の心に強く刺さったことを今も覚えています。沖縄戦・基地問題・環境問題・差別など、沖縄の抱える影の部分を知れば知るほど、その事実に対して正面から向き合わなければいけないと感じました。そして、沖縄を好きになるなら光も影も全て知ることが、まず私のやるべきことだと考えました。

そうして沖縄にのめり込んだ私は、念願叶って阪井ゼミに入り、三年生で沖縄でのフィールドワークに参加します。ここで出会った人達がまさに『いちゃりばちょーでー』で、沖縄の温かさを肌で感じました。インタビューに快く協力してくれただけでなく、お土産を持たせてくれたり、一緒に食事を楽しんだり、まるで家族のように私を優しく迎え入れてくれました。フィールドワーク以外で沖縄へ行った時も、連絡をすると仕事の合間に会う時間を作ってくれて、『一度会えば兄弟』は本当なのだと嬉しくなりました。美しい景色、おいしい料理、島で過ごすゆったりとした時間、かわいらしい雑貨も大好きですが、沖縄を通じて出会う人達との心の交流が何よりも私に力をくれています。

沖縄と深く関わったことで、自分自身の中に一本筋が通り、人生が大きく変わりました。沖縄が抱える問題に対しては、情報収集をして、時には意志表示をすること。悩んだ時や一歩踏み出したい時は、沖縄を通じて触れた温かさや優しさを力に変えること。この二つは、私が生きていく上での道しるべになっています。

沖縄の光と影を知り、私の人生はより豊かになりました。そのきっかけをくれた阪井先生に最大級の感謝を贈ります。そして、私が感じているように、沖縄と関わることで多くの人達が明るく前向きに過ごしていけたら嬉しく思います。

沖縄病にかかって

木村仁美

「沖縄病」という言葉があります。最初聞いたときは、沖縄に住んでいる人にのみ見られる特殊な病気があるのかと思いました。しかし、沖縄病とは、むしろ沖縄に住んでいない人が、まるで病気のように沖縄の魅力に憑りつかれてしまうさまを表した言葉であると、インターネットで検索して知りました。この言葉を知った当時、私は沖縄に行ったことすらなく、歴史も文化も現在の沖縄のことも、全く知らなかったため、正直なところあまりピンと来なかったのですが、とある重篤な沖縄病患者に出会い、その威力を知ることになったのです。その患者こそが阪井教授でした。

阪井教授のゼミで過ごした二年半は、とても楽しいものでした。毎週の勉強は沖縄の本、ゼミの飲み会は必ず沖縄料理、ゼミの遠足も沖縄関係の展示会、フィールドワーク先はもちろん沖縄。沖縄のことを知っていくにつれ、歴史も自然も文化も、現在の沖縄の社会問題も、どれだけ調べても次から次へと興味がわいてくる、新鮮な感覚でした。卒業論文も沖縄に関係するテーマを選び、他のゼミの友人が論文の執筆が進まずに苦しんでいるのに対し、私はむしろ生き生きと筆を進めていました。

大学を卒業して十年が経った今、学生時代のように好きなことをがむしゃらに勉強する時間はとれなくなり、頻繁に沖縄へ足を運ぶこともできなくなりました。しかし、結婚指輪にはミンサー織の柄、新婚旅行は十四日間の沖縄旅行、さらには子どもの名前まで沖縄に関係するもの……と、すっかり沖縄と切り離せない生活を送っています。気づけば自分も立派な沖縄病患者になってしまったのです。久しぶりにゼミ生と会うと、必ず「久しぶりに沖縄に行きたいね」という話になることは、沖縄病の感染力の強さを物語っています。もちろん自分の生まれ育った地域に愛着がないわけではありませんが、「愛知病」「名古屋病」という言葉は聞いたことがありませんし、他の地域についても同様です。それだけ沖縄が、人々を惹きつける特殊で多様な文化を持っているということなのだと思います。

沖縄病の厄介なところは、一度感染すると、沖縄に足を運ぶことで症状を緩和することはできても、治療することが難しいところです。そのため私は、これからも幾度となく沖縄に足を運ぶことになると思います。そのうち家族や友人を沖縄病に感染させてしまうかもしれません。しかしながら、沖縄の素晴らしい自然や文化や人に触れ、夢中になって勉強した大学生活は、私にとって本当に幸せで、かけがえのないものとなりました。これからも常に私の心の支えとなっていくでしょう。私を沖縄病にしてくださった阪井教授には心より感謝しています。ありがとうございました。

文化を主体的に育む「ＭＡＲＯ」の活動

橘 尚諒

阪井先生のゼミ生ではなかったにも関わらず、ありがたいことに声を掛けていただいた。執筆に際して、「やはり、ここを訪れなければ」と思い、改めて足を運んだ場所がある。名古屋市博物館である。

私は、名古屋市博物館サポーターＭＡＲＯの一員として、大学生活四年間の多くの時間をＭＡＲＯの活動につぎ込んだ。私が大学に入学した頃は、ＭＡＲＯの発足からすでに五年が経過しており、「イベントやパンフレット制作を通して博物館を盛り上げよう！」というキャッチーな誘い文句と、実際に活動する先輩たちの楽しそうな雰囲気に惹かれてＭＡＲＯの活動に参加した。

最初に参加した大きな活動は、平成二十八年（二〇一六）の夏に博物館で実施したナイトミュージアム「超時空アイドル総選挙」での「プロデューサー」役であった。大勢のお客さんの前で話すことに緊張したが、博物館を盛り上げるために力を尽くすことに大きなやりがいを感じた瞬間だった。そこからＭＡＲＯの活動にのめり込み、平成二十九年の「ＷＡＫＵＷＡＫＵワークショップ」やナイトミュージアム「化け猫ホカク大作戦！」、平成三十年の「フェスタ名市博」など、関わった企画のタイトルを思い浮かべるだけで当時の記憶が鮮明によみがえり、仲間とアイデアを出し合った日々や企画本番の高揚感が懐かしく思い出される。また、「やっとかめ文化祭」をきっかけに始まった雅楽の奏楽への参加は、ＭＡＲＯでの活動があったからこそ出会えたものである。名古屋市博物館の講堂、オアシス21、日本特殊陶業市民会館など、多くの舞台で雅楽の奏楽に参加できたことは、とても貴重な経験だった。

ＭＡＲＯの活動は、私が惹かれた「イベントやパンフレット制作を通して博物館を盛り上げよう！」という言葉のとおり、博物館と大学生の連携によってより多くの人に博物館への興味を抱いてもらい、実際に博物館へ足を運んでもらうことを目的とするものである。特に、大学生をはじめとする「若者世代」の足を博物館に向かわせることは、MAROにとっての最も大きなテーマである。阪井先生の言葉をお借りすると、「若者世代」をターゲットにした活動を成功させることは、MAROにとっての「永遠のテーマ」である。

MAROの一員としての活動から離れ、改めてMAROの活動を思い返してみると、MAROで過ごす時間を通して、何よりも自分自身が博物館や地域の文化にのめり込んでいったのだということに気付かされる。MAROから離れた今でも、特別展や企画展があるたびに博物館へ足を運び、常設展の特集展示が展示替えするたびに、展示内容が気になって博物館へ見に行っている。それだけでなく、高校時代までは足を運んでいなかった地元の祭りや伝統行事に興味をもつようになり、今では毎年のように足を運ぶようになった。これは、「日本民俗学」や「沖縄学」などの阪井先生の授業が心に残っているからこそのことであると同時に、阪井先生が「仕掛け人」となって発足したMAROでの経験が私をそうさせているのだと思わずにはいられない。

これらのことから、MAROの活動は、単に博物館と大学生の連携という枠にとどまるものではないと考えるようになった。MAROの活動を通して多くの大学生が博物館に関わり、活動を通して地域の歴史や伝統文化に触れ、それらの魅力を実際に伝えていく主体的な存在、すなわち文化の「担い手」となっていると言えるのではないだろうか。

私が大学を卒業した令和二年（二〇二〇）以降は、新型コロナウイルス感染症の流行により、博物館だけでなくMAROの活動にも逆風が吹いた。それでも、オンラインイベントの開催や感染症対策を行いながらの対面イベントの開催など、困難な状況であるからこそ新たなアイデアが生まれ、次々と企画が実行に移されている。また、令和三年のイベント「タイムマシンMARO号」はQRコードを活用する内容で、「若者世代」の興味を惹き付けるという「永遠のテーマ」への挑戦が現在進行形で続いていることも嬉しい限りである。

一〇年後、二〇年後の名古屋市博物館は、どのようになっているだろうか。一〇年後、二〇年後ならではの博物館の課題と向き合いながら、学生たちは文化の担い手として活動しているだろうか。名古屋市博物館や博物館に集う学生たちのさらなる発展を楽しみにしつつ、私自身も身近な文化の担い手であり続けたい。

私の原点

寺岡　葵

筆者は平成二十五年（二〇一三）四月〜平成二十九年三月まで名古屋市立大学人文社会学部現代社会学科に在籍。阪井先生の「日本民俗学」「辺境論」「沖縄学」などの授業を履修した。卒業後、中日新聞社（名古屋市）に記者として入社した。

筆者が新聞記者を目指した理由の一つは、沖縄だった。そのきっかけは、阪井先生の授業だった。少々長くなるが、お付き合いください。

大学三年の時、阪井先生の授業で、沖縄を舞台にした映画「ホテルハイビスカス」を鑑賞した。小学三年生の美恵子（蔵下穂波さん）を中心に、小さな民宿を営む一家の日常を描いた物語。それまで沖縄に行ったことがなかった筆者は、豊かな自然と独特な沖縄の言葉、雰囲気に癒やされ、沖縄へのあこがれを抱いた。

そんな私の心を激しく揺さぶったのは、沖縄の基地問題をテーマとしたドキュメンタリー映画「標的の村」（監督・三上智恵）だった。新聞で無料上映会が開かれると知り、基地問題について詳しく知らなかった筆者は、「沖縄のことをもっと知りたい」と軽い気持ちで足を運んだ。

「何十年うちなんちゅ同士でこんなことしてるの」。米軍ヘリパッド建設問題で揺れる東村高江。沖縄県警と沖縄県民が対峙するゲート前で、女性が涙を流しながら叫んでいた。米軍基地は沖縄だけでなく日本全体の問題であるはずなのに、沖縄県民同士が激しく対立している。何も知らずに生きてきた自分が恥ずかしく、情けなく思えた。当時の雷に打たれたような衝撃は、今でも忘れられない。

何も知らなかったのは、本土メディアの報道にも問題があるのではないか。そう思い、卒業研究のテーマは「沖縄米軍基地問題に関する本土の報道　本土メディアは本当に伝えていないのか」に決めた。Y紙、A紙、そして弊社の東京新聞を読み比べ、同じ新聞社でも東京と九州など、発行しているエリアで扱いに差があることを取り上げた。沖縄にも実際に足を運び、住宅地に隣接する基地を目の当たりにした。

阪井先生は担当教員ではないし、ましてや学科も違ったが、図々しくも何度も研究室にお邪魔した。そのたびに私を応援してくれ、親身になって相談に乗っていただいた。訪沖前には「沖縄国際大学の階段の踊り場から普天間飛行場がよく見える」と教えてくれた。卒論でインタビューした愛知県在住の沖縄県出身者も、阪井先生が紹介してくれた。

新聞記者を目指すようになったのは、その頃だ。基地問題についてよく知らなかったように、他にも全国各地に埋もれている社会問題がたくさんあるのでは、と思うようになった。中日新聞に入社後、リニア中央新幹線の駅予定地に住み、移転を余儀なくされる住民や、ふるさと納税の返礼品競争であえぐ過疎自治体など、地方の小さいけれども切実な声を、より多くの人に知ってほしいという思いで記事を書いてきた。

入社六年目となった今年（二〇二二）、沖縄県の本土復帰から五十年の節目を迎えた。沖縄に限らず、「発生から〇年」など節目の時のみ取り上げる報道に批判があることも承知している。実際に筆者も卒論では批判したが、それでも取り上げないよりはマシだと思っていて、新聞各紙が本土復帰五十年をどう報じるか、密かに注目していた。

結果は、どの社も思ったより紙面を割いて報じたな、という印象だった。というと偉そうだが、翁長知事が急逝した頃から、全国紙での沖縄に関する報道の扱いが小さいように感じていて、「本土復帰五十年も一日か二日書いて終わってしまうのかな」と少し心配していた。弊紙も、沖縄県にゆかりのある東海地方の人たちを全三回の連載で取り上げ、社会面や教育面などさまざまなページに関連記事が並んだ。

私も、現在勤務する三重県の読者に、沖縄について考えてもらう機会にしたいと、取材を進めた。久しぶりに阪井先生とも連絡を取り、沖縄と三重のつながりがある人物を探す知恵をいただいた。三重県は愛知県と違い、県人会が絶滅状態で、人選は難航。なんとか二人、基地建設の反対運動に参加する津市の元高校教師と、石垣島出身の沖縄料理店主を取材し、五月十五日に掲載することができた。ただ、これで終わりではいけないと思っている。これからも、その時にいる場所で、自分にできる報道、自分にしかできない報道を続けていきたい。

世の中には面白いこと、悲しいこと、悔しいこと、楽しいこと、まだまだ私たちの知らないこと、知らなければいけないことがたくさんある。それに気づかせてくれた、筆者の記者としての原点は、沖縄である。阪井先生との出会い、沖縄との出会い。偶然のように見えて、筆者の人生を大きく変える、運命的な出会いであったと、大げさでなく本気でそう思う。阪井先生、ありがとうございました。

あとがき

本書の内容および刊行の経緯は、編者である阪井芳貴先生の序文「本書を手に取られたみなさまへ」に記されているとおりである。当初、企画を検討した際、編者をはじめ、伊藤信吉さん、牧野由佳さん、水野楓子さん、渡邊良永さんたちとともに「文化」を研究、実践、創作といった側面からどのように読者へ伝えるのか、ということについて知恵を出し合った。その当初の企画は次のとおりであった。

あなたの持つ「東海地方の文化」のイメージはなんですか。本書では、頻繁に語られる東海地方の文化とは少し異なる視点で、文学・歴史・民俗・藝能・言語などを専門とする著者が多面的に考察します。東海地方における文化の多様性や、現代に定着する地域文化のイメージとの連関、さらには日本列島や世界とのつながりを考えます。

編者の阪井芳貴先生は名古屋市立大学の教員として文学、民俗、沖縄学に代表される自らの研究分野を基盤に学生指導に長年従事されてきた。また、教員、研究者としての真摯な姿勢で取り組まれた数々の成果とともに、それらに裏打ちされた社会活動を積極的に展開されたことは周知のとおりである。この姿勢は常に学術の成果が社会へ還元すべきものであるという強い意志のあらわれであり、それは序文にある「これまでの学術成果を社会還元することによって、東海地方の文化、あるいは地域社会への理解の一助となり、今後の発展へ活かす契機となることを企図し出版するもの」に示されているといえよう。

本書の執筆者は文化研究を専門とする研究者ばかりではなく、創作者、実践者、また、これから文化にたずさわるひとたちによって構成されている。

これらの執筆者は、阪井先生の指導学生だけでなく、長年の活動の中で紡がれてきたご縁の賜物であると思う。

そして、集まった各原稿は「文化」を共通項として、それぞれ立ち位置の異なる視座から、自らの活動の中で追究した成果をまとめている。そのため、本書の各論は学術研究として、また、これから文化活動にたずさわろうというひとびと、純粋に文化について考えてみたい、といったあらゆる立場の方に寄与できる内容となっている。

「文化」にたずさわる多くのみなさまのお役に立つことができれば幸いである。

最後に、このたびの出版にあたって万般御高配いただいた鈴木忠弘様、吉田玲子様、寺西功一様をはじめ株式会社あるむのみなさまには深謝の意を表す次第である。

二〇二四年十二月

浅川充弘

執筆者一覧

阪井芳貴（さかい よしき）
編者参照

水野楓子（みずの ふうこ）
1982年生まれ
玉城流扇寿会師範

伊藤信吉（いとう のぶよし）
1979年生まれ
名古屋市立大学大学院人間文化研究科研究員

牧野由佳（まきの ゆか）
1986年生まれ
新潟大学人文学部助教

浅川充弘（あさかわ みつひろ）
1970年生まれ
朝日町歴史博物館館長・学芸員

渡邊良永（わたなべ よしなが）
1967年生まれ
名古屋市立大学大学院人間文化研究科研究員

安藤恵介（あんどう けいすけ）
1969年生まれ
天理教元宮名分教会長、名古屋市無形文化財
催馬楽桜人保存会事務局長

野田雅子（のだ まさこ）
1966年生まれ
愛知淑徳大学食健康科学部食創造学科教授

長谷川恵理（はせがわ えり）
1987年生まれ
國學院大學大学院文学研究科博士後期課程

樫内久義（かしうち ひさよし）
1963年生まれ
愛知みずほ大学瑞穂高等学校教諭

李 廷（い じょん）
1972年生まれ
愛知学院大学・名古屋市立大学非常勤講師

包 英春（ほう えいしゅん）
1981年生まれ
中国・赤峰学院教員、名古屋市立大学大学院
人間文化研究科博士後期課程

天久 斉（あめく ひとし）
1959年生まれ
BOOKSじのん店長

檜作友里（ひづくり ゆり）
1990年生まれ
会社員

木村仁美（きむら ひとみ）
1992年生まれ
名古屋市立高等学校教諭

橘 尚諒（たちばな なおあき）
1997年生まれ
名古屋市博物館サポーターMARO元部長、
名古屋市立中学校教諭

寺岡 葵（てらおか あおい）
1994年生まれ
中日新聞記者

編者

阪井芳貴（さかい　よしき）
1957年生まれ
名古屋市立大学名誉教授、沖縄県美ら島沖縄大使

伝承と往来——地域文化を掘る

2024年12月25日　第1刷発行

編者——阪井芳貴

発行——株式会社あるむ
〒460-0012 名古屋市中区千代田3-1-12
Tel. 052-332-0861　Fax. 052-332-0862
http://www.arm-p.co.jp　E-mail: arm@a.email.ne.jp

印刷・製本——渋谷文泉閣

　ISBN978-4-86333-210-2